Zivilisatorische Verortungen

**Zeitgeschichte
im Gespräch
Band 26**

Herausgegeben vom
Institut für Zeitgeschichte

Redaktion:
Bernhard Gotto und Michael Schwartz

Zivilisatorische Verortungen

Der „Westen" an der Jahrhundertwende
(1880–1930)

Herausgegeben von
Riccardo Bavaj
und Martina Steber

DE GRUYTER
OLDENBOURG

ISBN 978-3-11-052678-3
e-ISBN (PDF) 978-3-11-052950-0
e-ISBN (EPUB) 978-3-11-052682-0
ISSN 2190-2054

Library of Congress Control Number: 2018942308

Bibliografische Information der Deutschen Nationalbibliothek
Die Deutsche Nationalbibliothek verzeichnet diese Publikation in der Deutschen
Nationalbibliografie; detaillierte bibliografische Daten sind im Internet über
http://dnb.dnb.de abrufbar.

© 2018 Walter de Gruyter GmbH, Berlin/Boston
Titelbild: Udo J. Kepler, From the Cape to Cairo,
in: Puck, 10.12.1902
Einbandgestaltung: hauser lacour
Satz: Dr. Rainer Ostermann, München
Druck und Bindung: CPI books GmbH, Leck

Inhalt

Riccardo Bavaj und Martina Steber
Globale Universalität und zivilisatorische Begrenztheit
Der „Westen" an der Jahrhundertwende 7

Christian Methfessel
Bilder des „Westens" in der britischen Öffentlichkeit
um 1900 26

Silke Mende
Französische Diskurse um „Westen", „Moderne" und
„Zivilisation"
Das Beispiel der *francophonie républicaine* 44

Jakob Lehne
1899 – Wendejahr der internationalen Zivilisationsrhetorik 57

Florian Wagner
Der „Westen" avant und après la lettre
Von der Begriffsabsenz zum Gebrauchskonzept im deutschen
Kolonialdiskurs (1880–1920)........................... 69

Peter Hoeres
Der „Westen" im Ersten Weltkrieg 86

Benjamin Beuerle
Westorientierung als Konsens
Zur Bedeutung des „Westens" in der russischen Reformpolitik
zwischen erster Revolution und Erstem Weltkrieg
(1905–1914/17) 98

Leonid Luks
Russlands „konservative Revolution"?
Die Eurasierbewegung und ihre Auseinandersetzung mit dem
„Westen" (1921–1938) 112

Florian Greiner
Transatlantische Räume
„Europa" und der „Westen" in der deutschen, britischen und amerikanischen Medienöffentlichkeit der frühen Zwischenkriegszeit 125

Katja Naumann
Der „Westen" im Curriculum
Western Civilization-Kurse und *General Education*-Programme an US-amerikanischen Colleges. 136

Christian Geulen
Test the West
Bemerkungen über ein Raumkonzept – und seinen Geltungsraum 150

Autorinnen und Autoren 162

Riccardo Bavaj und Martina Steber
Globale Universalität und zivilisatorische Begrenztheit

Der „Westen" an der Jahrhundertwende

Als die Karikatur, die das Buchcover ziert, am 10. Dezember 1902 im amerikanischen Satiremagazin „Puck" erschien, lag der Zweite Burenkrieg gerade einmal ein halbes Jahr zurück.[1] Erst nach einem drei Jahre währenden Kampf hatte die Kolonialmacht Großbritannien die beiden Burenrepubliken im südlichen Afrika bezwungen und deren Territorien in ihr Kolonialreich eingliedern können. Dieser Sieg war allein durch eine grausame, auf die Verfolgung, Internierung und Vernichtung der Zivilbevölkerung zielende militärische Strategie möglich gewesen. Infolgedessen konnte Großbritannien sein afrikanisches Kolonialreich arrondieren und erlangte die Kontrolle über die bedeutenden Goldminen von Transvaal.

„From the Cape to Cairo" war die Karikatur in „Puck" denn auch überschrieben, welche die siegreiche und unerschrockene Britannia zeigt, die das Banner der Zivilisation schwingend gegen eine Truppe von Indigenen – als „Barbaren" identifiziert – in den Kampf zieht. Unter ihren Füßen liegen die ersten Opfer begraben. „Though the Process Be Costly, The Road of Progress Must Be Cut", stellte der Karikaturist klar. Vom Kap der guten Hoffnung bis nach Ägypten reichte das britische Kolonialreich, von der südlichen Spitze Afrikas bis zum Nil brachten die Briten „Fortschritt" und „Zivilisation", so die Botschaft. Der Vorwand, im Burenkrieg für die rechtliche Gleichstellung der so genannten „Uitlanders" zu kämpfen, erlaubte den Brückenschlag zwischen Machtpolitik und Zivilisierungsmission. Die Opfer, die diese Mission forderte, waren der Preis, der für eine historische Notwendigkeit zu zahlen war. Darin bestand „the white man's burden", die viel zitierte „Bürde des weißen Mannes", die 1898 Rudyard Kipling zum zivilisationsmissionarischen Schlagwort gemacht hatte.[2] Dass die Sonne

---

[1] From Cape to Cairo, in: Puck, 10.12.1902, Library of Congress Digital, ID: ppmsca 25696, http://hdl.loc.gov/loc.pnp/ppmsca.25696 [25.10.2017].
[2] Rudyard Kipling, The White Man's Burden. The United States and the Philippine Islands, in: The New York Sun, 10.2.1899.

auf der Seite der „barbarischen" Kämpfer aufging, die auf der anderen Seite stehenden bewaffneten Zivilisationsmissionare mithin geografisch im Westen verortet wurden, war sicherlich kein Zufall. Die Kräfte des Fortschritts standen im „Westen", sie brachten die Segnungen der „Zivilisation" in die Welt.

Die Karikatur des „Puck" bündelt die in europäischen wie nordamerikanischen Gesellschaften des Hochimperialismus weit verbreiteten Überzeugungen von einer kolonialen Zivilisierungsmission. Trotz aller Spannungen und aller Konkurrenz zwischen den Kolonialmächten: Ihnen gemein war der Anspruch, auf Grund ihrer Lebensweise anderen Kulturen überlegen zu sein, und daraus das Recht abzuleiten, diese beherrschen zu dürfen. Er drückte sich in einem geteilten Vokabular aus: „Zivilisation" und „Fortschritt" sollten in die Welt gebracht, der „Westen" sollte universal werden.[3] Allerdings konkurrierten die Kolonialmächte um die Zivilisierungskonzepte. So wurde die französische *mission civilisatrice* der Dritten Republik als expliziter Gegenentwurf zur britischen *civilizing mission* konzipiert,[4] bildeten sich französische Ideen und Konzepte vom „Westen", der „Moderne" und der „Zivilisation" im Wettbewerb mit angelsächsischen Begriffen aus. Im internationalen „Wörterbuch des Imperialismus"[5] wurde um die Bedeutung der Begriffe gerungen – in einer globalen Öffentlichkeit der Kolonisatoren wie der Kolonisierten. Der Begriff des „Westens" gehörte zu den Schlüsselbegriffen dieses Wörterbuchs, zumal er ein Wortfeld entfaltete, das andere zentrale Begriffe des Imperialismus in ihren nationalsprachlichen Varianten einbezog: „Zivilisation", „Kultur", „Moderne", „Okzident", „Orient", der „Osten" oder „Europa". Dabei konnte er selbst in den Hintergrund gedrängt werden, konnten andere Begriffe des Wortfelds die Funktion von Fahnenwörtern übernehmen.

1. Der „Westen" in historisch-semantischer Perspektive

Dieser Band verfolgt das Sprechen über den „Westen" an der langen Jahrhundertwende in seinen nationalen wie internationalen Dimen-

---

[3] Vgl. Boris Barth/Jürgen Osterhammel (Hrsg.), Zivilisierungsmissionen. Imperiale Weltverbesserung seit dem 18. Jahrhundert, Konstanz 2005.
[4] Vgl. Jürgen Osterhammel, „The Great Work of Uplifting Mankind". Zivilisierungsmission und Moderne, in: Barth/Osterhammel (Hrsg.), Zivilisierungsmissionen, S. 363–426, hier S. 369.
[5] Jürgen Osterhammel, Die Verwandlung der Welt. Eine Geschichte des 19. Jahrhunderts, München 2009, S. 139.

sionen. Er konzentriert sich dabei einerseits auf jene Länder, die gemeinhin als „Kernländer" des Westens gelten wie Frankreich, Großbritannien und die USA. Dabei stellt sich die Frage, seit wann sich diese Länder einer imaginierten Gemeinschaft zugehörig fühlten, die als „Westen" bezeichnet wird. Seit wann gab es dort westliche Selbstverortungen; in welchen Zusammenhängen tauchten sie auf; welche Funktion erfüllten sie?

Andererseits nimmt der Band Russland in den Blick, das im Laufe des 19. und 20. Jahrhunderts seine nationale Identität in beständiger Auseinandersetzung mit dem „Westen" zu bestimmen suchte. Die Debatte zwischen „Westlern" und Slawophilen in der Mitte des 19. Jahrhunderts war zentral für die Herausbildung eines politisch-sozialen Begriffs vom „Westen" – im Unterschied zum geografischen Richtungsbegriff. Dass Russland aus westeuropäischer Sicht meist als Inbegriff des „Ostens" galt, machte die Positionierung gegenüber einem imaginierten „Westen" umso dringlicher. Außerdem entwickelte sich Russland an der Jahrhundertwende zu einem wichtigen Ideenspender für eine deutsche Abgrenzung gegen den „Westen".[6]

Die Jahrzehnte zwischen den 1880er und 1930er Jahren waren für die Konturierung des globalen Begriffs des „Westens" entscheidend – nicht erst, wie manchmal angenommen, die Zeit des Kalten Krieges, als in der ideologischen Blockkonfrontation zwischen den USA und der UdSSR „West" und „Ost" die leitenden Vokabeln der Weltpolitik wurden. Verkürzt wäre es außerdem, wie zum Teil der Fall, die Begriffsgeschichte des „Westens" mit dem Ersten Weltkrieg einsetzen zu lassen. Zwar wurde die ideologische Abgrenzung gegenüber dem „Westen" zu einem intellektuell, politisch wie propagandistisch viel gebrauchten Topos der deutschen Selbstvergewisserung im Krieg, der ein „westliches" Politik- und Gesellschaftsmodell einem angeblich genuin „deutschen" entgegenstellte und nach 1918/19 einen Gutteil

---

[6] 1906 begann Arthur Moeller van den Bruck mit der Herausgabe der Werke Fjodor Dostojewskis, und Dostojewski wurde zu einer zentralen Inspirationsquelle für politisch-kulturelle Selbstpositionierungen Deutschlands gegen den „Westen". Ein bekanntes Beispiel sind Thomas Manns „Betrachtungen eines Unpolitischen", in denen Mann mit Bezug auf Dostojewski eine deutsch-russische Seelenverwandtschaft beschwor: „Welche Verwandtschaft in dem Verhältnis der beiden nationalen Seelen zu ‚Europa', zum ‚Westen', zur ‚Zivilisation', zur Politik, zur Demokratie! Haben nicht auch wir unsere Slavophilen und unsere Sapadniki [unsere Westler also]?" Thomas Mann, Betrachtungen eines Unpolitischen, Frankfurt a. M. 1974 (zuerst 1918), S. 441.

dazu beitrug, die Demokratie als „undeutsch" zu diskreditieren. Die Rückbindung dieser nationalen Begriffspolitik im Krieg an den internationalen Diskurs an der langen Wende vom 19. zum 20. Jahrhundert zeigt jedoch, dass die Zuschreibungen auch noch während der ideologischen Frontenbildung nach 1914 changierten.

Die Konstruktionsarbeit am Begriff des „Westens" leisteten Journalisten, Intellektuelle, Wissenschaftler, Politiker – und viele mehr. In einem breiten Diskurs wurde der „Westen" in ganz unterschiedlichen Kontexten gedeutet, erklärt und mit Zukunftserwartungen verbunden. Dieser Diskurs fand in nationalen Öffentlichkeiten statt, machte an den Grenzen aber nicht halt, sondern war – wie sein Gegenstand – ein internationales wie transnationales Phänomen. Die „Verdichtung des Referenzgewebes"[7] in der Welt des 19. Jahrhunderts schlug auch auf die Begriffe der politischen Sprache durch. Der Begriff des „Westens" ist dafür ein markantes Beispiel. Ideen des „Westens", die in anderen Ländern und Sprachen formuliert worden waren, wurden aufgegriffen, diskutiert, gewendet oder auch mit empörter Ablehnung versehen. Solche Prozesse der Aneignung und der Abwehr, des Bedeutungstransfers und der Bedeutungsopposition prägten das Bedeutungsgefüge des Begriffs. Das Sprechen über den „Westen" konnte mithin variieren; seine Bedeutungszuschreibungen waren von der Diskursarena abhängig, in der der Begriff gebraucht wurde. In nationalen Kontexten bildeten sich je eigene Bedeutungshorizonte aus, in der internationalen und transnationalen Kommunikation zwischen Imperialmächten wiederum andere. Sie alle waren indes aufeinander bezogen.

Dabei zeichnete sich der Begriff des „Westens" durch die Verschränkung von räumlichen und zeitlichen Bedeutungsdimensionen aus. Auf der einen Seite sorgte die Temporalisierung des geografischen Raumbegriffs für eine Aufladung mit Zukunftsgewissheit und Fortschrittsideen. Auf der anderen Seite brach sich in ihm eine Verräumlichung von Zeitvorstellungen Bahn, die das zunächst universalistische Fortschrittsversprechen der europäischen Aufklärung immer stärker an einen Raum band, ihm damit – trotz potenzieller Anschlussfähigkeit für nicht-„westliche" Regionen – Grenzen setzte und zudem räumliche Hierarchien etablierte. Deshalb wurden die Begriffe „Westen" und „Zivilisation" an der Jahrhundertwende immer enger aufeinander bezogen. In der Verbindung mit dem „Westen" verräumlichte sich die zivilisato-

---

[7] Osterhammel, Verwandlung der Welt, S. 1294.

rische Leitidee des 19. Jahrhunderts und bildete Hierarchien im Raum aus.[8] Von solchen zivilisatorischen Verortungen handelt dieser Band.

Seine Beiträge spüren den Begriff des „Westens" in politischen, wissenschaftlichen und intellektuellen Diskursen auf und legen in einem historisch-semantischen Zugriff seine Bedeutungsgehalte in Großbritannien, Frankreich, den USA, Deutschland und Russland frei. Sie untersuchen das Wortfeld, das sich um den „Westen" ausbildete, arbeiten nationale Spezifika heraus und beleuchten transnationale Dimensionen. Sie suchen das Verhältnis zu anderen zentralen Raumbegriffen zu bestimmen, die zugleich Identitätszuschreibungen markierten, wie „Europa" oder *francophonie*.

Der Begriff des „Westens" gehört auch heute noch zu den Grundbegriffen unserer politischen Sprache, und auch heute noch ist er Teil sowohl nationaler als auch internationaler Vokabularien. Seine historische Dimension aufzuschlüsseln ist das Ziel dieses Bandes. In der deutschen Geschichtswissenschaft wurde der Begriff des „Westens" über viele Jahrzehnte mit der These von einem deutschen Sonderweg in die Moderne verbunden. Nach ihrer bewussten Abwendung vom „Westen" seit dem späten 19. Jahrhundert hätten sich die Deutschen seit 1945 schrittweise wieder daran angenähert, bis das geeinte Deutschland endlich 1990 im „Westen" angekommen sei, so in grober Verkürzung das Narrativ, das Heinrich August Winkler seit der Jahrtausendwende noch einmal wortgewaltig reaktiviert hat. Mit seinem Werk reiht er sich in eine Tradition deutscher Westernisierer ein: Ernst Fraenkel, Richard Löwenthal, Franz Borkenau – sie alle haben ihre Spuren hinterlassen.[9]

Es gehört zu den Ironien deutscher Geschichtsschreibung, dass just in dem Moment, als Heinrich August Winkler an der Jahrtausendwende den Deutschen bescheinigte, im „Westen" endlich angekommen zu

---

[8] Vgl. dazu Riccardo Bavaj/Martina Steber, Introduction: Germany and ‚The West'. The Vagaries of a Modern Relationship, in: dies. (Hrsg.), Germany and ‚The West'. The History of a Modern Concept, New York 2015, S. 1–37, hier S. 7f.; vgl. auch Willibald Steinmetz, Multiple Transformations. Temporal Frameworks for a European Conceptual History, in: ders./Michael Freeden/Javier Fernández Sebastián (Hrsg.), Conceptual History in the European Space, New York 2017, S. 63–95.
[9] Vgl. Heinrich August Winkler, Der lange Weg nach Westen, 2 Bde., München 2000; ders., Geschichte des Westens, 4 Bde., München 2009–2015; vgl. jetzt auch ders., Zerbricht der Westen? Über die gegenwärtige Krise in Europa und Amerika, München 2017.

sein, eine zunehmende Unsicherheit herrschte über die politischen Konturen des „Westens", über seine kulturelle Identität ebenso wie seinen epistemologischen Status. Dass der „Westen", wie noch Arnold Toynbee meinte, ein „intelligible unit of historical study" sei,[10] galt längst nicht mehr als selbstverständlich: Postmoderne und postkoloniale Ansätze hatten westliche Fortschrittserzählungen in Frage gestellt; es gab vermehrt Zweifel an einem idealtypisch konstruierten demokratischen „Westen", in dem nationale Unterschiede ebenso verschwommen wie Ambivalenzen ausgeblendet wurden; zudem bedeutete die Auflösung der politischen Gewissheiten des Kalten Krieges auch eine semantische Destabilisierung des „Westens". Als analytische Kategorie hatte der „Westen" also schon viel von seiner Plausibilität verloren, als ihn Winkler zum Fluchtpunkt seiner historischen Erzählung machte.[11] Denn so sehr Winklers „Langer Weg nach Westen", wie auch seine vierbändige „Geschichte des Westens", von Politik und Presse gefeiert wurden, so sehr regten sich bei Fachkollegen Zweifel, ob sich die Zielgröße, bzw. der Ziel*ort*, tatsächlich so einfach bestimmen lasse, wie von Winkler vorgeschlagen. Wo war man eigentlich, wenn man im „Westen" angekommen war?

Dieser Band zielt nicht auf die Stabilisierung „westlicher" Identität, sondern interessiert sich für die Bedeutung des Raumbegriffs „Westen" im Konstruktionsprozess nationaler wie transnationaler Identität – der „Westen" ist historischer Untersuchungsgegenstand. Dabei kann sich der Band auf eine breite internationale Forschung stützen: Neben einschlägigen Studien zum Ersten Weltkrieg,[12] zum Begriff des Abendlands[13]

---

[10] Arnold J. Toynbee, The Unit of Historical Study (1934), in: ders., A Study of History. Abridgement of Volumes I–VI, hrsg. von David C. Somervell, Oxford 1946, S. 1–11.
[11] Vgl. z.B. Philipp Gassert, Die Bundesrepublik, Europa und der Westen. Zu Verwestlichung, Demokratisierung und einigen komparatistischen Defiziten der zeithistorischen Forschung, in: Jörg Baberowski/Eckart Conze/Philipp Gassert/Martin Sabrow, Geschichte ist immer Gegenwart. Vier Thesen zur Zeitgeschichte, Stuttgart 2001, S. 67–89.
[12] Vgl. Peter Hoeres, Krieg der Philosophen. Die deutsche und die britische Philosophie im Ersten Weltkrieg, Paderborn 2004; Marcus Llanque, Demokratisches Denken im Krieg. Die deutsche Debatte im Ersten Weltkrieg, Berlin 2000; Jeffrey Verhey, The Spirit of 1914. Militarism, Myth and Mobilization in Germany, Cambridge 2000.
[13] Vgl. Vanessa Conze, Das Europa der Deutschen. Ideen von Europa in Deutschland zwischen Reichstradition und Westorientierung (1920–1970), München 2005; Dagmar Pöpping, Abendland. Christliche Akademiker und die Utopie der Anti-

und zum Prozess der Westernisierung[14] gehören dazu vor allem die klassischen Arbeiten von Heinz Gollwitzer und Dieter Groh, die zur Hochzeit des Kalten Krieges in den 1950er und frühen 1960er Jahren Vorläufer der Ost-West-Dichotomie im 19. Jahrhundert untersuchten. Groh zum Beispiel richtete den Fokus der Analyse auf deutsche, französische und britische Russland-Bilder.[15] In jüngerer Zeit ist ihm Ezequiel Adamovsky nachgefolgt, demzufolge im Frankreich des 19. Jahrhunderts das Zarenreich als ein „Land der Abwesenheit" imaginiert wurde – und zwar der Abwesenheit dessen, was man als zivilisatorische Errungenschaften des „Westens" begriff.[16]

In den letzten Jahren ist zudem der Begriff der „atlantischen Gemeinschaft" und sein Verhältnis zum Begriff der „westlichen Zivilisation" untersucht worden. Seit dem Ersten Weltkrieg sind die USA nicht mehr nur ein zentraler Bestandteil, sondern sind auch zu einem wichtigen Ideenspender von Konzeptualisierungen des „Westens" geworden. Das wurde auch durch infrastrukturelle und kommunikationstechnische Neuerungen begünstigt, die mit Blick auf den Atlantik eine zeiträumliche Verkürzung bedeuteten und eine beschleunigte Raumüberwindung ermöglichten. Erst allmählich aber gewannen Vor-

---

moderne 1900–1945, Berlin 2002; Axel Schildt, Zwischen Abendland und Amerika. Studien zur westdeutschen Ideenlandschaft der 50er Jahre, München 1999.

[14] Vgl. Julia Angster, Konsenskapitalismus und Sozialdemokratie. Die Westernisierung von SPD und DGB, München 2003; Anselm Doering-Manteuffel, Wie westlich sind die Deutschen? Amerikanisierung und Westernisierung im 20. Jahrhundert, Göttingen 1999; ders., Amerikanisierung und Westernisierung, in: Docupedia-Zeitgeschichte, 18.1.2011, http://docupedia.de/zg/Amerikanisierung_und_Westernisierung [25.10.2017]; Michael Hochgeschwender, Freiheit in der Offensive? Der Kongreß für kulturelle Freiheit und die Deutschen, München 1998.

[15] Vgl. Heinz Gollwitzer, Europabild und Europagedanke. Beiträge zur deutschen Geistesgeschichte des 18. und 19. Jahrhunderts, München 1964 (zuerst 1951); ders., Geschichte des weltpolitischen Denkens, 2 Bde., Göttingen 1972/82; Dieter Groh, Russland und das Selbstverständnis Europas. Ein Beitrag zur europäischen Geistesgeschichte, Neuwied 1961 (Neuausg.: Russland im Blick Europas. 300 Jahre historische Perspektiven, Frankfurt a. M. 1988).

[16] Vgl. Ezequiel Adamovsky, Euro-Orientalism and the Making of the Concept of Eastern Europe in France, 1810–1880, in: Journal of Modern History 77 (2005), S. 591–628; ders., Euro-Orientalism. Liberal Ideology and the Image of Russia in France (c. 1740–1880), Oxford 2006; für den deutschen Kontext vgl. auch Florian Gassner, Germany versus Russia. A Social History of the Divide between East and West, Vancouver 2012, sowie James E. Casteel, Russia in the German Global Imaginary. Imperial Visions and Utopian Desires, 1905–941, Pittsburgh 2016.

stellungen von einer amerikanischen Eingebundenheit in die Gemeinschaft eines atlantischen „Westens" an Boden.[17]

In das Blickfeld neuerer Forschungen zur Idee des „Westens" ist auch Großbritannien gerückt. Der Geograf Alastair Bonnett argumentiert, dass zwischen 1880 und 1930 im politischen und wissenschaftlichen Diskurs der Begriff des „Westens" den Begriff von „Whiteness" zunehmend verdrängt habe. Bonnett konstatiert für die Zeit der Jahrhundertwende eine „Krise der weißen Identität", die durch die Aneignung des rhetorischen Registers vom „Westen" bewältigt worden sei. Der Zusammenhang von „white decay" und „rise of the West" bedarf sicherlich noch weiterer Klärung, und Christian Methfessel setzt sich in diesem Band mit Bonnetts These kritisch auseinander. Doch ist der Ansatz, „den Westen" zu anderen Identitätsmarkern in Beziehung zu setzen und rhetorische Innovationen als Strategien der Problemlösung zu fassen, durchaus bedenkenswert.[18]

Ebenfalls relevant in diesem Zusammenhang ist die Studie des Literaturwissenschaftlers Christopher GoGwilt „The Invention of the West", die wie Bonnetts Analyse das Großbritannien der Jahrhundertwende in den Blick nimmt. GoGwilt argumentiert, dass in diesem Zeitraum der Begriff des „Westens" den Begriff Europas teilweise ersetzt habe, und zwar durch einen Prozess, den er „double mapping" nennt, weil er sich sowohl auf Europa als auch das Empire bezieht. Inspirationsquelle für diese Argumentation ist Joseph Conrad, der sich mit dem westlichen Kolonialismus ebenso wie mit russischer Politik und Kultur beschäftigte.[19] GoGwilts Versuch, Conrads literarisches Werk in

---

[17] Vgl. Christopher S. Browning/Marko Lehti (Hrsg.), The Struggle for the West. A Divided and Contested Legacy, London 2010; Patrick Thaddeus Jackson, Civilizing the Enemy. German Reconstruction and the Invention of the West, Ann Arbor (MI) 2006; Dianne Kirby, Divinely Sanctioned. The Anglo-American Cold War Alliance and the Defence of Western Civilization and Christianity, 1945–48, in: Journal of Contemporary History 35 (2000), S. 385–412; Marco Mariano (Hrsg.), Defining the Atlantic Community. Culture, Intellectuals, and Policies in the Mid-Twentieth Century, New York 2010; ders., A History „That Dares Not Speak Its Name"? Atlantic History, Global History and the Modern Atlantic Space, in: Journal of Transnational American Studies 8 (2017) H. 1, https://escholarship.org/uc/item/4k8891s9 [12.12.2017].

[18] Alastair Bonnett, The Idea of the West. Culture, Politics and History, Basingstoke 2004, S. 14–39.

[19] Christopher GoGwilt, The Invention of the West. Joseph Conrad and the Double-Mapping of Europe and Empire, Stanford (CA) 1995.

größere geschichtliche Zusammenhänge zu stellen, überzeugt nicht immer, und die Beiträge von Christian Methfessel und Florian Greiner in diesem Band kommen auf anderer Quellenbasis zu differenzierteren Ergebnissen, aber GoGwilts Hinweis, die Beziehung zwischen „europäisch" und „westlich" als Spannungsverhältnis zu untersuchen, liefert einen wichtigen Impuls.[20]

2. Europäische und transatlantische Selbstversicherungen: der „Westen" zwischen Sattelzeit und Krimkrieg

Der „Westen", der der Geschichte des 20. Jahrhunderts eine markante Signatur gab, war ein Begriff des 19. Jahrhunderts, der wie viele Begriffe des europäischen politischen Vokabulars in der „Sattelzeit" gebildet wurde.[21] Er wurde geprägt in den 1820er und 1830er Jahren, als die politische Öffentlichkeit daran ging, die internationale Situation nach dem Wiener Kongress zu deuten und der neuen Gestalt des Staatensystems Sinn zu verleihen. Die Mächte der Heiligen Allianz wurden im „Osten" verortet, während die maritimen Mächte Frankreich und Großbritannien im „Westen" ihren Platz hatten – einem „Westen", der, um die USA erweitert, liberale Staats- und Regierungsformen repräsentierte. Vier Faktoren konturierten den Begriff: Erstens galten jetzt verstärkt die USA als ernstzunehmender weltpolitischer Akteur. Nicht alle zeitgenössischen Kommentatoren gingen so weit wie Abbé de Pradt oder Aléxis de Tocqueville, die für die Zukunft einen bipolaren Gegensatz von den USA als der Macht des „Westens" und Russland als der Macht des „Ostens" prophezeiten, aber dass die USA an der Seite von Großbritannien und Frankreich eine Rolle in der Weltpolitik spielen würden, das wurde zur communis opinio.

Ein zweiter Faktor betraf die Lokalisierung Russlands auf europäischen Mental Maps. Wie Hans Lemberg gezeigt hat, wurde Russland in der geografischen Imagination zunehmend im Osten statt wie bis-

---

[20] Vgl. in diesem Zusammenhang auch Jürgen Osterhammel, Was war und ist „der Westen"? Zur Mehrdeutigkeit eines Konfrontationsbegriffs, in: ders., Die Flughöhe der Adler. Historische Essays zur globalen Gegenwart, München 2017, S. 101–114; sowie Georgios Varouxakis, The Godfather of „Occidentality". Auguste Comte and the Idea of „the West", in: Modern Intellectual History (online: 11. Okt. 2017), https://doi.org/10.1017/S1479244317000415 [11.12.2017].
[21] Zum Folgenden vgl. Bavaj/Steber, Introduction, S. 8–16; vgl. auch Stefan Berger, Western Europe, in: Diana Mishkova/Balázs Trencsényi (Hrsg.), European Regions and Boundaries. A Conceptual History, New York 2017, S. 15–35.

lang im Norden verortet.[22] Der „Osten" wurde mit Autokratie und Rückständigkeit identifiziert, wobei auch Vorstellungen des Orients, die in der Romantik verdichtet worden waren, auf das Bild des russischen „Ostens" übertragen wurden. An dem russischen „Osten" schieden sich die politischen Geister: Während europäische Liberale ihre Russophobie kultivierten, pflegten Konservative eine russophile Schwärmerei. Russische Intellektuelle und Politiker sahen sich von diesen Zuschreibungen herausgefordert und tarierten in ihrer Suche nach einer nationalen Identität ihr Nähe- und Distanzverhältnis zum „Westen" je neu aus. Das Gegenstück zum „Osten" bildete in beiden Fällen der „Westen". Die beiden soziopolitischen Begriffe waren miteinander verschwistert.

Zum dritten gewann ein geschichtsphilosophisches Fortschrittsnarrativ weite Verbreitung, das die Entwicklung der Menschheitsgeschichte räumlich von „Osten" nach „Westen" zu immer größerer Vervollkommnung voranschreiten sah. Georg Wilhelm Friedrich Hegel formulierte dieses Narrativ aus; es findet sich in Karl Marx' Geschichtsphilosophie, und es begegnet auch in Leopold von Rankes Konzeptualisierung der Weltgeschichte.

Viertens erhielt die Semantik von „Ost" und „West" besonderes Gewicht im politischen Diskurs zwischen 1820 und 1860, weil sie außenpolitische Konstellationen mit innenpolitischen Ordnungsmodellen verband. Der große politische Gegensatz der Zeit zwischen Liberalen und Konservativen wurde im Gegensatzpaar von „West" und „Ost" auf den Begriff gebracht und auf der kognitiven Weltkarte verortet. Dieses Mental Mapping forderte gerade in jenen Staaten, die sich nicht eindeutig zuordnen ließen, zur Stellungnahme heraus – zumindest glaubten sich viele publizistische Akteure zu einer solchen berufen. Besonders in den Staaten des Deutschen Bundes wurde um eine Zuordnung gerungen, auf die auch im Liberalismus keine eindeutige Antwort gegeben wurde. Während der „Westen" zum Hoffnungs- und Sehnsuchtsbegriff vieler Linksliberaler und Demokraten wurde, blieb die Haltung der preußischen Liberalen ambivalent gegenüber einem „Westen", nach dem sie sich zwar sehnten, der mit dem Nationalen aber kaum in Einklang gebracht werden konnte, zumal wenn der „Wes-

---

[22] Vgl. Hans Lemberg, Zur Entstehung des Osteuropabegriffs im 19. Jahrhundert. Vom „Norden" zum „Osten" Europas, in: Jahrbücher für Geschichte Osteuropas 33 (1985), S. 48–91.

ten" mit Frankreich assoziiert wurde. Ideen der europäischen „Mitte", eines Platzes zwischen „Ost" und „West", gewannen an Attraktivität.

Während des Krimkriegs, der von 1853 bis 1856 zwischen Russland auf der einen und Großbritannien, Frankreich und Sardinien (die dem Osmanischen Reich zur Hilfe geeilt waren) auf der anderen Seite ausgefochten wurde, erlebte die ideologische Ost-West-Semantik einen ersten Höhepunkt. Die Freiheit schien gegen den Despotismus zu Felde zu ziehen. Zumindest die deutschen Demokraten und Liberalen bedrängten die preußische Regierung, an der Seite des „Westens" in die Schlacht zu ziehen – ohne Erfolg. Preußen blieb neutral. Nach dem Krimkrieg verblassten kognitive Landkarten einer Ost-West-Teilung in ihrer Bedeutung als Form politisch-zivilisatorischer Weltaneignung. Angesichts der Durchsetzung nationalstaatlich bestimmter Interessen- und Machtpolitik, die das Ende des Wiener Vertragssystems markierte, und angesichts einer Lokalisierung der Fortschrittsidee im Nationalen sowie einer zunehmenden Attraktivität der Rassenidee verloren zivilisatorische Konzepte wie der „Westen" an Überzeugungskraft. Ausnahme war Großbritannien, das mit der Formel von der „Western civilization" koloniale Expansion und Herrschaft legitimierte. Im späten 19. Jahrhundert verschoben sich Fokus und Zielperspektive, die der Begriff des „Westens" vorgab: Nicht so sehr innerhalb Europas tobte der Kampf zwischen dem „Westen" und seinem unzivilisierten Antipoden, sondern nun trat der „Westen" aus Europa heraus, um „Fortschritt" zu bringen.

3. Ein globaler Begriff: Der „Westen" an der Jahrhundertwende

Die 1880er Jahre markierten einen Einschnitt in der Begriffsgeschichte des „Westens": Der „Westen" wurde – in enger Verbindung mit „Zivilisation" – zum globalen Begriff. Der Globalisierungsschub der langen Jahrhundertwende erfasste auch die Begriffe.[23] Dafür war eine Reihe von Faktoren verantwortlich: die von Jürgen Osterhammel beschriebene „Referenzverdichtung", wonach sich auch entferntere Regionen

---

[23] Zur Globalisierung an der Jahrhundertwende vgl. im kurzen Überblick Jürgen Osterhammel/Niels P. Petersson, Geschichte der Globalisierung. Dimensionen, Prozesse, Epochen, München ⁴2007, S. 63–76; für das Kaiserreich: Sebastian Conrad, Globalisierung und Nation im Deutschen Kaiserreich, München 2006; ders./Jürgen Osterhammel (Hrsg.), Das Kaiserreich transnational. Deutschland in der Welt 1871–1914, Göttingen 2004.

immer intensiver gegenseitig beobachteten und immer häufiger aufeinander Bezug nahmen; eine damit einhergehende „Vergröberung der Weltwahrnehmung", etwa ein Denken in Kulturkreisen, das in aufstrebenden Wissenschaftsdisziplinen wie Ethnologie oder Geografie in Mode kam, und das Konzepten räumlicher Gleichzeitigkeit statt Ideen universal-linearen Fortschritts Auftrieb gab;[24] ein global ausgreifender Kapitalismus und ein „New Imperialism", der, worauf Christian Geulen in seinem Kommentar verweist, die Suche nach neuen rhetorischen Strategien dringlicher werden ließ, um die im Grundsatz widerstreitenden Ordnungsmodelle von Nation und Imperium in Einklang zu bringen; sowie nicht zuletzt in die Sprache der „westlichen Zivilisation" gekleidete Projekte der Nationsbildung und Modernisierung „jenseits des Westens". Es bildete sich eine globale Öffentlichkeit heraus, in der sehr verschiedene nationale Akteure auf dieselben zentralen Begriffe des politischen Vokabulars rekurrierten.[25] Der „Westen" war einer dieser Begriffe des globalen Wörterbuchs.

Zudem trat bei zivilisatorischen Verortungen an der Jahrhundertwende der universalistisch gedachte Entwicklungsbegriff des „Westens" in ein immer stärkeres Spannungsverhältnis zu einem räumlich enger gefassten Containerbegriff des „Westens". Die universalistische Verwendungsweise war der seit der Aufklärung verbreiteten Idee der Zivilisierungsfähigkeit aller Kulturen verbunden. Sie war geprägt durch die Vorstellung von der Existenz eines zivilisatorischen Status (soziale Normen, technischer Fortschritt, wirtschaftliche Entwicklung, politische Werte), der von allen Kulturen, wenn auch in unterschiedlicher Geschwindigkeit, erreicht werden konnte. Dagegen war der konkurrierende Containerbegriff stärker an kulturellen, religiösen, sprachlichen und ethnischen Kategorien orientiert, also an Merkmalen, die weit weniger universalisierbar waren. Diese Auffassung implizierte eine Pluralität von Zivilisationen bzw. Kulturen. Beide Varianten – der universale Entwicklungsbegriff ebenso wie der Containerbegriff – konnten von „westlichen" oder auch spezifisch britischen, französischen oder amerikanischen Überlegenheitsmodellen getragen sein. Zum einen verbargen sich hinter dem Schein der Universalität nicht

---

[24] Osterhammel, Verwandlung der Welt, S. 143.
[25] Vgl. Sebastian Conrad/Dominic Sachsenmaier, Introduction, in: dies. (Hrsg.), Competing Visions of World Order. Global Moments and Movements, 1880s–1930s, New York 2007, S. 1–25, hier S. 8.

selten rassistische und sozialdarwinistische Ideologeme; zum anderen konnten Vorstellungen von einer Pluralität der Zivilisationen nicht-„westlichen" Kulturen die Zukunftsperspektive versagen.[26]

Die Spannung zwischen beiden Varianten zivilisatorischer Verortung beleuchtet Silke Mende am Beispiel der *Mission Laïque Française*, indem sie den Verschiebungen in der kolonialpolitischen Strategie von „Assimilation" hin zu „Assoziation" nachgeht. Als Bannerwort kolonialer Expansion fungierte der Begriff des „Westens" vor allem im britischen Empire; in Frankreich wurde eher von *civilisation* gesprochen, und in Deutschland wurde der Begriff selbst in internationalistischen Kreisen der Kolonialbewegung vor 1914 gemieden, wie Florian Wagner zeigt. Am Beispiel der internationalen Zivilisationsrhetorik um das Jahr 1899 weist Jakob Lehne – vor allem mit Blick auf britische und amerikanische Diskursteilnehmer – darauf hin, dass die Vorstellung von einer Vielzahl an Zivilisationen durchaus einen kolonialismuskritischen Hintergrund haben und mit der Idee der Gleichwertigkeit verschiedener Zivilisationen einhergehen konnte.

Von großer Bedeutung waren in diesem Zusammenhang auch Bewegungen nationaler Selbstbehauptung in Regionen „jenseits des Westens", die konstitutiver Bestandteil einer zunehmend globalen kommunikativen Vernetzung wurden: Pan-Asianismus, Pan-Islamismus und Pan-Afrikanismus entstanden inmitten einer Legitimationskrise des durch Imperialismus und Kolonialismus geprägten internationalen Systems und zimmerten Gegenideologien gegen einen imperialistischen und rassistischen „Westen".[27] Pan-asiatische und pan-islamische Intellektuelle hielten den Imperialmächten vor, gegen die selbst formulierten Prinzipien zu verstoßen: Die aus der Aufklärungstradition herrührende Universalität des Begriffs des „Westens" wurde zum Maßstab imperialer Politik erhoben und so dem „Westen" der Spiegel vorgehalten.[28] Da sich durch einen starken Entwicklungs-

---

[26] Vgl. Christian Geulen, The Common Grounds of Conflict. Racial Visions of World Order 1880–1940, in: Conrad/Sachsenmaier (Hrsg.), Competing Visions, S. 69–96.
[27] Vgl. Louis L. Snyder, Macro-Nationalisms. A History of the Pan-Movements, Westport (CT) 1984; zum Pan-Afrikanismus vgl. Andreas Eckert, Panafrikanismus, afrikanische Intellektuelle und Europa im 19. und 20. Jahrhundert, in: Journal of Modern European History 4 (2006), S. 224–240.
[28] Vgl. Cemil Aydin, The Politics of Anti-Westernism in Asia. Visions of World Order in Pan-Islamic and Pan-Asian Thought, New York 2007, S. 39–69.

schub der Presse und Innovationen in der Kommunikationstechnologie die globale Öffentlichkeit neu konstituierte, drangen diese Stimmen auch nach Europa bzw. in die USA vor. Aus pan-asiatischer und pan-islamischer Perspektive erschien der „Westen" nicht mehr als Hort von Fortschritt und Freiheit, sondern als Quelle von Unterdrückung, Gewalt und Rassismus.

Gleichzeitig wurde Kritik am „Westen" rezipiert, die in Europa und den USA formuliert wurde.[29] Denn auch dort konstituierte sich eine vernehmbare kritische Öffentlichkeit, die entweder aus einer radikalen Kolonialkritik erwuchs und die imperiale Politik und ihre Begründungen infrage stellte oder – von einer gegensätzlichen Position aus argumentierend – sich um die Stärke der Nation sorgte und deshalb zu Reforminitiativen aufrief. Dabei konnte es zu erstaunlichen transnationalen Diskurskoalitionen kommen. So wandten sich japanische Intellektuelle von einem Universalismus ab, der aus der Auseinandersetzung mit dem aufklärerischen Konzept des „Westens" entstanden war, und machten sich einen national begründeten Partikularismus zu eigen, der mit dem Verweis auf Konzepte von „deutscher Kultur" unterfüttert wurde.[30] Auch das machte den „Westen" zum globalen Begriff.[31]

Es war kein Zufall, dass zeitgleich der Begriff des „Fernen Ostens" bzw. des „Ostens" zur Bezeichnung von Japan, China und Korea populär wurde, der sowohl der (positiven) Selbstbezeichnung als auch der (negativen) Fremdbeschreibung diente. Während asiatische Intellektuelle ein „Erwachen des Ostens" (*awakening of the East*) zu gewärtigen glaubten,[32] mischten sich in Europa orientalistische Klischees mit

---

[29] Vgl. ebd., S. 195 f.; Cemil Aydin, The Idea of the Muslim World. A Global Intellectual History, Cambridge (MA) 2017, S. 65–132.

[30] Vgl. Douglas R. Howland, Translating the West. Language and Political Reason in Nineteenth-Century Japan, Honolulu (HI) 2002, S. 187; mit Blick auf Indien und China vgl. Silke Martini, Postimperiales Asien. Die Zukunft Indiens und Chinas in der anglophonen Weltöffentlichkeit 1919–1939, Berlin 2017.

[31] Vgl. dazu grundsätzlich Christopher L. Hill, Conceptual Universalization in the Transnational Nineteenth Century, in: Samuel Moyn/Andrew Sartori (Hrsg.), Global Intellectual History, New York 2013, S. 134–158.

[32] Vgl. z.B. Okakura Kakuzō, The Ideals of the East. With Special Reference to the Art of Japan, Tokyo 1970 (1903); aus der Fülle der Forschungsliteratur seien genannt: Howland, Translating, und Kevin Michael Doak, Romancing the East, Rejecting the West. Japanese Intellectuals' Responses to Modernity in the Early Twentieth Century, in: Comparative Studies of South Asia, Africa and the Middle East 26 (2006), S. 402–415.

der Paranoia vor einer „gelben Gefahr" sowie geopolitisch-strategischen Überlegungen in der Konturierung des „Fernen Ostens".[33] Einen „globalen Moment" ganz besonderer Bedeutung stellte in diesem Zusammenhang der Russisch-Japanische Krieg von 1905 dar. Denn der Sieg Japans, mithin der erste Sieg einer als minderwertig geltenden asiatischen Macht über eine europäische Großmacht, sandte einerseits Schockwellen durch Europa und Nordamerika und löste andererseits Jubelstürme unter antikolonialen Intellektuellen und Politikern aus, die den Überlegenheitsanspruch des „Westens" endgültig delegitimiert sahen.[34]

Während der „Westen" für antikoloniale Bewegungen an der langen Jahrhundertwende zum Gegenbegriff gerann, war er der Reformkoalition im zarischen Russland nach der Revolution von 1905 ein Vorbild, das Fortschrittlichkeit versprach, wie Benjamin Beuerle zeigt. Was der „Westen" indes im konkreten Fall bedeutete, changierte beträchtlich.[35] Das galt auch für den britischen Blick auf den „Westen". Christian Methfessel analysiert die Vielschichtigkeit der Begriffsverwendung in der britischen Presse, die je nach Kontext variieren konnte. Wurden europäische Zusammenhänge adressiert, wurde Russland als Inbegriff des „Ostens" charakterisiert; ging es dagegen um globale Perspektiven, wurde Russland meist zum zivilisierten „Westen" gerechnet. Zugleich verengte sich im Rahmen der britisch-französischen Entente der „Westen" auf Westeuropa, wenn die beiden Staaten als Mutterländer von Demokratie und Liberalismus genauso wie als überlegene Zivilisierungsmissionare dargestellt wurden.

Der Erste Weltkrieg beschnitt diese diskursive Vielfalt. Konzepte des „Westens", die von den Kriegsparteien propagiert wurden, rückten zunächst die europäischen und nationalen Bedeutungskontexte in den Vordergrund. Die Fronten konnten sich auf allen Seiten so schnell formieren, weil die semantischen Bausteine für die jeweiligen Positionierungen bereit lagen.[36] Frankreich und Großbritannien sahen sich

---

[33] Vgl. Osterhammel, Verwandlung der Welt, S. 139.
[34] Vgl. Aydin, Politics, S. 71–92.
[35] Vgl. auch Benjamin Beuerle, Russlands Westen. Westorientierung und Reformgesetzgebung im ausgehenden Zarenreich, 1905–1917, Wiesbaden 2016.
[36] Vgl. etwa Barbara Beßlich, Wege in den „Kulturkrieg". Zivilisationskritik in Deutschland 1890–1914, Darmstadt 2000; sowie Magnus Brechtken, Scharnierzeit, 1895–1907. Persönlichkeitsnetze und internationale Politik in den deutsch-britisch-amerikanischen Beziehungen vor dem Ersten Weltkrieg, Mainz 2006.

im Kampf für die „freien Verfassungen Westeuropas"[37]; Deutschland glaubte „deutsche Kultur" gegen „westliche Zivilisation" zu verteidigen.[38] Dass hier ideologische Positionierungen nicht immer ganz so eindeutig waren, wie propagandistisch insinuiert, betont Peter Hoeres mit Blick auf einige deutsche und britische Gelehrte. Die Vielschichtigkeit, die der Begriff im Laufe des 19. Jahrhunderts entwickelt hatte, wurde im August 1914 nicht plötzlich ausgelöscht. Auch weiterhin schwangen zum Beispiel imperiale Bedeutungen mit. Das zeigt Florian Wagner an den Bestrebungen deutscher Kolonialexperten, Deutschlands Stellung als Kolonialmacht zu behaupten, indem sie an die Zivilisierungsmission eines „Westens" erinnerten, zu dem Deutschland ganz natürlich gehöre.

1917 änderte der Kriegseintritt der USA (gepaart mit dem Kriegsaustritt Russlands) nicht nur die militärische Situation, sondern auch die semantischen Verhältnisse. Die Mission des „Westens" wurde auf den Begriff gebracht: Das Konzept der „westlichen Demokratie" bündelte Vorstellungen demokratischer Beteiligung, nationaler Selbstbestimmung und liberaler Politik.[39] Diese nicht zuletzt von Woodrow Wilson propagierte Idee des „Westens" gewann ihre Attraktivität aus ihrer Universalität. Obwohl Hoffnungen antikolonialer Aktivisten bald erneut enttäuscht wurden, erhielten dadurch die alten Imperialmächte neue Legitimation für ihr koloniales Projekt. Hier zeigen sich ein weiteres Mal die Ambivalenzen und Widersprüchlichkeiten, die dem Begriff des „Westens" zugrunde lagen.[40]

Der transatlantische Brückenschlag im Sinne des „Westens" war indes weder diesseits noch jenseits des Atlantiks eine Selbstverständ-

---

[37] Britain's Destiny and Duty. Declaration by Authors. A Righteous War (18. September 1914), in: Themenportal Europäische Geschichte, 2008, http://www.europa.clio-online.de/2008/Article=316 [01. 12. 2017].

[38] Vgl. Bavaj/Steber, Introduction, S. 17–20 (dort auch die einschlägige Literatur).

[39] Vgl. Marcus Llanque, The First World War and the Invention of ‚Western Democracy', in: Bavaj/Steber (Hrsg.), Germany and ‚The West', S. 69–80.

[40] Vgl. Erez Manela, Dawn of a New Era. The „Wilsonian Moment" in Colonial Contexts and the Transformation of World Order, 1917–1920, in: Conrad/Sachsenmaier (Hrsg.), Competing Visions, S. 121–149; Dominic Sachsenmaier, Searching for Alternatives to Western Modernity. Cross-Cultural Approaches in the Aftermath of the Great War, in: Journal of Modern European History 4 (2006), S. 241–260; Mehrzad Boroujerdi, „The West" in the Eyes of the Iranian Intellectuals of the Interwar Years (1919–1939), in: Comparative Studies of South Asia, Africa and the Middle East 26 (2006), S. 391–401.

lichkeit. In Großbritannien wurde mit zuweilen anti-amerikanischem Unterton die Bedeutung Europas als Wiege „westlicher Zivilisation" betont, aber auch in den Vereinigten Staaten legten isolationistische Kreise Wert auf die Unterscheidung zwischen „Europa" und „Amerika" (bzw. der „westlichen Hemisphäre" im Sinne der Monroe-Doktrin), wie Florian Greiner am Beispiel der Printmedien ausführt. Als transatlantischer Raum der Fortschrittlichkeit wurde der „Westen" jedoch im Amerikanisierungsdiskurs der 1920er Jahre konturiert – ebenso wie in kolonialen Kontexten und in Opposition zur Sowjetunion. Dass in den USA besonders wirkmächtige Vorstellungen vom „Westen" über das *Western Civilization*-Curriculum transportiert wurden, zeigt Katja Naumann. Das Narrativ der historischen Entwicklung der *Western Civilization*, das zahllosen Studierenden im Gefolge des Ersten Weltkriegs über die Jahrzehnte vermittelt wurde, war universal und eurozentrisch angelegt und erzählte Weltgeschichte als Geschichte des Aufstiegs vom „Westen". Allerdings wurde es bereits von Beginn an immer wieder durchbrochen und hinterfragt. Schon früh gab es Bemühungen, das Curriculum um eine eigenständige Betrachtung nicht-„westlicher" Regionen zu erweitern und Allgemeine Geschichte zu „dezentrieren". Dennoch wirkte die Semantik des Ersten Weltkriegs fort und unterfütterte nach 1945 die Rhetorik des Kalten Krieges.[41]

Nicht nur in den USA, sondern auch in Russland hatte der Erste Weltkrieg Weichen gestellt. Die an einem Ideal des „Westens" orientierten Reformer hatten mit der Oktoberrevolution allen Kredit verloren – der „Westen" fungierte fortan als Gegenbild, nicht mehr als Vorbild. Dabei konnte eine anti-„westliche" Haltung auch von russischen Emigranten kultiviert werden, die vor der Oktoberrevolution geflohen waren: Die Eurasierbewegung, die Leonid Luks beschreibt, propagierte unter dem Schlachtruf „Exodus nach Osten" einen radikalen Bruch mit der „romano-germanischen Zivilisation" Westeuropas – begleitet von einer Ideologiekritik an der europäischen Fortschritts- und Zivilisationsrhetorik. Die Ideen des Eurasismus (die im heutigen Russland

---

[41] Zum Kalten Krieg vgl. Michael Kimmage, The Decline of the West. An American Story, Washington D.C. (WA) 2013 (Transatlantic Academy Paper Series 2012–2013, Nr. 4); ders., The Rise and Fall of the West. An American Story, in: Telos 168 (Fall 2014), S. 22–44; vgl. auch das Themenheft „Die Verhandlung des Westens. Wissenseliten und die Heterogenität Westeuropas nach 1945", Comparativ 25 (2015) H. 3.

eine Renaissance erleben[42]) ähnelten in einigen Punkten den Vorstellungen des Rechtsintellektualismus der Weimarer Republik. Dem „Westen" sprachen seine Gegner oftmals eine stärkere Kohärenz zu als manche ihrer „westlichen" Antipoden.

Solche Pluralitätsreduktionen und antithetischen Semantiken trugen zum Erfolg des Begriffs bei. Zugleich wirkte die tatsächliche Pluralität dessen, wofür der „Westen" angesichts transatlantischer und globaler Prägungen zur Zeit der langen Jahrhundertwende stand, weiter. Auch danach, vom frühen 20. Jahrhundert bis in die jüngste Gegenwart, konnte er sowohl Fortschrittsversprechen sein als auch für zivilisatorische Überheblichkeit stehen, sowohl Demokratievertrauen ausdrücken als auch Gewaltbereitschaft verkörpern. Wie Christian Geulen in seinem Kommentar andeutet, besteht zudem noch heute ein unaufgelöstes Spannungsverhältnis zwischen einem universalistisch gedachten Entwicklungsbegriff, der die Möglichkeit beinhaltet, dass grundsätzlich jede Region auf der Welt Teil des „Westens" werden kann, und einem Containerbegriff, der entlang religiöser, ethnischer oder kultureller Unterscheidungen starre Trennlinien zieht und Heimaten partikularer Begrenztheit bezeichnet. Nach wie vor changiert der „Westen" zwischen Verheißungs- und Abschottungsbegriff. In deutschen Diskurszusammenhängen erfüllt letztere Funktion vor allem der Begriff des „Abendlands", der in stärkerem Maße als der „Westen" Ressourcen historisch-kultureller Abgrenzung mobilisieren kann.[43]

Blickt man auf die Geschichte des „Westens" der vergangenen zwei Jahrhunderte, so hat der Begriff immer dann Wirkung entfaltet, wenn er vor dem Hintergrund internationaler Krisen, Konflikte und Kriege

---

[42] Vgl. Mark Bassin/Gonzalo Pozo (Hrsg.), The Politics of Eurasianism. Identity, Popular Culture and Russia's Foreign Policy, London 2017; Mark Bassin/Sergey Glebov/Marlene Laruelle (Hrsg), Between Europe and Asia. The Origins, Theories, and Legacies of Russian Eurasianism, Pittsburgh 2015; vgl. auch Stefan Wiederkehr, Die eurasische Bewegung. Wissenschaft und Politik in der russischen Emigration der Zwischenkriegszeit und im postsowjetischen Russland, Köln 2007.
[43] Vgl. dazu neuerdings Michael Hochgeschwender, Abendland, in: Staatslexikon. Recht, Wirtschaft, Gesellschaft. Bd. 1, hrsg. von der Görres-Gesellschaft, 8., völlig neu bearb. Aufl. Freiburg i. Br. 2017, Sp. 14–21; Bernd Ulrich, Guten Morgen, Abendland! Der Westen am Beginn einer neuen Epoche, Köln 2017; Volker Weiß, Die autoritäre Revolte. Die Neue Rechte und der Untergang des Abendlandes, Stuttgart 2017.

als effektives rhetorisches Mittel der politischen Mobilisierung, der Vermittlung gesellschaftlicher Zukunftsvorstellungen und der Formierung nationaler wie transnationaler Identitäten dienen konnte – entweder über die Verankerung eines politischen Gemeinwesens in einer imaginierten Gemeinschaft des „Westens" oder über die Abgrenzung vom „Westen" zur Konturierung des „Eigenen". Der Begriff des „Westens" schafft Orientierung durch räumliche Homogenisierung. Gleichermaßen ordnet er Zeitlichkeit, indem er eine lineare Entwicklungsrichtung der Geschichte vorgibt und so die Fortschrittsgewissheit des 19. Jahrhunderts in die Gegenwart transportiert. Dabei illustriert die wechselvolle Geschichte des Begriffs nicht nur, wie seine inneren Widersprüche immer wieder aufbrechen, sondern auch, dass sich sein Nutzen in Debatten der politischen Selbstverortung selbst dann erweist, wenn von seiner „Krise", seinem „Zerfall" oder seinem „Ende" die Rede ist.[44]

---

[44] Aus ganz unterschiedlichen Blickwinkeln: Udo di Fabio, Schwankender Westen. Wie sich ein Gesellschaftsmodell neu erfinden muss, München 2015; Joschka Fischer, Ende des Westens. Wir sind auf uns gestellt, in: Die Zeit, 30. Juli 2017; Winkler, Zerbricht der Westen?; sowie Martin Jacques, When China Rules the World. The End of the Western World and the Birth of a New Global Order, London 2009; David Marquand, The End of the West. The Once and Future Europe, Princeton/Oxford 2011.

Christian Methfessel

Bilder des „Westens" in der britischen Öffentlichkeit um 1900

1. Der „Westen" um 1900: Forschungsperspektiven

Die Zeit um die Jahrhundertwende gilt als entscheidend für die Entstehung des Bildes, das wir heutzutage vom „Westen" haben. Nach Alastair Bonnett und Christopher GoGwilt bildete sich zu jener Zeit eine Idee der westlichen Welt heraus, die sich von früheren Vorstellungen unterschied. Zwar wurde im Kontext der britischen Kolonialpolitik schon in der Mitte des 19. Jahrhunderts der „Westen" dem „Osten" gegenübergestellt. Dabei blieb jedoch beiden Autoren zufolge das Konzept des Westens vage und vieldeutig, erst Ende des 19. Jahrhunderts wurde der „Westen" zur zentralen Idee und nahm die Form an, die unser Denken noch heute prägt. Die Ursachen dieser Entwicklung bewerten die beiden Autoren unterschiedlich: GoGwilt vertritt die These, dass die imperiale Propaganda der 1890er Jahre und die britische Rezeption pan-slawistischer Debatten in Russland zu einer neuen Idee des Westens führten. Aus dieser Perspektive waren es die kolonialen Diskurse mit ihrer Ost-West-Dichotomie im Zusammenspiel mit der europäischen Debatte über das Wesen Russlands, die zu einem neuen, klar definierten Konzept des Westens führten.[1]

Bonnett hingegen begründet den Siegeszug der Idee des Westens mit der zunehmenden Unmöglichkeit, die eigene Überlegenheit anhand rassischer Kategorien zu begründen. Die von Bonnett so bezeichnete „white crisis" hatte zwei Ursachen: erstens das Misstrauen der elitär denkenden Anhänger einer rassistisch begründeten „Überlegenheit" der „weißen Rasse" gegenüber der eigenen Bevölkerung, den „Massen"; zweitens militärische Niederlagen europäischer Mächte gegen nichteuropäische Gegner, so die Niederlage Italiens gegen Abessinien 1896 und insbesondere die Niederlage Russlands gegen Japan 1905. Das flexible Konzept der „westlichen Zivilisation" ermöglichte es anders als rassische Kategorien, Russland und die „Massen" aus dem „Westen" auszuschließen und die Übernahme der „westlichen Zivilisation" durch Japan zu erklären.[2]

---

[1] Vgl. Christopher GoGwilt, The Invention of the West. Joseph Conrad and the Double-Mapping of Europe and Empire, Stanford (CA) 1995, besonders S. 220 f.
[2] Vgl. Alastair Bonnett, The Idea of the West. Culture, Politics and History, Basingstoke 2004, besonders S. 17 sowie 35.

Diese Thesen sollen hier anhand gängiger Verwendungen des Begriffs „Westen" in der englischen Presse um 1900 überprüft werden. Damit unterscheiden sich die im Folgenden behandelten Quellen wesentlich von denen, die bei Bonnett und GoGwilt im Mittelpunkt stehen. So folgt Bonnett einem klassischen ideenhistorischen Zugang und widmet sich einerseits den Propagandisten der „white crisis", andererseits damals vielgelesenen Autoren, die Überlegungen zum Wesen der westlichen Zivilisation anstellten (etwa Benjamin Kidd und Arnold Toynbee). GoGwilt hingegen folgt einer literaturwissenschaftlichen Perspektive und zeigt die Entstehung eines neuen Bildes des Westens anhand des Werkes von Joseph Conrad auf. Wenn nun der Fokus auf die Presse gerichtet wird, kann untersucht werden, inwieweit Beobachtungen zur Idee des Westens bei einzelnen, ausgewählten Autoren aussagekräftig für Vorstellungen des Westens in einer breiteren Öffentlichkeit sind. Im Zentrum des Aufsatzes stehen dementsprechend nicht die Gedankengerüste ausgewählter Schriftsteller oder Politiker, sondern die allgemein gebräuchlichen Verwendungsweisen der Begriffe „Westen" und „westlich" in den zum Ende des 19. Jahrhunderts rasant expandierenden Massenmedien.[3] Dabei entsteht ein Bild, das weitaus vielschichtiger und widersprüchlicher ist als es die These der Entstehung der einen zentralen Idee des Westens vermuten lässt.

Um dem „Westen" in dieser Quellengattung nachzuspüren, wird auf das Konzept der „Repräsentationen" zurückgegriffen. Diese werden verstanden als „Organisationsformen des Wissens, Muster der sinnhaften Verarbeitung von Lebensverhältnissen und kollektiven Erfahrungen, die Menschen ermächtigen, sich in der historischen, sozialen oder politischen Realität zurechtzufinden."[4] Bei der Analyse der Presseberichterstattung wird dementsprechend gefragt, wie Repräsentationen des Westens dazu beitrugen, bestimmte Ereignisse medial aufzubereiten und mit Bedeutung zu versehen. Es gilt die politischen Konstellationen zu berücksichtigen, in denen Zeitungen auf die Reprä-

---

[3] Zum Wachstum der Presse in dieser Zeit vgl. Frank Bösch, Mediengeschichte. Vom asiatischen Buchdruck zum Fernsehen, Frankfurt a. M. 2011, S. 109–113.
[4] Jörg Baberowski, Selbstbilder und Fremdbilder. Repräsentation sozialer Ordnungen im Wandel, in: ders./Hartmut Kaelble/Jürgen Schriewer (Hrsg.), Selbstbilder und Fremdbilder. Repräsentation sozialer Ordnungen im Wandel, Frankfurt a. M. 2008, S. 9–13, das Zitat S. 9. Im Folgenden werden auch Begriffe wie „Bilder", „Vorstellungen" und „Darstellungen" im Sinne des skizzierten Repräsentationenkonzepts verwendet.

sentationen des Westens zurückgriffen, um bestimmte Entscheidungen und Positionen zu legitimieren oder zu kritisieren.[5] Dabei gewann gerade der „Westen" seine politische Durchschlagkraft häufig aus den mit ihm einhergehenden Inklusionen und Exklusionen. Deswegen wird immer auch behandelt, wer zum Westen gezählt und wer aus ihm ausgeschlossen bzw. ihm gegenübergestellt wurde.[6]

Hierfür wird zunächst untersucht, ob sich für die öffentliche Reaktion auf die Niederlagen Italiens gegen Abessinien und Russlands gegen Japan gemäß der These Bonnetts Zeichen für ein Krisenbewusstsein aufzeigen lassen, das zur Hinterfragung älterer Vorstellungen und Entstehung neuer Repräsentationen führte. Daraufhin wird diskutiert, inwieweit tatsächlich im Sinne GoGwilts imperiale Repräsentationen der Welt und die europäischen Debatten über Russland in einer neuen Idee des Westens aufgingen. Anschließend soll eine Entwicklung betrachtet werden, die – so die hier vertretene These – am ehesten auf einen Wandel englischer Bilder des Westens hinweist: Die Darstellung der Annäherung Großbritanniens und Frankreichs im Zeichen der Entente cordiale. Hier wird auch argumentiert, dass sich die Attraktivität des „Westens" keinesfalls wie von Bonnett vermutet mit einer Skepsis gegenüber den Massen erklären lässt. Vielmehr war der „Westen" in diesem Kontext mit Werten wie Liberalismus und Demokratie konnotiert. Die geographischen Grenzen solcher Repräsentation des Westens werden in der folgenden Analyse der Berichterstattung über die Vereinigten Staaten aufgezeigt. In der Darstellung anglo-amerikanischer Gemeinsamkeiten griff die englische Presse vor Ausbruch des Ersten Weltkriegs nicht auf Repräsentationen des Westens zurück, obgleich die USA seit dem späten 19. Jahrhundert als natürlicher Partner Großbritanniens erschien. Abschließend werden die Ergebnisse zusammengefasst und in einem Ausblick die Bedeutung der britischen Repräsentationen des Westens um 1900 diskutiert.

---

[5] Zu politischen Funktionen von Repräsentationen vgl. Hartmut Kaelble, Representations of Europe as a Political Resource in the Early and Late Twentieth Century, in: Comparativ 22 (2012) H. 6, S. 11–20.
[6] Vgl. Riccardo Bavaj, ‚The West'. A Conceptual Exploration, Abs. 6, in: European History Online (EGO), 21. 11. 2011, http://www.ieg-ego.eu/bavajr-2011-en [25. 10. 2017].

2. „White crisis?" Zur englischen Wahrnehmung Japans und Abessiniens im Zeitalter des Imperialismus

Die dramatische Niederlage Italiens gegen Abessinien war schon in Augen der Zeitgenossen ein bedeutendes Ereignis in der Geschichte der Kolonisation Afrikas. Die Nachrichten und Kommentare der englischen Presse hierzu lassen sich tatsächlich im Sinne einer „white crisis" interpretieren.[7] Die „Times" etwa befürwortete in einer ersten Reaktion eine britische Militäraktion zur Unterstützung Italiens: „Action at the present moment incidentally offers the advantage of at once lending substantial though indirect assistance to a friendly nation, and of counteracting the peril to civilization in Africa which is involved in any reverse inflicted upon white men by the natives."[8]

Eine genauere Betrachtung des politischen Kontexts lässt jedoch Zweifel an einem ernsthaften Krisengefühl aufkommen. Die italienische Niederlage war für die Regierung in London vor allem eine willkommene Gelegenheit, um den lange geplanten Feldzug zur Rückeroberung des Sudan einzuleiten. Nachdem insbesondere der deutsche Kaiser britisches Handeln zur Unterstützung der bedrängten Italiener gefordert hatte, konnte die britische Militärkampagne nun als Akt der Solidarität mit Italien verkauft werden.[9] Als dieser Krieg einmal reibungslos angelaufen war, spielten solche Argumente keine Rolle mehr. Die folgende diplomatische Annäherung Großbritanniens an Abessinien führte zudem dazu, dass Abessinien äußerst positiv dargestellt wurde. So freute sich die „Daily Mail" im April 1899 über diplomatische Rückschläge Frankreichs und Russlands in Abessinien. Dabei stellte sie ohne jedes Krisenbewusstsein den abessinischen Herrscher als Meister der Diplomatie dar, der die in dieser Hinsicht unterlegenen Vertreter Frankreichs und Russlands geschickt ausge-

---

[7] Zur Berichterstattung über die Schlacht von Adua in der „Times" vgl. Richard Pankhurst, British Reactions to the Battle of Adwa. As Illustrated by the Times of London for 1896, in: Paulos Milkias/Getachew Metaferia (Hrsg.), The Battle of Adwa. Reflections on Ethiopia's Historic Victory Against European Colonialism, New York 2005, S. 217–227.
[8] The Situation, in: The Times, 30.3.1896.
[9] Vgl. Ronald Robinson/John Gallagher/Alice Denny, Africa and the Victorians. The Climax of Imperialism in the Dark Continent, New York 1961, S. 286, 339–354; Roderick R. McLean, The Kaiser's Diplomacy and the Reconquest of the Sudan, in: Edward M. Spiers (Hrsg.), Sudan. The Reconquest Reappraised, London 1998, S. 146–162, hier S. 148.

trickst hatte.¹⁰ Nachdem die italienische Niederlage 1896 ihre propagandistische Funktion für den Feldzug gegen den Sudan erfüllt hatte, wurde die Abessinien-Frage nur im Kontext der innereuropäischen Rivalitäten bewertet und nicht als Gefahr für die europäische oder weiße Vorherrschaft in Afrika eingeschätzt. Gerade für das Britische Empire schien die Entwicklung in der Region glücklich zu verlaufen.

Gleiches gilt für die britische Wahrnehmung des Aufstiegs Japans in der internationalen Politik. Schon als sich die Konflikte um China im späten 19. Jahrhundert zuspitzten, betrachtete der Großteil der englischen Presse Japan als möglichen Verbündeten gegen den traditionellen Rivalen Russland. Sicherlich gab es Ausnahmen, insbesondere die „Pall Mall Gazette" warnte vor einer Zusammenarbeit mit Japan und fragte etwa im Januar 1898: „Could we trust our new-found ally, who remains an Asiatic after all, despite the precocious imitativeness with which he has put on the garment of the West?"¹¹ Die meisten Zeitungen hingegen bezeichneten Japan affirmativ als „zivilisiertes Land" und lobten dessen erfolgreiche Übernahme der „westlichen Zivilisation".¹² Während des im Sommer 1900 ausgebrochenen Boxerkriegs, als Japan zusammen mit sechs europäischen Nationen und den Vereinigten Staaten Krieg gegen China führte, galt Japan teilweise als Teil der westlichen Welt oder Europas. So fragte der Verfasser eines Briefes an die „Times" mit Blick auf einen möglichen chinesischen Verhandlungsführer: „Is such a man, who has been himself a great part of the existing trouble, one to be tolerated by Western powers as mediator?"

---

¹⁰ „It must be humiliating to be outwitted by one who has been regarded as a half savage, but on mature reflection the astute diplomats who have been endeavoring to make the Abyssinian king their catspaw must surely realise that Menelik is able to see as far into a political milestone as the best of them.", Menelik and His Friends. The Negus Gives Lessons in the Diplomatic Art, in: Daily Mail, 25.4.1899.

¹¹ Not Too Much Japan, in: Pall Mall Gazette, 22.1.1898; vgl. auch zum „Observer": Urs von Tobel, China im Spiegel der britischen Presse 1896–1900, Zürich 1975, S.119.

¹² „A nation of 40 millions of people, developing its trade and resources at an extraordinary rate, equipping itself with all the appliances of Western civilization, and managing its affairs at a cost of only 4s. a head, presented a rare specimen of economic healthfulness.", Japanese Finance, in: The Times, 10.4.1899. Vgl. auch Heinz Gollwitzer, Die Gelbe Gefahr. Geschichte eines Schlagworts. Studien zum imperialistischen Denken, Göttingen 1962, S. 55–58, 66; Tobel, China, S.114; Ian H. Nish, The Anglo-Japanese Alliance. The Diplomacy of two Island Empires, 1894–1907, London ²1985, S.11ff., 368.

Aus der direkt folgenden Frage wird ersichtlich, wen der Autor zu den „westlichen Mächten" zählte: „Will European nations, America, and Japan, by treating through him, reinstate him in a position where he will again have power to sow seeds of mischief?"[13]

Teilweise stellte die Presse Japan auch dem Westen bzw. Europa als gleichberechtigen Partner an die Seite.[14] Dementsprechend begrüßte die englische Presse im Frühjahr 1902 überwiegend das vor allem gegen Russland geschlossene Bündnis mit Japan.[15] Als es dann 1904 zum Krieg zwischen Japan und Russland kam, lösten die japanischen Siege gegen Russland, den traditionellen Rivalen in Asien, keinesfalls Ängste aus. Vielmehr gaben sich viele englische Zeitungen alle Mühe, der Idee einer „Gelben Gefahr", die vor allen von der kontinentaleuropäischen Presse verbreitet wurde, entgegenzuwirken und Japans Zugehörigkeit zur „zivilisierten Welt" herauszustellen. Der „Oberserver" kommentierte etwa: „Those who raise the cry of the Yellow Peril tell us that Japanese domination is more to be feared in Asia than Russian. We do not share these fears, if only because Japan has shown herself amenable to Western ethics, and is fast assimilating Western methods."[16]

Es ist also zweifelhaft, dass der Aufstieg Japans oder Abessiniens dazu beitrugen, ältere Gewissheiten zu hinterfragen und im Konzept des Westens eine neue Lösung zu finden. Beide Entwicklungen betrachtete die englische Presse vor allem aus dem Blickwinkel der innereuropäischen Konflikte, und aus dieser Perspektive erschienen

---

[13] Li Hung Chang, To the Editor of the Times, in: The Times, 25.8.1900.

[14] Japanese Opinion on the Chinese Complication, in: The Times, 9.1.1901. Zur Wahrnehmung Japans während des Boxerkriegs vgl. auch Christian Methfessel, Europa als Zivilisationsmacht. Kolonialkriege und imperialistische Interventionen in der deutschen und britischen Öffentlichkeit um 1900, in: Frank Bösch/Ariane Brill/Florian Greiner (Hrsg.), Europabilder im 20. Jahrhundert. Entstehung an der Peripherie, Göttingen 2012, S. 54–78, hier S. 55ff.

[15] O. T. (Leitartikel), in: The Standard, 14.2.1902; Whale and Little Shark, in: St. James's Gazette, 25.2.1902. Für eine kritische Stimme: Second Thoughts on the Treaty, in: The Echo, 13.2.1902. Vgl. auch: Nish, Anglo-Japanese Alliance, S. 226.

[16] War in the East, in: The Observer, 29.5.1904. Vgl. auch The Real Yellow Peril, in: St. James's Gazette, 3.6.1904; Gollwitzer, Die Gelbe Gefahr, S. 57; Robert B. Valliant, The Selling of Japan. Japanese Manipulation of Western Opinion, 1900–1905, in: Monumenta Nipponica 29 (1974), S. 415–438, hier S. 427f.; Sina Fabian, Zwischen Instrumentalisierung und Modus Operandi. Der Europadiskurs in der britischen Tagespresse um 1900 bis zum Ersten Weltkrieg, Magisterarbeit, Justus-Liebig-Universität Gießen 2011, S. 44–48.

sie äußerst vorteilhaft für das eigene Land. Insgesamt erschien die europäische oder weiße Vorherrschaft in der Welt vor 1914 nicht gefährdet.[17] Japan und Abessinien waren in englischen Augen exotische Ausnahmen der allgemeinen Entwicklung, die man mit Interesse und häufig auch Sympathie, aber ohne Furcht verfolgte. Allerdings wäre es falsch, daraus zu schließen, dass die Idee der westlichen Zivilisation erfolgreich rassistische Konzepte als zentrales Deutungsmuster der globalen Situation abgelöst habe. In der internationalen Politik war Japan als gleichberechtigt anerkannt, in den Debatten über japanische Einwanderung hingegen wurde die Zugehörigkeit Japans zur westlichen Zivilisation durchaus problematisiert. Im Januar 1908 etwa zitierte die „Times" den australischen „Sydney Morning" folgendermaßen: „Asiatic exclusion is a life-and-death matter for a small white community within jumping-off distance of the teeming Orient. In declaring for a white Australia we have at stake Western civilization, our breed, and our institutions."[18]

In dieser Debatte spielten rassistische Kategorien eine entscheidende Rolle, und die Übernahme westlicher Ideen durch Japan konnte daran nichts ändern.[19] Dieses Beispiel zeigt, dass die Darstellungen Japans und der „westlichen Zivilisation" sich je nach Kontext und politischer Position der Zeitung unterscheiden konnten.

3. Russland, das östliche Andere?

Auch die Repräsentationen Russlands hingen stark vom jeweiligen Kontext der Berichterstattung ab. Zum einen führte die Entwicklung der innereuropäischen Beziehungen nach der Jahrhundertwende zu einem Wandel in der Darstellung des Zarenreichs. Zum anderen unterschied sich die Charakterisierung dieses Landes in europäischen und globalen Kontexten. Mit Blick auf Europa stand Russland lange für den Osten und wurde der eigenen, westlichen Seite gegenüber-

---

[17] Vgl. Methfessel, Europa als Zivilisationsmacht, S. 68 ff.
[18] The Asiatic Question. Australian Point of View, in: The Times, 4.1.1908. Auch wenn die „Times" selbst Stellung zu Fragen asiatischer Einwanderung bezog, griff sie auf rassistische Kategorien zurück, vgl. The Race Problem, in: The Times, 17. 8. 1908.
[19] Vgl. auch R. A. Huttenback, The British Empire as a „White Man's Country". Racial Attitudes and Immigration Legislation in the Colonies of White Settlement, in: Journal of British Studies 13 (1973) H.1, S. 108–137, besonders S. 114–128.

gestellt.[20] In einem in der „Times" im März 1903 veröffentlichten Brief protestierte etwa eine sich nur als „Finlanders" bezeichnende Gruppe gegen Verletzungen der finnischen Verfassung durch die Politik des Zarenreichs: „In the name of civilization we protest against this barbarous attempt to devastate a field of Western culture and to demolish a structure of law and justice built up by the exertions of centuries."[21]

Um zu überprüfen, ob solche Russlandrepräsentationen zur Entstehung einer neuen Idee des Westens um 1900 beitrugen, gilt es jedoch zu fragen, ob die Presse Russland auch in globalen Kontexten als östliche Macht darstellte. Hierfür gibt es durchaus Beispiele. Während des Boxerkriegs, als die britische Presse den Rivalen Russland ohnehin misstrauisch beäugte, erschien im „Daily Express" ein Artikel, demzufolge die Russen keine reinen Europäer, sondern zumindest teilweise mongolisch seien.[22] Auch während des Russisch-Japanischen Kriegs stellte die „Times" Russland als teilweise asiatisch dar, um die Argumente der Vertreter einer „Gelben Gefahr" zu widerlegen. So kommentierte die „Times" im Januar 1905: „It must be remembered also that we beg many racial questions when we class Russia as a white or European Power. She is herself Asiatic and yellow to an extent difficult to define with precision, but unquestionably very great."[23] Und im Juni 1902 berichtete der „Manchester Guardian" über die Situation in Persien: „Most of the thoughtful men in Persia favour the British because they desire to adopt Western civilization, and they do not regard Russia as a Western nation."[24]

Dass der „Guardian" es für notwendig hielt, diese persische Wahrnehmung zu thematisieren, zeigt jedoch auch, dass eine Charakteri-

---

[20] Vgl. Bavaj, ‚The West', Abs. 7–16.
[21] Finlanders, Russia and Finland. To the Editor of the Times, in: The Times, 12. 5. 1903. In Anlehnung an die These von Jörg Requate und Martin Schulze Wessel, denen zufolge es häufig Appelle aus der Peripherie waren, die die europäische Öffentlichkeit konstituierten, ließe sich fragen, inwieweit Stellungnahmen aus der Peripherie auch für die Entstehung der Idee des Westens eine Rolle spielten, vgl. Jörg Requate/Martin Schulze Wessel, Europäische Öffentlichkeit. Realität und Imagination einer appellativen Instanz, in: dies. (Hrsg.), Europäische Öffentlichkeit. Transnationale Kommunikation seit dem 18. Jahrhundert, Frankfurt a. M. 2002, S. 11–42.
[22] Are Russians Akin to Chinese? Why the Czar may Become the Chief Power in China, in: Daily Express, 11. 7. 1900.
[23] The Yellow Peril, in: The Times, 7. 1. 1905.
[24] Russian Influence at the Persian Court, in: Manchester Guardian, 19. 6. 1902.

sierung Russlands als nicht-westliches Land in globalen Kontexten keinesfalls selbstverständlich war. Tatsächlich verwendete die Presse den Begriff des „Westens" zumeist synonym mit anderen Begriffen wie „Europa" und „zivilisierte Welt".[25] Aus globaler Perspektive war die Welt dementsprechend zweigeteilt. Zum einen gab es die „zivilisierten" Staaten, die zumeist auch imperialistisch aktiv waren. Zum anderen gab es die als nicht oder nur semizivilisiert wahrgenommene Welt: die Kolonien wie jene Staaten, die nicht als gleichberechtigt anerkannt wurden und mittels militärischer Machtdemonstration sowie „ungleichen Verträgen" in das imperialistische System eingebunden waren. Wenn nun der „Westen" als Bezeichnung für die „zivilisierten" Staaten Afrika oder Ländern wie China gegenübergestellt wurde, ordnete man Russland in der Regel der eigenen Seite zu. So äußerte die „Times" mit Blick auf das weit verbreitete Misstrauen gegenüber Russland während des Boxerkriegs: „But if the situation is handled wisely and firmly by the other Powers interested [...], Russia is hardly likely to attempt to hamper or to refuse to co-operate in the task of re-establishing order and protecting the common interests of Western civilization and Christianity."[26]

Insofern erscheint es fraglich, im Sinne GoGwilts aus dem Zusammenspiel kolonialer Diskurse und der Russlanddarstellung des 19. Jahrhunderts die heutige Idee des Westens entstehen zu sehen. Auch wenn Bonnett die Attraktivität des Konzepts des Westens damit erklärt, dass es den Ausschluss Russlands ermöglicht, ist dies mit Blick auf die zitierten Quellen wenig plausibel. So ging die Darstellung Russlands als asiatisch in dem zitierten Leitartikel der „Times" zum Russisch-Japanischen Krieg nicht mit einem Ausschluss Russlands aus dem Westen, sondern mit einer Enteuropäisierung des Landes einher. Wie die Forschung zur Geschichte der Europaidee gezeigt hat, war „Europa" keinesfalls ein starres, geographisches Konzept, sondern ein kulturelles und historisch wandelbares Konstrukt, das

---

[25] Für die synonyme Verwendung der Begriffe „Westen" und „zivilisierte Welt" siehe etwa Peking Massacre Confirmed. They Died at Their Posts Like Men. The Fate of the Women and Children „as at Cawnpore." All the Europeans Slain. Prince Tuan Deliberatly Decided Upon Massacre as Best Way to Close China to the „Foreign Devil." China Ablaze from End to End, in: Daily Express, 16.7.1900: „The Western nations, the whole civilised world, cries aloud for vengeance and ample retribution must be presently exacted."
[26] The Crisis in China, in: The Times, 7.6.1900.

ebenso wie der „Westen" mit Inklusions- und Exklusionsmechanismen einherging.[27]

Mit Blick auf die englische Darstellung Russlands lässt sich zudem beobachten, dass in den Jahren vor dem Ersten Weltkrieg die Abgrenzung abnahm und sich stattdessen ein Trend zur Inklusion ausbildete. Ursache hierfür war die diplomatische Annäherung beider Länder, welche durch ein Abkommen im Jahre 1907 über die jeweiligen Interessensphären in Asien ermöglicht wurde.[28] Als infolgedessen im Jahr 1909 russische Parlamentarier das Vereinigte Königreich besuchten, notierte die „Times" mit Blick auf den institutionellen Wandel im Zarenreich eine Annährung Russlands an den Westen: „It means a new Russia in place of the old – or rather it means a Russia returning to those old principles of tempered liberty which the greatest of Russian communities shared with their brethren in the West of Europe, before the long night of the Tartar invasion overshadowed their land."[29]

Wesentliche Denkmuster der englischen Russophobie blieben sicherlich präsent, so dass nach der bolschewistischen Revolution und im Kalten Krieg auf sie zurückgegriffen werden konnte.[30] In den Jahren vor 1914 verloren sie jedoch an politischer Bedeutung.

[27] Zur Geschichte der europäischen Selbst- und Fremdbilder vgl. Hartmut Kaelble, Europäer über Europa. Die Entstehung des europäischen Selbstverständnisses im 19. und 20. Jahrhundert, Frankfurt a. M. 2001; ders., Eine europäische Geschichte der Repräsentationen des Eigenen und des Anderen, in: Baberowski/Kaelble/Schriewer (Hrsg.), Selbstbilder und Fremdbilder, S. 67–81; Ute Frevert, Eurovisionen. Ansichten guter Europäer im 19. und 20. Jahrhundert, Frankfurt a. M. 2003; Wolfgang Schmale, Geschichte und Zukunft der europäischen Identität, Stuttgart 2008; Bösch/Brill/Greiner (Hrsg.), Europabilder im 20. Jahrhundert.
[28] Vgl. Andreas Rose, Zwischen Empire und Kontinent. Britische Außenpolitik vor dem Ersten Weltkrieg, München 2011, S. 429–448. Nach Rose waren es vor allem Angehörige der radikalen Rechten und der liberalen Imperialisten, die sich unter antideutschen Vorzeichen für eine Annäherung an Russland einsetzten, vgl. ebenda, S. 53, 55f., 58–69, 75–81, 157f. sowie 304f.
[29] Our Russian Guests, in: The Times, 24.6.1909. Zur Berichterstattung der „Times" über Russland im Sommer 1909 vgl. auch Christian Methfessel, Spreading the European Model by Military Means? The Legitimization of Colonial Wars and Imperialist Interventions in Great Britain and Germany around 1900, in: Comparativ 22 (2012) H. 6, S. 42–60, hier S. 54ff.
[30] Zur Entstehung der englischen Russophobie vgl. John Howes Gleason, The Genesis of Russophobia in Great Britain. A Study of the Interaction of Policy and Opinion, Cambridge (MA) 1950. Infolge der britisch-russischen Konvention kritisierten insbesondere linksliberale Zeitungen und Intellektuelle die Annäherung an das als autokratisch charakterisierte Zarenreich, wohingegen vor-

4. „The two Western Powers": Frankreich und Großbritannien

Neben dem Ausgleich mit Russland beeinflusste ein weiterer Meilenstein britischer Außenpolitik in den Jahren nach der Jahrhundertwende den Wandel der Vorstellungen des Westens in bedeutender Weise: die diplomatische Annäherung Frankreichs und des Vereinigten Königreichs im Zeichen der Entente cordiale. Die englische Presse berichtete über diesen Prozess als Annäherung der „two great Western Powers"[31] oder der „two great Western democracies".[32] Eine solche Beschreibung der beiden Staaten lässt sich sicherlich schon für frühere Zeiten aufzeigen.[33] Nach Abschluss der Entente verwendeten die Zeitungen sie aber immer häufiger und luden sie affirmativ mit Bedeutung auf. Dabei verwiesen sie vor allem auf Demokratie und Liberalismus als verbindende Elemente der beiden „westlichen Mächte". Diese Rahmung lässt es fraglich erscheinen, die Idee des Westens aus einer elitären Skepsis gegenüber den „Massen" zu erklären.

Mitunter stellte die Presse auch Italien an die Seite Frankreichs und Großbritanniens, wie es die „Times" im Oktober 1903 anlässlich des Besuchs des italienischen Königs in Paris tat:

„The ideals which the peoples of France and of Italy pursue in their public life are essentially modern and progressive, equally far removed from the remnants of feudalism which still linger over Central Europe, and from the dense obscurantism and the Byzantine submission of the half-Asiatic Monarchy of the East. [...] Trust in the people and government by and through the people [...] are common to them and to us [...]."[34]

mals russophobe konservative Zeitungen wie die „Times" oder die „Pall Mall Gazette" auf einen prorussischen Kurs einschwenkten, vgl. Rose, Zwischen Empire und Kontinent, S. 460–463 sowie 469–474.

[31] The Anglo-French Agreement, in: Daily Mail, 28.9.1903.
[32] Lord Lansdowne on Foreign Policy, in: Manchester Guardian, 8.11.1905.
[33] Schon während des Krimkriegs bezeichnete die Presse Großbritannien und Frankreich als „Western Powers". Vgl. Treaty between Austria and the Western Powers, in: The Observer, 17.12.1854; Russia And The Western Powers, in: The Times, 19.01.1855; vgl. auch Bavaj, ,The West', Absatz 16. Nach dem Krimkrieg nahm die Verwendung des Begriffs „Western Powers" als Bezeichnung für Großbritannien und Frankreich zwar ab, verschwand aber nicht vollends. Während der Faschoda-Krise etwa berichtete die „Times" aus Paris: „The Temps likewise deprecates as an irreparable disaster for the cause of humanity and progress a rupture between the two great liberal Western Powers [...]", Fashoda, in: The Times, 23.9.1899.
[34] The King of Italy in Paris, in: The Times, 15.10.1903.

Mit Blick auf die Situation in Südosteuropa im Dezember dieses Jahres gewann eine solche Darstellung politische Bedeutung für die internationalen Beziehungen: „The Near Eastern question furnishes the text for lectures [in der deutschen Presse – CM] on the divergence between the aims of the three Western Powers and those of Russia. Finally the Liberalism of the three Western Powers is contrasted with the traditional Conservatism of Russia [...]."[35]

Infolge des Ausgleichs zwischen Großbritannien und dem Zarenreich nahm die Abgrenzung zu Russland ab. Nun waren es vor allem die Mittelmächte, gegen die es eine politische Front zu bilden galt.[36]

Diese Repräsentation Frankreichs und Großbritanniens als „westliche Mächte" bezog sich auf Europa. Doch auch globale Kontexte waren relevant für die Annäherung beider Länder, die immerhin mit einem Ausgleich über die imperialen Konflikte in Marokko und Ägypten begann. Dieses Abkommen legitimierte die „Times" auch mit einem Bekenntnis zur gemeinsamen Zivilisierungsmission: „It is an agreement between two great peoples marking on both sides a sincere desire to terminate irrational antagonism, and to pursue in amity and a spirit of reciprocal helpfulness the great civilizing mission in which both are called upon to play a prominent part."[37]

Frankreich war in englischen Augen schon vor Abschluss der Entente nach dem Britischen Empire der kompetenteste Verbreiter der „Zivilisation", so dass die Einigung beider Länder über Marokko und Ägypten auch im Rahmen einer gemeinsamen Zivilisierungsmission legitimiert werden konnte. Darin unterscheidet sich das Frankreichbild in der englischen Presse deutlich vom Deutschlandbild. Selbst in den Jahren vor 1900, als Konflikte mit Frankreich die Berichterstattung dominierten und manche Zeitungen über ein Bündnis mit Deutschland spekulierten, standen Freundschaftsbekundungen zu Deutschland nie im Zeichen einer gemeinsamen Zivilisierungsmission. Genaugenommen galt Deutschland als äußerst brutale und inkompetente

---

[35] German Foreign Policy, in: The Times, 2.12.1903.
[36] „In the absence of fresh developments we may hope that the basis of some common line of conduct between the Western Powers, Italy, and Russia will be reached before very long.", The Crisis and the Negotiations, in: The Times, 12.10.1908. Es gab besonders in der linksliberalen Presse aber auch Stimmen, die sich schon früh gegen die antideutsche Stoßrichtung der Entente wandten, vgl.: Rose, Zwischen Empire und Kontinent, S. 337ff., 378, 384f. sowie 427; Fabian, Zwischen Instrumentalisierung und Modus Operandi, S. 76ff.
[37] The Anglo-French Agreement, in: The Times, 2.6.1904.

Kolonialmacht,[38] wohingegen die englische Presse Frankreich selbst während der Faschoda-Krise als würdigen Vertreter der „Zivilisation" darstellte.[39] Insofern lassen sich in der Berichterstattung über die Entente sowohl Repräsentationen des europäischen Westens, der mit Demokratie und Liberalismus assoziiert wurde, als auch Repräsentationen einer immer auch westlich konnotierten „Zivilisation" aufzeigen. Zusammengeführt zu einer einheitlichen Idee einer globalen westlichen Gemeinschaft wurden solche Darstellungen in den Jahren vor 1914 jedoch nicht. Dies zeigen insbesondere die Deutungen eines weiteren Landes, das an der Jahrhundertwende als natürlicher Verbündeter galt.

5. Die Vereinigten Staaten und Großbritannien: keine westliche Gemeinschaft

Die Beziehungen zwischen den Vereinigten Staaten und Großbritannien verbesserten sich wesentlich nach der diplomatischen Beilegung der Venezuelakrise 1895/96.[40] Infolgedessen bildete der Wunsch nach guten Beziehungen mit den USA ein konstantes Anliegen großer Teile der englischen Presse. Dies wurde insbesondere während der Zweiten Venezuelakrise 1902/03 deutlich. Als sich die Vereinigten Staaten der deutsch-britischen Intervention in Venezuela entgegenstellten, kritisierten fast alle englischen Zeitungen die Militäraktion und forderten ein Ende der Zusammenarbeit mit Deutschland.[41] Wenn die Presse im Kontext der internationalen Politik die Freundschaft zwischen Großbritannien und den USA beschwor, spielten Repräsentationen des Westens keine Rolle. Stattdessen stellte man anglo-amerikanische

---

[38] Vgl. etwa: The Hut-Tax Question in West Africa, in: The Pall Mall Gazette, 5.5.1898. Zur englischen Wahrnehmung der deutschen Kolonialskandale in den 1890er Jahren vgl. auch Frank Bösch, Öffentliche Geheimnisse. Skandale, Politik und Medien in Deutschland und Großbritannien 1880–1914, München 2009, S. 271, 281f.

[39] Die „Daily Mail" bezeichnete Jean-Baptiste Marchand als „gallant emissary of civilisation", Fashoda Evacuated, in: Daily Mail, 5.11.1898.

[40] Vgl. R. A. Humphreys, Presidential Address: Anglo-American Rivalries and the Venezuela Crisis of 1895, in: Transactions of the Royal Historical Society, Fifth Series 17 (1967), S. 131–164; T. Boyle, The Venezuela Crisis and the Liberal Opposition, 1895–96, in: The Journal of Modern History 50 (1978), S. D1185–D1212.

[41] Vgl. Dominik Geppert, Pressekriege. Öffentlichkeit und Diplomatie in den deutsch-britischen Beziehungen (1896–1912), München 2007, S. 183–189.

Gemeinsamkeiten in den Vordergrund.[42] Kennzeichnend hierfür ist etwa ein Kommentar der „Daily Mail" zu einer gemeinsamen Militäraktion während der Samoakrise 1899: „We may mourn, indeed, for the men who have fallen, brothers in death as they were brothers in race and language. [...] The bluejackets, British and American, in that fraternity of the battlefield, fought with consummate valour against hopeless odds, shoulder and shoulder as British and American ever should fight."[43]

Sicherlich, als englische Zeitungen während des Boxerkriegs die Einheit der imperialistischen Staaten einforderten, zählten sie auch die Vereinigten Staaten ganz selbstverständlich zum „Westen".[44] Aber weder die ab dem späten 19. Jahrhundert zunehmende Präsenz der USA in den imperialen Auseinandersetzungen noch die britisch-amerikanische Annäherung zu dieser Zeit hatten Einfluss auf solche globalen Repräsentationen des Westens. Zu spezifischen Darstellungen des Westens und der USA kam es in der Berichterstattung über die internationale Politik nur, wenn die Aktivitäten der imperialistischen Staaten in Südamerika und die Monroe-Doktrin thematisiert wurden. Der „Westen" bezog sich in diesem Kontext jedoch ausschließlich auf die westliche Hemisphäre und schloss Europa aus.[45] Gerade in der Berichterstattung über jene Region, in der die wachsende politische Bedeutung der USA am deutlichsten spürbar war, finden sich keine Hinweise auf einen „Westen", der die Vereinigten Staaten und Westeuropa umfasste.[46]

---

[42] Nach Magnus Brechtken begleitete insbesondere die Idee einer gemeinsamen „angelsächsischen Rasse" die politische Annäherung beider Staaten, vgl. ders., Scharnierzeit 1895–1907. Persönlichkeitsnetze und internationale Politik in den deutsch-britisch-amerikanischen Beziehungen vor dem Ersten Weltkrieg, Mainz 2006, S. 97–105.

[43] Wanted, Cool Heads, in: Daily Mail, 13.4.1899.

[44] Vgl. etwa The Pekin Massacre. All White Men, Women, and Children Put to the Sword. Awful Story of the 6th and 7th July. How Our People Died Fighting Prince Tuan's Hordes. Full Details From Our Special Correspondent, in: Daily Mail, 16.7.1900.

[45] So berichtete etwa ein Korrespondent der „Times" aus Washington: „I will go one step further and express my belief that the President looks upon this act of the German Emperor as in itself a lasting pledge of non-interference in the Western world", President Roosevelt, in: The Times, 9.12.1901. Zum Schlagwort der „westlichen Hemisphäre" vgl. auch Brechtken, Scharnierzeit, S. 118ff.

[46] So zumindest in der Berichterstattung der „Times", des „Observers" und des „Manchester Guardians" über die beiden Venezuelakrisen (Suche über das „Times Digital Archive" und „ProQuest Historical Newspapers: The Guardian

6. Fazit und Ausblick

Der Blick auf die sich je nach Kontext und Verwendungsweise deutlich unterscheidenden Repräsentationen des Westens in der englischen Presse spricht gegen die Annahme, dass in den beiden Jahrzehnten vor 1914 die *eine* Idee des „Westens" entstanden sei. Bonnett und GoGwilt belegen diese These vor allem durch die Interpretation der Werke ausgewählter prominenter Autoren und begründen den Siegeszug des „Westens" damit, dass ältere Konzepte von „Europa" oder der „weißen Rasse" nicht mehr geeignet gewesen seien, den Wandel der Welt um 1900 zu erfassen. So eine Vorgehensweise ist durchaus sinnvoll, wenn es darum geht, die Argumentation einzelner Autoren nachzuvollziehen. Gerade für Publikationen, die sich dezidiert mit dem „Westen" oder der „westlichen Zivilisation" auseinandersetzen, kann man in der Regel einen reflektierten Umgang mit dem Begriff und so ein kohärentes Konzept des Westens aufzeigen. Eine Untersuchung der Massenmedien und der dort mit den Repräsentationen des Westens verbundenen Anliegen und Zielen bringt jedoch die häufig widersprüchlichen Bilder des Wesens zum Vorschein. Zugleich wird deutlich, dass Journalisten keinesfalls auf den Begriff des „Westens" zurückgriffen, weil ältere Vorstellungen von Europa sich als unzulänglich erwiesen. Vielmehr hatten sowohl „Europa" als auch der „Westen" keine klar definierten Grenzen, boten sich für vielfältige Instrumentalisierungen an und wurden häufig synonym verwendet.[47] Dessen ungeachtet lassen sich für die Jahrhundertwende durchaus Entwicklungen aufzeigen, die für die Geschichte der Vorstellungen vom „Westen" relevant sind.

---

and The Observer", Suchbegriffe: „Venezuela" und „west OR western", Zeitraum: 17.12.1895 bis 28.2.1897 und 7.12.1902 bis 28.2.1903). Auch wenn alle drei Zeitungen sich für gute Beziehungen mit den USA aussprachen, bezogen sich die Wörter „west" oder „western" in keinem einzigen Artikel auf eine transatlantische Gemeinschaft. Wenn ein politischer Raum bezeichnet wurde, verwiesen „west" oder „western" stets auf die westliche Hemisphäre oder – in der Berichterstattung über die politischen Debatten in den USA – auf den Westen der Vereinigten Staaten.

[47] So führt GoGwilt eine Rede Arthur Balfours als Beispiel für das ältere europäische Traditionen ablösende neue Paradigma des Westens an, vgl. ders., The Invention of the West, S. 236f.; allerdings wird Balfour genauso in Studien zitiert, die die Bedeutung von Europabildern in imperialen Kontexten aufzeigen, vgl. Frevert, Eurovisionen, S. 93; Kaelble, Repräsentationen des Eigenen, S. 70.

Dabei ist es sinnvoll, zwischen einem globalen und einem europäischen Kontext zu unterscheiden. Im europäischen Kontext stand Russland lange für das nicht-westliche Andere. Solche Abgrenzungen verloren allerdings infolge des britisch-russischen Interessenausgleichs nach 1907 an Bedeutung. Entscheidend für diese Zeit waren vielmehr die sich verbessernden Beziehungen zwischen Frankreich und Großbritannien, die die Presse seit 1903 immer häufiger als „westliche Mächte" bezeichnete und gerade in den Jahren vor Ausbruch des Ersten Weltkriegs vor allem den Mittelmächten gegenüberstellte.

Für das Verständnis des globalen Kontexts ist zu berücksichtigen, dass die Welt damals nicht wie zur Zeit des Kalten Krieges in „Westen", „Osten" und „Dritte Welt" geteilt war. Um 1900 war die Welt zweigeteilt: Auf der einen Seite stand die „zivilisierte Welt", auf der anderen standen die kolonialen oder unter imperialistischer Vorherrschaft stehenden Gebiete. Die „Zivilisation" galt als europäisch oder westlich, und wenn in diesem Sinn die „westliche Zivilisation" einem Land wie China gegenübergestellt wurde, zählte man Russland zumeist unreflektiert mit zu der eigenen Seite. Es gab allerdings auch Fälle, in denen Zeitungen die Zugehörigkeit Russlands zum „Westen" oder zu Europa in globalen Kontexten erörterten. Solche expliziten Reflexionen wurden in der Regel dann angestellt, wenn Russland aus der Gemeinschaft der „westlichen" Völker ausgeschlossen und als „östliches" Land konturiert wurde.

Aber auch wenn sich um die Jahrhundertwende nicht die eine Idee des Westens herausbildete, entstanden doch viele Grundannahmen, die für spätere Vorstellungen des Westens wichtig waren. Neben der Betonung der gemeinsamen demokratischen Werte Frankreichs und Großbritanniens gehörte dazu der Glaube, dass diese Länder auch die kompetentesten Verbreiter der „westlichen Zivilisation" seien. Wenngleich die zunehmenden Freundschaftsbekundungen zu den USA ohne Rekurs auf den „Westen" auskamen, nahm in Großbritannien der Glaube an die Gemeinsamkeiten beider Länder zu. Obschon Russland in globalen Kontexten zumeist nicht für den „Osten" stand, bot sich doch die Option, die innereuropäischen Deutungsmuster auf größere Kontexte zu übertragen und Russland als „östliches" Land aus der eigenen Gemeinschaft auszuschließen. Die Bausteine des späteren Begriffs vom Westen waren so schon vor 1914 vorhanden. Zusammengefügt zu einem einheitlichen Konzept wurden sie jedoch zu dieser Zeit noch nicht.

Stattdessen spricht vieles dafür, die Zeit des Ersten Weltkriegs als wichtige Transformationsphase zu betrachten.[48] Die infolge der Entente vermehrt aufkommende Repräsentation Frankreichs und Großbritanniens als liberale und demokratische „westliche Mächte" bekam mit dem Kriegsausbruch eine neue Relevanz. Die Darstellung des Kriegs als Kampf der „westlichen Demokratie" gegen das für Autokratie und Militarismus stehende Deutschland war grundlegend für die britische Propaganda.[49] Nach dem Kriegseintritt Italiens konnte auch dieses Land problemlos als Mitkämpfer für die gemeinsame Sache dargestellt werden. Dabei griff die Presse auf Deutungsmuster zurück, die schon vor 1914 in der Beschreibung Italiens Verwendung fanden.[50] Entscheidend für den Wandel und die Ausweitung des Begriffs des Westens war jedoch der Kriegseintritt der Vereinigten Staaten. Die seit der Jahrhundertwende zunehmende Beschwörung anglo-amerikanischer Gemeinsamkeiten erlaubte es nun, den primär europäisch vorgestellten „Westen" in eine transatlantische Gemeinschaft zu transformieren. Nun standen „four Western Powers" den Mittelmächten gegenüber.[51] Allerdings bildeten Großbritannien und Frankreich weiterhin den Kern

---

[48] So auch Bavaj, ‚The West', Abs. 17.
[49] So stellten etwa britische Intellektuelle in einem Aufruf die „iron military bureaucracy of Prussia" den „free constitutions of Western Europe" gegenüber, vgl. Britain's Destiny and Duty. Declaration by Authors. A Righteous War (18. September 1914), in: Themenportal Europäische Geschichte, 2008, http://www.europa.clio-online.de/2008/Article=316 [25.10.2017]; zu dieser Quelle vgl. Peter Hoeres, Publizistische Mobilmachung. Britische Intellektuelle für den Krieg 1914, in: Themenportal Europäische Geschichte, 2008, http://www.europa.clio-online.de/2008/Article=315 [25.10.2017]; vgl. auch Marcus Llanque, The First World War and the Invention of ‚Western Democracy', in: Riccardo Bavaj/Martina Steber (Hrsg.), Germany and ‚The West'. The History of a Modern Concept, New York 2015, S. 69–80, hier S. 70 f.
[50] „It is just a year to-day since Italy took her stand with the Western Powers in the great cause of European liberty. [...] The Western peoples felt from the first that, sooner or later, they must find her by their side. [...] She is essentially liberal, progressive, democratic, and humane.", The Part of Italy, in: The Times, 23.5.1916; Horatio F. Brown, The Italian People and the War. To the Editor of the Times, in: The Times, 17.6.1915. In diesem Beitrag wird Italien als Mutter der „westlichen Zivilisation" bezeichnet, die es gegen Deutschland zu verteidigen gelte.
[51] The Outlook. Russia's Misfortunes. The Western Powers, in: The Times, 25.7.1917.

dieser „westlichen" Gemeinschaft und häufig bezog sich die Bezeichnung „westliche Mächte" auch nur auf diese beiden Länder.[52]

Nach der Oktoberrevolution 1917 grenzte die Presse den „Westen" nicht nur vom Kriegsgegner, sondern auch vom bolschewistischen Russland bzw. der 1922 entstandenen Sowjetunion ab.[53] Infolge dieser Entwicklung lässt sich auch ein Zusammengehen europäischer bzw. transatlantischer und globaler Repräsentationen des Westens beobachten. Wenn die Presse etwa in der Zwischenkriegszeit über die politischen Auseinandersetzungen um China berichtete, war es unstrittig, dass die Sowjetunion nicht zu den „westlichen Mächten" gehörte, sondern mit ihnen um Einfluss in der Region konkurrierte.[54] So berichtete die „Times" am 29. November 1926 besorgt, dass die chinesischen Nationalisten das bolschewistische Vorbild dem „westlichen" Weg zur „modernen Zivilisation" vorziehen würden.[55] Eine derartige globale Repräsentation des Westens war in der englischen Presse jener Zeit sicherlich nur eine Möglichkeit unter mehreren, die internationale Politik darzustellen, und konnte in anderen Kontexten kaum relevant sein.[56] Im Zeitalter des Kalten Krieges jedoch sollte eine solche Deutung der Weltlage eine zentrale Rolle spielen und das Selbstbild des „Westens" wesentlich bestimmen.

---

[52] Am 17. Mai 1918 schrieb die „Times" etwa über die „Allied Western Powers and America": Norwegian Trade Policy, in: The Times, 17. 5. 1918.

[53] Für einen Ausschluss Russlands aus der „westlichen Zivilisation" siehe etwa: The Russian Terror. Evil Days in Petrograd. How Captain Cromie Died, in: The Times, 24. 10. 1918.

[54] Vgl. Bolshevists and China. Abuse of Western Powers, in: The Times, 9. 9. 1924; Bolshevist Propaganda in China, in: The Times, 25. 5. 1925. Neben Artikeln, in denen die USA zu den „westlichen Mächten" gezählt wurden, gab es auch welche, in denen über die „Western Powers and America" berichtet wurde, siehe Red Tentacles in the Far East. Mongolia a Soviet Republic. China Flouted, in: The Times, 2. 1. 1925.

[55] From Bad to Worse in China, in: The Times, 29. 11. 1926.

[56] So griff die Presse im Zeitalter der Weltkriege trotz aller internationalen Spannungen häufig auf Europarepräsentationen zurück, vgl. Florian Greiner, Wege nach Europa. Deutungen eines imaginierten Kontinents in deutschen, britischen und amerikanischen Printmedien, 1914–1945, Göttingen 2014. Während des Zweiten Weltkriegs entstand zudem die Bezeichnung „United Nations" für die Gegner der Achsenmächte, vgl. Mark Mazower, Governing the World. The History of an Idea, London 2012, S. 197 f.

Silke Mende

Französische Diskurse um „Westen", „Moderne" und „Zivilisation"

Das Beispiel der *francophonie républicaine*

„Es sind die französischen Prinzipien, die den Sieg davongetragen haben. Wie vor 130 Jahren hat die neue Welt die alte Welt besiegt. 1919 führt fort, ja vollendet 1789 und 1792. [...] 1918 markiert das Ende einer Welt, 1919 wird den Beginn einer neuen Ära sehen."[1]

Der Passus stammt aus einer Rede, die der radikale Republikaner und glühende Streiter für den Laizismus Edmond Besnard am 8. Dezember 1918 in Lyon hielt. Einen Monat nach Ende des Ersten Weltkriegs ordnete er diesen zeitlich in eine längere Verlaufsgeschichte ein, indem er auf die Ideen von 1789 rekurrierte. Räumlich richtete er das Augenmerk, anders als die Mehrheit seiner Zeitgenossen, über Europa hinaus: „Im Orient genießt Frankreich seit langem eine privilegierte Situation, sowohl in wirtschaftlicher als auch in intellektueller und moralischer Hinsicht. Seine Sprache ist die dort am weitesten verbreitete von allen ausländischen Sprachen, sie ist wie ein Kennzeichen von Erhabenheit, ein Nachweis von Kultur und Zivilisation."[2] Diese Perspektive erklärt sich dadurch, dass Besnard der Generalsekretär der *Mission Laïque Française* (MLF) war, einer Organisation, die zum Ziel hatte, französische Sprache und Kultur im Mittelmeerraum und Nahen Osten zu verbreiten. Als radikal laizistische Organisation hatte sie sich 1902 vor dem Hintergrund der innerfranzösischen Auseinandersetzung um die Trennung von Kirche und Staat gegründet und suchte vor allem, den vielen gut etablierten christlichen Orden mit deren Schulen Konkurrenz zu machen. Der Zeitpunkt der Rede verweist zudem auf das von Frankreich ersehnte und 1920/22 auch erlangte Völkerbundmandat für Syrien und den Libanon, durch das sein traditionell starker, informeller Einfluss in der Region formalisiert wurde.

---

[1] La France en Orient. Conférence de M. Edmond Besnard, in: Bulletin de la Mission Laïque Française 15 (1918), hier S. 87. Alle französischen Zitate wurden von mir selbst übersetzt. Teilweise werden die französischen Originalpassagen in Klammern angeführt.
[2] Ebenda.

Doch was lässt sich daraus für die Frage nach dem „Westen" in französischen Debatten der Jahrhundertwende ablesen? Die Auszüge beleuchten exemplarisch unterschiedliche Dimensionen und Herausforderungen, nicht zuletzt semantischer Art, die mit Frankreichs Diskursen über den „Westen" verbunden sind. Zudem deuten sie einige inhaltliche Aspekte und Motive an, die im Folgenden näher ausgeführt werden sollen. Schließlich verweisen sie auf den Zugang, mit dem sich dieser Beitrag der Frage nach Frankreich und dem „Westen" nähert: die *francophonie*. Denn als wichtigste Trägerin der „erzieherischen Aufgabe" (*tâche éducatrice*), die Frankreich als „Schulmeisterin der Nationen" (*l'institutrice des nations*) zufalle,[3] benannte Besnard die französische Sprache, die „ein Kennzeichen von Erhabenheit", ja geradezu der „Nachweis von Kultur und Zivilisation" sei. Dies war zum einen dem Vereinsziel seiner Organisation geschuldet, zum anderen kam der französischen Sprache auch darüber hinaus eine herausgehobene Rolle für die Definition französischer Selbstverständnisse zu.

Durch diesen Zugang rücken Akteure ins Zentrum, die sich französischer Sprachpolitik und Sprachpflege im besonderen Maße verschrieben, die damit aber auch ein ganzes Set weiterer Ideen und Vorstellungen verbanden. Es geht im Folgenden vor allem um eine intellektuelle, republikanische Elite, die sich seit den 1880er Jahren in der „Dritten Republik" herausgebildet und einen Schwerpunkt im Pariser Bürgertum hatte. Zu ihr gehörten Politiker, Wissenschaftler und Intellektuelle, deren Engagement sich häufig überschnitt, nicht zuletzt in den vielen gemeinnützigen Vereinen und wissenschaftlichen Gesellschaften, die im letzten Drittel des 19. Jahrhunderts im Namen der *francophonie* gegründet worden waren. Sie bildeten ein engmaschiges institutionelles Netz und waren sowohl personell als auch finanziell mit einem zentralistischen und nun auch zunehmend interventionistischen Staat und seinen Institutionen vernetzt. Diese Akteurskonstellation prägte die französischen Debatten um Sprache und Sprachpolitik sowohl inner- als auch außerhalb des französischen Nationalstaats, sie betraf das französische Imperium und Frankreichs Rolle in der internationalen Politik.[4] Die hier gewählte Perspektive auf

---

[3] Ebenda, S. 89.
[4] Vgl. Pierre Singaravélou, Aux origines coloniales de la francophonie. Le rôle pionnier des associations et des sociétés savantes, in: Sylvie Guillaume/Noble Akam (Hrsg.), Les associations dans la francophonie, Pessac 2006, S. 63–74. Zur „Alliance Française" als einer wichtigen sprachpolitischen Organisationen

eine um die Jahrhundertwende besonders dominante *francophonie républicaine* repräsentiert trotzdem nur einen, wenn auch wichtigen Ausschnitt des Themas.[5]

Nach einer knappen begriffsgeschichtlichen Annäherung an französische Vorstellungen vom „Westen" (1) rückt zunächst die konkrete Dynamik dieses sowie verwandter Begriffe zwischen dem metropolitanen Frankreich sowie seinem kolonialen und imperialen Einflussbereich ins Zentrum (2). Im Anschluss stellt sich die Frage nach der darüber hinausgehenden Reichweite der Konzepte, also einerseits nach der Dimension des französischen Universalismus und andererseits nach konkurrierenden oder auch kooperativen Vorstellungen innerhalb des „Westens" (3).

1. Die relative Abwesenheit des „Westens" und die Notwendigkeit von Komplementärbegriffen

Der „Westen" scheint für den französischen Fall nicht der am besten geeignete Begriff zu sein, um denjenigen Vorstellungen und Konzepten auf die Spur zu kommen, die im Mittelpunkt dieses Bandes und seines Kernzeitraums, der „langen Jahrhundertwende", stehen.[6] Zumindest im durchgesehenen Quellenkorpus ist „Westen"/„westlich", also *occident/occidental* ein vergleichsweise wenig genutzter Begriff, wobei auch die vielfältige Aufladung des französischen Begriffs eine wichtige Rolle spielt. Jenseits von *occident* als vornehmlich geografischer Bezeichnung, kann er im engeren Sinne für (christliches) „Abendland" stehen und bildet im Sinne von „Okzident" außerdem den konkreten Gegenbegriff zu „Orient".[7] Deshalb erscheint es nötig, auf verwandte

---

vgl. François Chaubet, La politique culturelle française et la diplomatie de la langue. L'Alliance Française, 1883–1940, Paris 2006.
[5] Zu weiteren, teils konkurrierenden Akteuren und Diskursen, etwa antirepublikanischen Bewegungen oder den zahlreichen französischen, meist katholischen Missionaren vgl. James Patrick Daughton, An Empire Divided. Religion, Republicanism, and the Making of French Colonialism, 1880–1914, New York 2006.
[6] Georgios Varouxakis streicht in einem jüngst erschienenen Beitrag hingegen die Bedeutung französischer Impulse für die Idee des „Westens" heraus, konkret den Einfluss von Auguste Comte (1798–1857), der seine Überlegungen allerdings in der ersten Hälfte des 19. Jahrhunderts entwickelte: Georgios Varouxakis, The Godfather of „Occidentality": Auguste Comte and the Idea of „The West", in: Modern Intellectual History 85 (2017), S. 1–31.
[7] Zu Letzterem vgl. etwa Desmond Hosford/Chong J. Wojtkowski, Introduction, in: dies. (Hrsg.), French Orientalism. Culture, Politics, and the Imagined Other,

und im Sprachgebrauch häufig auch direkt damit verknüpfte Begriffe auszuweichen beziehungsweise diese in die Analyse miteinzubeziehen. Häufig war von *„civilisation occidentale"*, also „westlicher Zivilisation", die Rede. *Civilisation* weist Ähnlichkeiten zu *occident* auf, geht darin aber keineswegs auf und setzt teils unterschiedliche Schwerpunkte. Das bringt uns möglicherweise auch auf die Spur bereits angedeuteter Spannungsverhältnisse, etwa die Frage nach Frankreichs Zugehörigkeit zum und seine Rolle im „Westen" sowie nach seinem universalistischen Anspruch. Daran schließt sich die Frage an, ob *civilisation* zumeist als Singular konzipiert, also als erstrebenswerter Richtwert entworfen wurde, oder ob das Neben-, Mit- und Gegeneinander mehrerer möglicher *civilisations* im Plural denkbar war.

Begriffsgeschichtlich lässt sich „Zivilisation" in unserem Zusammenhang zunächst vor allem auf die Zeit von Spätaufklärung und Revolution zurückführen, als *civilisation* „vollends zum Inbegriff des langfristigen, unumkehrbaren und unbegrenzten kulturellen Fortschritts" wurde.[8] Im frühen 19. Jahrhundert habe „ein positives, heilsgeschichtliches und fortschrittsphilosophisches Verständnis des Zivilisationsbegriffs" vorgeherrscht.[9] Diesen temporalen und ideologischen Dimensionen lässt sich aber auch noch eine dritte, räumliche hinzufügen. Im Anschluss an Jon May und Nigel Thrift kann *civilisation* auch als dynamischer, ideologisch hoch aufgeladener „ZeitRaum-Begriff" beschrieben werden, der sich durch seine stete Dynamik auszeichnete.[10] Riccardo Bavaj und Martina Steber haben dasselbe ebenso für den

Newcastle upon Tyne 2010, S. 1–10. Allgemein vgl. Helmut Hühn, Die Entgegensetzung von „Osten" und „Westen", „Orient" und „Okzident" als begriffsgeschichtliche Herausforderung, in: Ernst Müller (Hrsg.), Begriffsgeschichte im Umbruch, Hamburg 2005, S. 59–67.

[8] Pierre Michel/Rolf Reichardt/Eberhard Schmitt, Barbarie, Civilisation, Vandalisme, in: Rolf Reichardt/Eberhard Schmitt (Hrsg.), Handbuch politisch-sozialer Grundbegriffe in Frankreich 1680–1820, H. 8, München 1988, S. 7–50, hier S. 22.

[9] Ebenda, S. 45. Vgl. auch Lucien Febvre, Zur Entwicklung des Wortes und der Vorstellungen von „Civilisation", in: ders., Das Gewissen des Historikers, hrsg. und aus dem Französischen übers. v. Ulrich Raulff, Berlin 1988, S. 39–77; Georg Bollenbeck, Art. Zivilisation, in: Historisches Wörterbuch der Philosophie, Bd. 12, Basel 2004, Sp. 1365–1379; Birgit Schäbler/Hans-Joachim König, Zivilisierung, 2014, in: Enzyklopädie der Neuzeit Online, http://dx.doi.org/10.1163/2352-0248_edn_a4904000 [25.10.2017].

[10] Vgl. Jon May/Nigel J. Thrift, TimeSpace. Geographies of Temporality, London 2003; vgl. auch Bollenbeck, Art. Zivilisation, Sp. 1365.

damit verwandten Begriff des „Westens" notiert.[11] Hinzu kommt ein weiterer eng damit verbundener Begriff, der ebenfalls diese dreifache Dimension – ideologisch, geografisch, zeitlich – umfasst: nämlich der schillernde Begriff der „Moderne" beziehungsweise der „Modernisierung", wobei im Französischen neben dem Substantiv *modernité* vor allem das Adjektiv *modern/e* eine Rolle spielt, häufig ebenfalls in kombinierter Form, also zum Beispiel *civilisation moderne*.[12]

2. „Modernisierung" und „Zivilisierung" mittels Sprache? Versuche der Vereinheitlichung von Räumen und Ideen

Fragt man nach der konkreten Dynamik dieser Begriffe, dann kommt die Konzentration auf die *francophonie* zum Tragen. Denn im Zuge der französischen Nationalstaatsbildung waren bereits mit der Revolution von 1789 erstmals sprachpolitische Fragen und Aufgaben auf die Tagesordnung gerückt, die eng mit konkreten Vorstellungen einer modernen nationalen Gesellschaft verknüpft waren. Erinnert sei nur an den berühmten Rapport des Abbé Grégoire aus dem Jahr 1794 „über die Notwendigkeit und Mittel, die Dialekte und Regionalsprachen zu vernichten und den Gebrauch der französischen Sprache zu universalisieren".[13] Dort und in weiteren zentralen Texten aus dem Umfeld der Revolution wurden Topoi etabliert, die eine erstaunliche Dauerhaftigkeit an den Tag legen sollten. Vereinfacht zusammengefasst gruppierten sie sich um die Gegenüberstellung von „Zivilisation" und „Rückständigkeit": Während Ersteres mit der französischen Hochsprache verknüpft wurde, wurden mit Letzterem unterschiedliche Varianten von Dialekten oder Regionalsprachen assoziiert. Dabei handelte es sich um regelrechte Strategien der Naturalisierung, die bereits in der 1975 erschienenen Pionierstudie zur Sprachpolitik während der Französischen Revolution unter dem Stichwort *une France sauvage*

---

[11] Vgl. Riccardo Bavaj/Martina Steber, Introduction: Germany and ‚The West'. The Vagaries of a Modern Relationship, in: dies. (Hrsg.), Germany and ‚The West'. The History of a Modern Concept, New York 2015, S. 1–37.
[12] Vgl. zu diesem Themenfeld Christophe Charle, Discordance des temps. Une brève histoire de la modernité, Paris 2011.
[13] Rapport sur la Nécessité et les Moyens d'anéantir les patois et d'universaliser l'usage de la langue française, in: Michel de Certeau/Dominique Julia/Jacques Revel, Une politique de la langue. La Révolution française et les patois: l'enquête de Grégoire, Paris 2002 (Erstausgabe: 1975), S. 300–317.

beschrieben worden sind.[14] Das „Wilde", „Barbarische" wurde als negativ aufgeladenes Antonym zu Aufklärung, „Fortschritt" und „(moderner) Zivilisation" gesetzt.[15]

An den radikal-aufklärerischen Anspruch der Französischen Revolution versuchte insbesondere die frühe Dritte Republik am Ende des 19. Jahrhunderts in vielerlei Hinsicht anzuknüpfen, nicht zuletzt bezüglich einer Vereinheitlichung der Sprache. So charakterisierte 1873 Léon Gambetta diejenigen Gegenden des Landes, „die vom schwarzen Fleck der Ignoranz bedeckt" seien und in denen der „klerikale Geist" triumphiere, als sprachlich unerschlossenes Gelände. Deshalb bedürfe es keines Lehrers, der eine Sprache spreche, deren wirkliches Wörterbuch sich im Vatikan befände, sondern eines Schulmeisters, der die Sprache der *citoyens* spreche und den „Ideen der modernen Gesellschaft" (*idées de la société moderne*) treu ergeben sei.[16] Mit dem „Wörterbuch im Vatikan" war keineswegs nur das Lateinische als Sprache der Liturgie gemeint, sondern auch die Tatsache, dass sich viele Priester heimischer Dialekte und Regionalsprachen bedienten. Diese standen in den Augen der republikanischen Reformer in besonderer Weise für Rückständigkeit und Ignoranz, weshalb es sie im Namen der Republik, von Aufklärung und „Moderne" zurückzudrängen galt.[17] „Modernisierung" mittels Sprache war also zunächst, vor allem im letzten Drittel des 19. Jahrhunderts, eine nationale Aufgabe mit Blick auf die französischen Regionen und sollte das innere *nation building* abschließen.

Solch eine mit den Begriffen „Zivilisation" und „Moderne" verknüpfte Programmatik spielte aber auch und dann zunehmend im französischen Imperium eine Rolle.[18] Bekanntlich fiel die Eroberung

---

[14] Certeau/Julia/Revel, Une politique de la langue; vgl. auch Schäbler/König, „Zivilisierung", Abschnitt 3.

[15] Vgl. Bollenbeck, Art. Zivilisation, S. 1365.

[16] Léon Gambetta, Discours prononcé le 16 mai 1873, à Nantes, in: Discours et plaidoyers politiques de M. Gambetta, publiés par M. Joseph Reinach, tome III, 2è partie (suite) (19 Septembre 1872–16 Mai 1873), Paris 1881, S. 367–391, hier S. 378.

[17] Differenziert zu republikanischem Diskurs und konkreter Praxis: Jean-François Chanet, L'école républicaine et les petites patries, Paris 1996.

[18] Das In-Bezug-Setzen von Akteuren und Diskursen in der Metropole einerseits und im Imperium andererseits bedarf jedoch selbstredend der Differenzierung, zumal die konkreten Gewalt- und Hierarchieverhältnisse sowie die rechtliche Situation der zu „modernisierenden" bzw. zu „zivilisierenden" Bevölkerungen, im französischen „Mutterland" auf der einen, im

großer Teile des zweiten französischen Kolonialreichs in die Frühphase der Dritten Republik. Stärker noch als bei anderen Kolonialmächten war für Frankreich die imperialistische Legitimationsideologie einer *mission civilisatrice* von großer Bedeutung, und expliziter als etwa für Großbritannien war damit auch eine sprachpolitische Agenda verknüpft.[19] Mit der französischen Sprache sollte ein ganzes Set an Ideen und Vorstellungen zum vermeintlichen Segen der Kolonisierten – vor allem deren Elite – verbreitet werden, die dadurch den Anschluss an die Moderne finden sollten. Entsprechende Verlautbarungen dazu sind Legion, weshalb beispielhaft lediglich der ehemalige französische Regierungschef Jules Ferry zu Wort kommen soll:

„Aber die moralische Eroberung, die fortschreitende Zivilisierung des Eingeborenen (*la civilisation progressive de l'indigène*), kann eine andere Form annehmen. Man bindet das besiegte Volk an sich, nicht nur, indem man seine Religion respektiert, seinen persönlichen Status, seine Eigentumsrechte, sondern man zieht es insbesondere an, indem man ihm Schulen eröffnet, indem man ihn in den Besitz der französischen Sprache bringt, den einzigen Träger französischer Ideen unter diesen Bevölkerungen, die wir uns zum Ziel gesetzt haben, sie bis auf unsere Höhe zu erheben."[20]

Das der Zivilisierungsmission und dem Begriff der *civilisation* inhärente Stufenmodell spiegelt sich nicht nur in diesem Ausschnitt wider, sondern ebenfalls, wenn auch mit anderer Schwerpunktsetzung, in einem Text des Diplomaten Jean-Jules Jusserand aus dem Jahr 1888. Dort plädiert er für eine Bildungsreform in Tunesien, denn, so sein Argument, die Tunesier seien sehr viel „zivilisierbarer" (*beaucoup plus civilisables*) als Marokkaner oder Algerier. Und: „Wenn die Mehrheit der Araber französisch sprechen wird, werden sie nicht mehr gefährlich sein."[21]

Die zahlreichen Widersprüche, die diesem Programm in offensichtlicher Weise inhärent waren, wurden an vielen Stellen herausgearbei-

---

französischen Kolonialreich auf der anderen Seite, deutlich zu unterscheiden sind.
[19] Vgl. Alice L. Conklin, A Mission to Civilize. The Republican Idea of Empire in France and West Africa, 1895–1930, Stanford 1997.
[20] Jules Ferry, Discours sur la question algérienne au Sénat (6 mars 1891), in: Discours et opinions de Jules Ferry, publiés avec commentaires et notes, par Paul Robiquet, tome septième: Discours sur la politique intérieure (2è partie, depuis le 30 mars 1885) Paris 1898, S. 197–214, hier S. 207.
[21] Jean-Jules Jusserand, La Tunisie, Paris 1888, S. 153.

tet und seien deshalb nur knapp resümiert.[22] Dazu gehörte zunächst die große Kluft zwischen diskursivem Anspruch und konkreter Praxis, die vor dem Hintergrund der meist universalistisch und republikanisch geprägten französischen Diskurse umso eklatanter erscheinen musste. Je nachdem, in welchem Teil des Imperiums man sich befand, war die Dichte an Schulen und der Wille, die indigene Bevölkerung mithilfe französischer Sprachkenntnisse zu „zivilisieren", mithin höchst unterschiedlich ausgeprägt und zielte vor allem auf die Eliten.[23] Zudem stand die der *mission civilisatrice* zunächst zugrunde liegende Idee einer einheitlichen „Zielzivilisation" der Dauerhaftigkeit des kolonialen Herrschaftsanspruchs entgegen, denn mit dem Erreichen des zivilisatorischen Ziels hätte sich auch die Kolonialherrschaft als solche erledigt. In dieser Hinsicht erschien es gar nicht erstrebenswert, die indigenen Bevölkerungen an das Modell der „westlichen Zivilisation" heranzuführen. Vor dem Hintergrund eines zunehmend biologisch begründeten Rassismus bezweifelten die Kolonisatoren außerdem grundsätzlich, dass dies überhaupt möglich sei. Schließlich wurde immer wieder die Befürchtung formuliert, dass eine zu starke Auseinandersetzung indigener Akteure mit den Ideen und Vordenkern der „Zivilisation" deren kolonialkritische Sichtweisen stärken und antikoloniale Emanzipationsbewegungen befördern könnten. Und tatsächlich argumentierte eine ganze Reihe von Akteuren, die an französischen Vermittlungsinstitutionen geschult worden war, mit den Kernwerten von Aufklärung und Menschenrechten, um die Widersprüche zwischen Diskurs und Praxis aufzuzeigen und die französische Kolonialherrschaft infrage zu stellen.

Unabhängig davon haben wir es aber auch im Feld der Kolonialpolitik durchaus mit unterschiedlichen und konkurrierenden Aufladungen des Zivilisationsbegriffs zu tun. Im französischen Fall spielt insbesondere die um die Jahrhundertwende intensiv geführte Auseinandersetzung um die „richtige" Kolonialdoktrin eine wichtige Rolle.[24] Hatte bis

---

[22] Hierzu und zum folgenden Abschnitt vgl. Boris Barth/Jürgen Osterhammel, Zivilisierungsmissionen. Imperiale Weltverbesserung seit dem 18. Jahrhundert, Konstanz 2005; dort v. a. Jürgen Osterhammel, „The Great Work of Uplifting Mankind". Zivilisierungsmission und Moderne, in: ebenda, S. 363–425.
[23] Unterschiedliche Fallstudien zur Sprachpolitik im französischen Kolonialreich finden sich etwa in: Martin Thomas (Hrsg.), The French Colonial Mind, Bd. 1: Mental Minds of Empire and Colonial Encounters, Lincoln 2011.
[24] Hierzu und zum Folgenden klassisch: Raymond F. Betts, Assimilation and Association in French Colonial Theory, 1890–1914, Lincoln 2005 (Erstausgabe: 1960).

dato das Konzept der „Assimilation" dominiert und damit die Vorstellung von einer einzigen modernen „Zielzivilisation", an welche die vermeintlich unterlegenen Völker schrittweise heranzuführen seien, so war mit dem nun dominant werdenden Konzept der „Assoziation" auch die Vorstellung mehrerer koexistierender „Zivilisationen" verbunden.[25] An der bereits erwähnten *Mission Laïque Française* lässt sich dieser Kurswechsel zur „Assoziation" und einer entsprechenden Pluralisierung des Zivilisationsbegriffs exemplarisch ablesen. So betonte Generalsekretär Besnard in der eingangs zitierten Rede ausdrücklich:

„Es geht selbstverständlich nicht darum, die arabische Zivilisation durch die französische Zivilisation zu ersetzen, denn das wäre gegen unsere Prinzipien, sondern darum, die beiden Zivilisationen zu assoziieren (*associer les deux civilisations*), und [...] darum, den syrischen Eingeborenen im Rahmen seiner eigenen Zivilisation zu entwickeln (*de développer l'indigène Syrien dans le plan de sa propre civilisation*)."[26]

Hierarchische Abstufungen wurden in solchen Äußerungen meist weiterhin mitgedacht. Außerdem fand der erst genannte Zivilisationsbegriff im Singular parallel dazu weiterhin Verwendung wie auch „assimilatorische" Überlegungen nicht gänzlich verschwanden. So postulierte der ehemalige französische Außen- und Kolonialminister Gabriel Hanotaux, der zudem Mitglied der *Académie Française* war, auch noch dreißig Jahre nach dem kolonialpolitischen Strategiewechsel: „Diese von der Zivilisation vergessenen Völker, die jedoch gründlich zivilisierbar sind, haben ihre moderne Seele gefunden, indem sie französisch buchstabieren."[27]

Dennoch wurde im Sinne der „Assoziation" etwa in der schulischen Praxis zunehmend mehrsprachig unterrichtet. In Syrien und im Libanon etwa nahm Französisch im Curriculum zwar weiterhin einen wichtigen Platz ein, gleichzeitig wurden jedoch auch Arabisch sowie weitere moderne Fremdsprachen außerhalb des Französischen unterrichtet. Neben dem Einfluss von Debatten um die richtige Kolonial- und Sprachpolitik, die in der Metropole, also dem kolonialen „Mutterland" geführt wurden, waren das Kräftefeld vor Ort und die

---

[25] Das Nebeneinander zweier solcher Konzepte von „Zivilisation" v.a. seit der zweiten Hälfte des 19. Jahrhunderts beobachtet jenseits des kolonialen Kontexts Febvre, Entwicklung, S. 70f.
[26] La France en Orient (wie Fußnote 1), S. 89.
[27] Congrès de l'Alliance Française, Séance de Clôture, 11 juillet. Discours de M. Gabriel Hanotaux de l'Académie française, Président du Comité France-Amérique, in: Revue de l'Alliance Française 71 (1937), octobre, S. 181–185, hier S. 185.

damit verbundenen Eigendynamiken von großer Bedeutung, was am Beispiel des Libanon Esther Möller differenziert herausgearbeitet hat. Denn vor allem die indigenen Eliten traten verstärkt als „Kunden" auf und viele der aus Frankreich stammenden Organisationen suchten deren sprachliche Wünsche stärker zu berücksichtigen.[28]

3. Eine „westliche" oder eine „französische Moderne"? Frankreich, der „Westen" und „die Welt"

Inwiefern aber wurden „Zivilisation" und „Moderne" als primär französische oder aber als allgemein europäische, „westliche" Konzepte gedacht? Und wie war es um innereuropäische bzw. innerwestliche Konkurrenzen oder Kooperationen bestellt? Zunächst einmal hatten die französischen Konzepte von „Moderne" und „Zivilisation" meist eine stark universalistische Konnotation, was unter anderem auf die spezifisch französische Aufklärungstradition zurückzuführen ist.[29] Dementsprechend hielt etwa der Philosophiehistoriker Gabriel Séailles im Jahr 1920 fest: „Indem sie [die *Mission Laïque Française*] den Einfluss Frankreichs ausdehnt, indem sie seine Sprache und seine Ideen verbreitet, dient sie nicht nur dem nationalen Interesse, der wirtschaftlichen Expansion, sondern sie arbeitet für den Frieden zwischen den Menschen und den Fortschritt der gesamten Zivilisation (*la civilisation toute entière*)."[30] In dieser Äußerung scheint exemplarisch die Überzeugung auf, dass Frankreich im Interesse der ganzen Menschheit agiere.

Gleichzeitig kamen unterschiedliche Konkurrenz-, aber auch Kooperationsverhältnisse zum Tragen. Für unseren Zusammenhang ist zunächst eine innerwestliche Rivalität, vor allem zu Großbritannien, von Interesse. Analog zu den verschiedenen aufklärerischen Traditionen der beiden Länder lassen sich fortgesetzte französische Versuche der Abgrenzung von zuerst englischen, dann angloamerikanischen „Moderne"-Vorstellungen beobachten.[31] Sowohl rhetorisch-program-

---

[28] Vgl. Esther Möller, Orte der Zivilisierungsmission. Französische Schulen im Libanon 1909–1943, Göttingen 2013, insbesondere S. 177–213.
[29] Vgl. Tyler Stovall, Transnational France. The Modern History of a Universal Nation, Boulder (CO) 2015.
[30] Gabriel Séailles, La Mission Laïque, in: Mission Laïque française. Revue de l'enseignement français hors de France 17 (1920), mai, S. 3–6, hier S. 6.
[31] Zu den unterschiedlichen Traditionen und Diskursen vgl. Michael Hochgeschwender, Was ist der Westen? Zur Ideengeschichte eines politischen Konstrukts, in: Historisch-Politische Mitteilungen 11 (2004), S. 1–30, v.a. 9–13.

matisch als auch im Sinne einer ganz praktischen Konkurrenz um Einfluss wird dies abermals auf sprachpolitischem Terrain deutlich. Dabei ging es auch um die „richtige" Auslegung von liberalen und demokratischen Kernwerten, deren prinzipielle Grundlagen man teilte. Dies illustriert beispielhaft eine Rede von Louis Herbette, dem Präsidenten des Propagandakomitees der *Alliance Française*, jener 1883 gegründeten Organisation, die – ähnlich wie die sechs Jahre später entstandene *Società Dante Alighieri* oder die 1925 gegründete „Akademie zur Wissenschaftlichen Erforschung und Pflege des Deutschtums" als Vorläuferin des Goethe-Instituts – die internationale Verbreitung der eigenen Sprache und Kultur zur Aufgabe hat. In einem Essay über die französische Sprache und Literatur in Kanada aus dem Jahr 1904 stellte Herbette die Qualitäten der französischen Sprache gegenüber der englischen heraus und leitete davon schlussendlich eine Überlegenheit der französischen *civilisation* ab. Er begann mit einem vergifteten Kompliment:

„Die englische Sprache, deren Gebrauch vor allem in der Schifffahrt, im Handel und auf Reisen universell ist, hat zugegebenermaßen einen ziemlich weiträumigen Einzugsbereich. Sie ist die Sprache des einfachen Austausches. Nehmen wir an, dass die französische [Sprache] eine der diffizilen Produktionen ist, keine Sprache des Luxus, aber eine Sprache der raffinierteren Kultur."[32]

Und später:

„Die Revolutionen der Engländer waren bei sich und für sich. Die der Franzosen waren für alle; diejenigen, die nicht ‚Gott und mein Recht' ausriefen, jenen Dualismus, der nichts anderes als Egoismus ist, sondern diejenigen, die die Menschenrechte ausriefen, den altruistischen Humanismus."[33]

Indem Herbette die Französischen Revolutionen als ein der gesamten Menschheit zugutekommendes Emanzipationsprojekt deklarierte und die der Briten zu räumlich begrenzten Ereignissen zum bloß eigenen Nutzen herabsetzte, kam die Spannung zwischen unterschiedlichen Modellen von „Westen", „Moderne" und „Zivilisation" zum Ausdruck. Gleichzeitig spiegelt sich hierin auch eine konkrete machtpolitische Konkurrenzsituation wider, in diesem Fall in Kanada, für welche die skizzierten sprachpolitischen Scharmützel offenbar nur eine Chiffre waren.

---

[32] Louis Herbette, Introduction: La langue et la littérature française au Canada. La famille française et la nation canadienne, in: Charles ab der Halden, Études de littérature canadienne-française, Paris 1904, S. I–CIV, hier XXIIIf.
[33] Ebenda, S. LXXVIII.

Je nach Situation und Kontext machten andere Akteure jedoch auch innerwestliche Kooperationen zwischen den „Vorzeigesprachen" westlichen Denkens stark. So rühmte während des Ersten Weltkriegs der französische Linguist Albert Dauzat die *entente cordiale* zwischen Frankreich und Großbritannien, die sich auch auf linguistischem Gebiet niederschlage. Der „Allianz des Französischen und des Englischen" werde es schließlich gelingen, den Zusammenbruch des Pangermanismus zu vollenden und dessen hegemoniale Ambitionen für immer unmöglich zu machen.[34] Betrachte man, so Dauzat weiter, die Sprachenfrage außerhalb aktueller Umstände allein vom wissenschaftlichen Standpunkt aus, sei das Deutsche seinen französischen und englischen Rivalen offensichtlich und unabänderlich unterlegen. Eine Vielzahl ihrer vermeintlichen linguistischen Eigenheiten ließen die deutsche Sprache ungeeignet erscheinen, um „in einer immer aktiveren und subtileren Zivilisation *(une civilisation toujours plus active et raffinée)* das Instrument eines präzisen und schnellen Austausches zu werden, welches für das moderne Denken *(la pensée moderne)* nötig ist."[35] Dennoch hob auch er die Unterschiede zwischen der französischen und der englischen Sprache hervor, die ihren Einfluss sowohl geografisch als auch gemäß unterschiedlicher Anwendungsbereiche aufteilen sollten. Damit bewegte er sich wiederum in ganz ähnlichen Argumentationsbahnen wie Louis Herbette ein Jahrzehnt zuvor, wenn auch ohne dessen aggressive Untertöne. Dementsprechend, so auch Dauzat, sei das Englische vor allem die Sprache des Handels, wohingegen das Französische neben anderen Domänen nicht nur die Sprache der Diplomatie und der Kultur, sondern auch der von der Revolution begründeten Ideen sei.

4. Fazit

Für die betrachteten französischen Debatten um die Jahrhundertwende eignen sich andere Begriffe besser als der „Westen", um sich den im Rahmen dieses Bandes diskutierten Ordnungsvorstellungen zu nähern. Das ist vor allem der Begriff der „Zivilisation" und mit Abstrichen der der „Moderne". Bei „Zivilisation" und „Zivilisierung", eng verknüpft mit „Moderne" und „Modernisierung", handelte es sich zu-

---

[34] Albert Dauzat, Le français et l'anglais. Langues internationales, Paris 1915, S. 5.
[35] Ebenda, S. 9f., das Zitat: S. 10.

nächst vor allem um Zielbegriffe. Aus Sicht des „Zentrums" ging es um die Verbindung und letztlich Vereinheitlichung verschiedener Räume sowie unterschiedlicher Akteure und Lebensweisen. Das konnten vermeintlich „rückständige" Regionen im eigenen „Mutterland" sein, welches zum einheitlichen Nationalstaat integriert werden sollte. Das waren aber vor allem als „rückständig" deklarierte Landstriche im Imperium, die es im Sinne der *mission civilisatrice* nicht nur zu „zivilisieren", sondern mittels Sprache langfristig zu binden galt. Mit der Bedeutungsverschiebung vom kolonialpolitischen Konzept der „Assimilation" zu dem der „Assoziation" pluralisierte sich der Zivilisationsbegriff im imperialen Rahmen. Stärker noch als in der Metropole und je nach Region klafften hier Anspruch und Wirklichkeit jedoch weiterhin weit auseinander. Zudem waren die indigene Bevölkerung und insbesondere deren Eliten mehr als bloße Adressaten von Sprach- und „Zivilisierungs"-Programmen, vielmehr eigneten sie sich deren Inhalte an und veränderten sie dadurch.

Ein ideelles Bindeglied über die unterschiedlichen räumlichen Ebenen hinweg war die quasi-missionarische Überzeugung von einem französischen Universalismus, der sich aus dem Erbe von Aufklärung und Revolution speiste und der die Interessen Frankreichs nicht nur mit denen seines Imperiums, sondern teilweise mit denen der gesamten Menschheit in eins setzte. Dabei kamen auch konkurrierende Vorstellungen von „Moderne" und „Zivilisation" innerhalb des „Westens" zum Tragen. Parallel zum Aufstieg des Englischen zur Weltsprache akzentuierten die Vorkämpfer der *francophonie* seit der Jahrhundertwende insbesondere eine Konkurrenzsituation zur englischen Sprache und damit zu angloamerikanischen Konzepten von „Westen", „Moderne" und „Zivilisation". Je nach Kontext konnten die entsprechenden, den französischen oder angloamerikanischen Traditionen zugeordneten Ideen und Konzepte jedoch auch kooperativ gedacht werden, vor allem wenn – wie im Kontext des Ersten Weltkriegs – der „westlichen Zivilisation" mit dem Deutschen Kaiserreich ein aggressiv auftretender Antagonist zu erwachsen schien.

Jakob Lehne
1899 – Wendejahr der internationalen Zivilisationsrhetorik

Die Begriffe „Westen" und „Zivilisation" sind schon seit geraumer Zeit ins Kreuzfeuer postkolonialer Kritik geraten.[1] Die Geschichte des Zivilisationsbegriffs, bemerkt der australische Politikwissenschaftler Brett Bowden, sei in Wahrheit nichts anderes als die Geschichte einer „imperialen Idee".[2] Doch eine solche, aus der Geschichte abgeleitete, ideologische Kritik verkürzt die komplexe Entwicklung zentraler Begriffe der europäischen Geistesgeschichte und ignoriert die Erkenntnisse der Geschichtsforschung in diesem Bereich. Denn während über Fragen der Fokussierung und Chronologie der Begriffsgeschichte trefflich gestritten werden kann, so herrscht doch Konsens über die stete Veränderung semantischer Bedeutungsgeflechte und der Begriffe, aus denen sie bestehen.[3] Im Gegensatz zu einer langen Evolution eines im Kern imperialistischen Begriffs der Zivilisation muss eine historisch fundierte Analyse von Bedeutungsveränderungen ausgehen, die möglichen Dreh- und Angelpunkte dieser Entwicklung festmachen und sich mit konkreten Diskursverschiebungen auf regionaler, nationaler und globaler Ebene auseinandersetzen.

Dieser Beitrag beschäftigt sich mit einem solchen Moment globaler Diskursverschiebung, in dem sich neue Konturierungen des Zivilisationsbegriffs in politischen Diskussionen etablierten und mit älteren in Konkurrenz traten. Der Beitrag vertritt die These, dass das Jahr 1899 in zweierlei Hinsicht einen Wendepunkt in der Entwicklung der internationalen Zivilisationsrhetorik darstellte. Zum ersten Mal wurde die

---

Dieser Beitrag fußt zum Teil auf den Forschungsergebnissen meiner Doktorarbeit: The Glittery Fog of Civilization. Great Britain, Germany, and International Politics, 1854–1902, Diss. EUI Florenz 2015.

[1] Vgl. Stanley Diamond, In Search of the Primitive. A Critique of Civilization, New Brunswick 1974; Thomas C. Patterson, Inventing Western Civilization, New York 1997; Mark B. Salter, Barbarians and Civilization in International Relations, London 2002.

[2] Vgl. Brett Bowden, The Empire of Civilization. The Evolution of an Imperial Idea, Chicago (IL) 2009.

[3] Für eine Einführung in die unterschiedlichen Schulen und Ansätze vgl. Melvin Richter, The History of Political and Social Concepts. A Critical Introduction, Oxford (MS) 1995; Kari Palonen, Die Entzauberung der Begriffe. Das Umschreiben der politischen Begriffe bei Quentin Skinner und Reinhart Koselleck, Münster 2003.

Legitimation kriegerischer Auseinandersetzungen mittels Zivilisationsrhetorik von größeren Teilen des politischen Spektrums in Europa und den USA als imperiale Propaganda angeprangert. Darüber hinaus führten Diskussionen über geographisch weit voneinander entfernte Kriegsschauplätze zu der Überzeugung, dass man nicht mehr nur von einer „Zivilisation" sprechen könne, sondern es mit der Existenz mehrerer „Zivilisationen" zu tun habe, die als gleichberechtigt aufgefasst wurden.

Im Folgenden wird diese Diskursformation chronologisch und hauptsächlich mit Blick auf deutsche und britische Debatten analysiert. Nach einem kurzen Abriss der Geschichte des Zivilisationsbegriffs im neunzehnten Jahrhundert werden zunächst die geopolitischen Rahmenbedingungen des Jahres 1899 erläutert, um dann die politische Verwendung des Begriffs in drei zentralen internationalen Konflikten zu untersuchen. Besonderes Augenmerk wird auf die Frage gerichtet, in welcher Hinsicht die Entwicklung des Begriffs des Westens und der der Zivilisation verquickt sind und einander beeinflussten.

1. Der Zivilisationsbegriff im neunzehnten Jahrhundert

Das Wort „Zivilisation", das im Frankreich des achtzehnten Jahrhunderts geprägt wurde und schnell zu einem zentralen Schlagwort der europäischen Aufklärung avancierte, war der Schlüsselbegriff der politischen Debatten des neunzehnten Jahrhunderts. „Zivilisatorischer" Fortschritt bedeutete für Vertreter des modernen Bürgertums nicht nur Ausweitung von Kanalisationssystemen und fortschreitende Industrialisierung, sondern auch die Neuausrichtung europäischer Politik nach liberalen und nationalen Koordinaten. Ein solches Verständnis verfestigte sich in den Revolutionen von 1848.[4] Die Zivilisationsrhetorik wurde zum Markenzeichen nationaler Bewegungen. Die ungarische Unabhängigkeitserklärung von 1849 erkannte im liberalen Ungarn das „Hauptorgan der Zivilisation in Osteuropa" (*main organ of civilization in Eastern Europe*), und 1861 erklärte Vittorio Emmanuele II. bei der Eröffnung des italienischen Parlaments, dass der junge Staat liberalen Prinzipien verpflichtet sei und als „wirksames Instrument der universalen Zivilisation" diene (*efficace strumento della civiltà universale*).[5]

---

[4] Vgl. z.B. Andreas Ludwig Mazzini, Italien in seinen Beziehungen zur Freiheit und modernen Civilisation, 2 Bde., Grimma 1850.
[5] Phineas Camp Headley, The Life of Louis Kossuth. Governor of Hungary, Auburn 1852, S. 162; Vittorio Emanuele II, Discorso pronunziato da S.M. Vitto-

Auch der Krieg von 1870 wurde von liberalen Denkern mit den Begriffen der Nation und Zivilisation assoziiert. Schon vor Beginn der Kriegshandlungen sprachen die „Preußischen Jahrbücher" von einem klaren Gegensatz deutscher und französischer Zivilisationsideen. Die Franzosen seien, „während sie die Civilisation und die Freiheitsideen von 1789 im Munde führen, geradezu Feinde aller Civilisation, Verräther des Rechts und der Freiheit der Völker, Verschwörer gegen die Selbstständigkeit glücklicher und zufriedener Staaten".[6] Deshalb seien sie auch „kein civilisirtes Volk", tönte Emil Heinrich du Bois-Reymond, Rektor der Humboldt-Universität in seiner Antrittsrede, denn im Gegensatz zu anderen europäischen Ländern träume Frankreich „noch epileptisch von Kriegsruhm und Eroberung".[7] Sein Nachfolger, der Jurist Carl Georg Bruns, stieß bei seiner Antrittsrede ein Jahr später ins selbe Horn. Der Sieg Preußens über die imperiale Armee Frankreichs, „die ihre Haupthoffnung auf die Wildheit ihrer Afrikaner" gesetzt habe, sei ein Sieg der „Zivilisation". Es sei „die Civilisation selber, [...] die hier zur Herrschaft" komme.[8]

Solch hehre Ideen eines anti-expansionistischen deutschen Reiches strafte die weitere politische Entwicklung Lügen. Auch wenn sie sich weiterhin als Vorreiter der „Zivilisation" wähnten, warben deutsche Liberale bald ebenso wie ihre angeblich unzivilisierten Nachbarn für eine neue Form des Imperialismus. Im Wettlauf um Afrika überboten sich die Vertreter europäischer Staaten in Lobpreisungen ihrer Leistungen für die „Zivilisation", eines Begriffs, der nun nicht mehr mit nationaler Unabhängigkeit, sondern imperialer Ausdehnung konnotiert war. Es nimmt nicht wunder, dass auch im Rahmen der Berliner Konferenz, die zur Entspannung und staatlichen Regulierung europäischer Expansionskonkurrenz einberufen worden war, auf

---

rio Emanuele II nella sollene apertura del Parlamento italiano addi 18 febbraio 1861 (Camera dei Deputati), http://archivio.camera.it/resources/feaCms/percorsi/150/mostra/02-003.pdf [25.10.2017].

[6] Das diplomatische Vorspiel des Krieges, in: Preußische Jahrbücher 26 (1870), S. 222–240, hier S. 236.

[7] Emil Heinrich Du Bois-Reymond, Über den Deutschen Krieg. Rede am 3. August 1870 in der Aula der Königl. Friedrich-Wilhelms-Universität zu Berlin, Berlin 1870, S. 38.

[8] Carl Georg Bruns, Deutschlands Sieg über Frankreich. Rede beim Antritte des Rectorats der Königl. Friedrich-Wilhelms-Universität zu Berlin am 15. October 1870, Berlin 1870, S. 8.

„Zivilisation" Bezug genommen wurde.[9] Artikel sechs des oft zitierten Abschlussdokuments betonte, dass die Berliner Einigung dazu diene, in Afrika die „Zivilisation" zu verbreiten und sich die Mächte daher verpflichteten, all jene besonders zu schützen, die sich in den Kolonien darum verdient machten, „à instruire les indigènes et à leur faire comprendre et apprécier les avantages de la civilisation".[10]

Während man sich diplomatisch darauf verständigt hatte, die Vorteile einer schwammig bis gar nicht definierten „Zivilisation" weltweit zu verbreiten, kam es in ihren vermeintlichen Kernländern zu ersten Unmutsäußerungen. Eine Reihe von Wirtschaftskrisen und eine angebliche Pandemie psychischer Krankheiten führte im „Zeitalter der Nervosität" (Joachim Radkau) zu einer ersten Welle der Kritik an Technologie und Fortschritt sowie an der „Zivilisation" selbst.[11] Soziologen und Psychologen machten die „Zivilisation" für einen Anstieg der Selbstmordrate verantwortlich, und nicht nur konservative Beobachter sahen die Industrialisierung immer kritischer.[12] Der britische Philosoph Edward Carpenter fasste das Gefühl einer verunsicherten Generation am Ende des Jahrhunderts so zusammen: „We find ourselves to-day in the midst of a somewhat peculiar state of society, which we call Civilisation, but which even to the most optimistic among us does not seem altogether desirable."[13] Was hier zum Ausdruck kommt, war der langsame Zerfall des optimistisch liberalen Weltbilds, das in Europa den Zivilisationsbegriff über Jahrzehnte geprägt hatte und nun langsam durch pessimistischere Visionen ersetzt wurde.

---

[9] Vgl. Stig Förster/Wolfgang Justin Mommsen/Ronald Edward Robinson (Hrsg.), Bismarck, Europe and Africa. The Berlin Africa Conference 1884–1885 and the Onset of Partition, Oxford 1988.
[10] Acte général de la Conférence de Berlin, in: Jean Suret-Canale/Frank Thomas Gatter (Hrsg.), Protocoles et acte générale de la Conférence de Berlin, 1884–1885, Bremen 1984, S. 382–403, hier S. 388f.
[11] Vgl. Joachim Radkau, Das Zeitalter der Nervosität. Deutschland zwischen Bismarck und Hitler, München 1998; Thomas Rohkrämer, Eine andere Moderne? Zivilisationskritik, Natur und Technik in Deutschland 1880–1933, Paderborn 1998.
[12] Vgl. Tomáš Garrigue Masaryk, Der Selbstmord als sociale Massenerscheinung der modernen Civilisation, Wien 1881; M. G. Mulhall, Insanity, Suicide and Civilization, in: The Contemporary Review XLIII (1883), S. 901–908.
[13] Edward Carpenter, Civilisation. Its Cause and Cure and Other Essays, London 1889, S. 15.

2. Drei Kriege für die „Zivilisation"

Vor dem Hintergrund dieser aufkommenden Fortschritts- und Zivilisationsskepsis entbrannten in den letzten zwei Jahren des neunzehnten Jahrhunderts auf drei Kontinenten militärische Konflikte, die allesamt mit Zivilisationsrhetorik gerechtfertigt wurden. Der amerikanische Präsident William McKinley forderte den Kongress am 11. April 1898 auf, eine militärische Intervention in Kuba und einen Krieg gegen Spanien „in the name of civilization" zu autorisieren.[14] Die USA, so die Meinung der politisch Verantwortlichen, seien als Vertreter der „Zivilisation" dazu berufen, die Welt in ein neues Zeitalter zu führen. Der „splendid little war" (Theodore Roosevelt) war zwar rasch vorbei, doch ebenso schnell zeigten sich die Schattenseiten eines solchen internationalen Engagements.[15] Durch die Niederlage Spaniens waren die Philippinen ins Hoheitsgebiet der USA gefallen, und McKinley gestand seine Ratlosigkeit: „When I next realized that the Philippines had dropped into our laps I confess I did not know what to do with them, [but] there was nothing left for us to do but to take them all, and to educate the Filipinos, and uplift and civilize and Christianize them."[16]

Die Entscheidung, sich politisch wie militärisch auf den Philippinen zu engagieren, veränderte, so behaupteten Kritiker, nicht nur die außenpolitische Ausrichtung der USA, sondern brachte auch das wahre Gesicht der Zivilisationsrhetorik zum Vorschein. Mark Twain bemerkte in seiner beißenden Satire „To the Person Sitting in Darkness", dass die USA nun „the European game" spielten: ein äußerst lukratives, wenn auch moralisch verwerfliches Spiel, in dem es darum gehe, mit dem Export der „Zivilisation" Profit zu machen.[17] Ähnlich argumentierte der Harvard-Professor Charles Eliot Norton. Amerika „has lost her unique position as a potential leader in the progress of civilization, and has taken up her place simply as one of the grasping and selfish

---

[14] William McKinley, Second Annual Message, December 5 1898, http://www.presidency.ucsb.edu/ws/?pid=29539 [25.10.2017].
[15] Für eine umfassende historische und historiografische Analyse des Konflikts vgl. Louis A. Perez, The War of 1898. The United States and Cuba in History and Historiography, Chapel Hill (NC) 1998.
[16] President William McKinley, Account of his Decision to Occupy the Philippines, 1898, in: Jeremi Suri (Hrsg.), American Foreign Relations Since 1898. A Documentary Reader, Oxford 2010, S. 11f., das Zitat S. 12.
[17] Mark Twain, To The Person Sitting in Darkness (1901), in: ders., Tales, Speeches, Essays, and Sketches, London 1994, S. 264–281, hier S. 274.

nations of the present day".[18] Waren manche, wie Twain selbst, noch anfangs davon ausgegangen, dass die Zivilisationsrhetorik McKinleys anti-imperialer Natur sei, so zeigten sich in Reden wie in der des Kongressabgeordneten Albert Beveridge die Abgründe jener Rhetorik:

„The Philippines are ours forever, territory belonging to the United States', as the Constitution calls them. And just beyond the Philippines are China's illimitable markets. We will not retreat from either. [...] We will not renounce our part in the mission of our race, trustee, under God, of the civilization of the world."[19]

Wie auf den Philippinen, auf denen die USA in den kommenden Jahren in einen langen und kostspieligen Krieg gegen eine indigene Unabhängigkeitsbewegung verwickelt wurden, regte sich auch in den vermeintlich unbegrenzten Märkten Chinas, die Beveridge als imperiales Ziel ausmachte, der Unmut über europäische und amerikanische Machtansprüche. In China begannen im Jahr 1899 die sogenannten Boxer gegen den Einfluss nicht-chinesischer Mächte zu protestieren.[20] Es kam zu einer zunehmenden Radikalisierung, und als die chinesische Regierung beschloss, die Boxer in ihrem Unterfangen zu unterstützen und die Legationsquartiere europäischer Diplomaten zu belagern, intervenierte eine Acht-Mächte-Allianz aus europäischen Staaten, den USA und Japan – im Namen der „Zivilisation". Namentlich der deutsche Kaiser lobte die Einigkeit der Allianz und selbst den Einsatz der ihm eigentlich verhassten Japaner: „Russen, Engländer, Franzosen, wer es auch sei, sie fechten alle für die eine Sache, für die Zivilisation."[21] Der Belagerungsring war schnell durchbrochen. Die chinesi-

---

[18] Zitiert nach Charles Walston, The English-Speaking Brotherhood and The League of Nations, Cambridge 1919, S. ix.
[19] U.S. Senator Albert J. Beveridge speaks on the Philippine Question, U.S. Senate, Washington, D.C., January 9 1900, US-China Institute, University of Southern California, Annenberg, http://china.usc.edu/us-senator-albert-j-beveridge-speaks-philippine-question-us-senate-washington-dc-january-9-1900 [25.10.2017].
[20] Vgl. Lanxin Xiang, The Origins of the Boxer War. A Multinational Study, Oxford 2014; Mechthild Leutner/Klaus Mühlhahn (Hrsg.), Kolonialkrieg in China. Die Niederschlagung der Boxerbewegung 1900–1901, Berlin 2007; Susanne Kuß/Bernd Martin (Hrsg.), Das Deutsche Reich und der Boxeraufstand, München 2002.
[21] Ansprache an das erste Expeditionskorps für China vom 2.7.1900, in: Johannes Penzler (Hrsg.), Die Reden Kaiser Wilhelms II. in den Jahren 1896–1900, Leipzig 1904, S. 206; vgl. auch eine auf Anfang August datierte „Abschiedsrede an Offiziere": „Ob Engländer oder Russe, Franzose oder Japaner, wir kämpfen alle gegen denselben Feind, zur Aufrechterhaltung der Zivilisation"; ebenda, S. 223.

sche Armee wurde besiegt, die Aufstände brutal niedergeschlagen und die Vertreter Chinas dazu gezwungen, ein Protokoll zu unterschreiben, in dem sie bekannten, „Verbrechen gegen die Zivilisation" begangen zu haben.[22]

Als wären die Philippinen und China nicht genug, so kämpfte eine der Interventionsmächte in gut 15.000 Kilometer Entfernung erneut um die Aufrechterhaltung der „Zivilisation". In Südafrika hatte es seit langem Spannungen zwischen Großbritannien und den in zwei Republiken organisierten Buren gegeben – auch wegen der rechtlichen Diskriminierung der meist britischstämmigen „Uitlanders". Wegen neu entdeckter Gold- und Diamantenvorkommen auf dem Gebiet der Buren erhöhten britische Politiker, allen voran Joseph Chamberlain, den politischen Druck und verlangten immer weitere Konzessionen. Es folgten diplomatische Querelen, und am 11. Oktober 1899 erklärten die Buren den Krieg. Die Opfer, die Großbritannien in diesem Krieg bringe, zitierte die „Times" Außenminister Arthur Balfour, seien „sacrifices in the interests of the rights of men and of civilization".[23] Dieser Rhetorik folgten in den nächsten Tagen und Wochen die meisten Unterstützer der Regierung: Sie lobten die britische Politik und bezeichneten die Kriegserklärung der Buren als „uncivilized and barbarous act".[24] Selbst die internationalistische *Fabian Society* unterstützte in ihrer offiziellen Stellungnahme die imperialistische Agenda: „[T]he fact remains that a Great Power [...] must govern in the interests of civilization as a whole; and it is not to those interests that such mighty forces as gold-fields, and the formidable armaments that can be built upon them, should be wielded irresponsibly by small communities of frontiersmen."[25]

---

[22] Joint Note Signed by the Diplomatic Representatives at Peking of Germany, Austria-Hungary, Belgium, Spain, The United States, France, Great Britain, Italy, Japan, The Netherlands, and Russia, Embodying Conditions for Reestablishment of Normal Relations with China, in: The American Journal of International Law 4 (1910), S. 300–303.
[23] Mr. Balfour on the Transvaal, in: The Times, 12.10.1899.
[24] UK Parliament, House of Commons Debates (HC Deb), 25.10.1899, vol. 77, col. 639.
[25] George Bernard Shaw (Hrsg.), Fabianism and the Empire. A Manifesto by the Fabian Society, London 1900, S. 23. Vgl. auch W. David Wrigley, The Fabian Society and the South African War, 1899–1902, in: South African Historical Journal 10 (1978), S. 65–78; Fred D. Schneider, Fabians and the Utilitarian Idea of Empire, in: The Review of Politics 35 (1973), S. 501–522.

3. Kritik an der Zivilisationsrhetorik

Auf die weltweite Konjunktur der Zivilisationsrhetorik folgte bald, und das ist hier von besonderem Interesse, eine Gegenreaktion. In Europa konzentrierte sich die Diskussion auf die Frage, ob Zivilisationsrhetorik im Zusammenhang mit den Konflikten in Südafrika und China angebracht sei. Die Buren seien schließlich Europäer, und ein Krieg gegen Weiße in Afrika habe, wie der englische Oppositionsführer Henry Campbell-Bannerman bemerkte, „greatly the character of a civil war".[26] Viele auf den Bänken der liberalen Opposition und nicht wenige auf Seiten der konservativen Regierungspartei sahen die Buren im Recht. Mancher bemühte den Vergleich mit den von Tacitus beschriebenen Germanen, die durch ihren kompromisslosen Einsatz zur Verteidigung ihrer Heimat dem zerfallenden Römischen Reich einen Spiegel vorgehalten hätten.[27] Nicht die Briten und ihre verkommene, Großkapitalisten hörige Politik seien die Vertreter der „Zivilisation" in Afrika; allein der Bure könne in diesem Teil der Erde die „Zivilisation" vor dem Bankrott retten.[28] Der Angriff auf die Buren sei „a crime against civilisation".[29]

Solche Argumente waren nicht nur in Großbritannien, sondern auch auf dem europäischen Festland zu hören. Der französische Diplomat und spätere Nobelpreisträger Paul-Henri-Benjamin d'Estournelles de Constant argumentierte, dass man die Buren nicht nur nicht mit den „Rothäuten", „Negern" und „Gelben" vergleichen könne; sie seien vielmehr selbst ein „Civilisation verbreitendes Volk".[30] Sein Landsmann, der Journalist Francis Charmes, glaubte die Meinung vieler Europäer auf den Punkt zu bringen: „[S]he [Großbritannien] speaks continually of civilization; but outside of her own boundaries nobody

---

[26] HC Deb, 17.10.1899, vol. 77, col. 74.

[27] Vgl. Michael Davitt, The Boer Fight for Freedom, New York 1902, S. 294; Richard Baxter Townshend, Rome and her Dutch Rebels, in: The Westminster Review 155 (1901), S. 386–401.

[28] Vgl. Frans Vredenrijk Engelenburg, A Transvaal View of the South African Question, in: James Bryce (Hrsg.), Briton and Boer. Both Sides of the South African Question, New York 1900, S. 103–132, hier S. 109.

[29] William T. Stead, The Candidates of Cain. A Catechism for the Constituencies, London 1900, S. 2.

[30] Auszüge aus dem Vortrag des Herrn Baron d'Estournelles de Constant gehalten am 21. und 22. April 1901 in Wien und Budapest, in: Die Ergebnisse der internationalen Friedenskonferenz im Haag, eröffnet am 18. Mai 1899, Bern 1901, S. 2–12, hier S. 3f.

admits that the cause of civilization is interested in the Transvaal war."[31] Im Deutschen Reich, wo viele die Briten im Kampf mit einem „Bruderstamm" sahen, fanden sich noch extremere Positionen.[32] Die Kritiker britischer Politik beschrieben einen tyrannischen Staat, der die unschuldigen Buren „im Namen der Zivilisation und Humanität" angegriffen hatte, aber in Wirklichkeit nur an ihrem Gold interessiert war.[33] Jungen deutschen Lesern wurden die Engländer als „nichts anderes als Straßenräuber und Meuchelmörder" präsentiert, „wenn sie auch ihre Schurkenthaten mit dem gleißenden Mantel der Zivilisation verhüllen".[34] Diese Rhetorik kann als Vorläufer ähnlicher Diskurse um 1914 gelten.[35]

Während im Deutschen Reich Stimmung gemacht wurde gegen Imperialisten, die ein angeblich friedliches, bäuerlich lebendes Volk angegriffen hätten, entwickelte sich im englischsprachigen Raum ein verblüffend ähnlicher Diskurs über die Intervention in China. Die Chinesen und Buren einte der Widerstand gegen die auch in Europa immer kritischer beäugte „Zivilisation" sowie die patriotische Verteidigung ihres Heimatlandes. Nicht nur seien die Chinesen bereits zivilisiert gewesen „while European peoples were still in a barbarous condition", wie der liberale Parlamentarier Joseph Walton erklärte; sie seien auch, so der polnische Friedensaktivist Jan Bloch, durch die europäische Expansion so in die Defensive gedrängt worden, dass ein Aufstand nur eine Frage der Zeit gewesen sei.[36] Die Rebellion der Boxer, urteilte der britische Reiseschriftsteller und Politikwissenschaftler

---

[31] Francis Charmes, Will the Powers Intervene in the War? in: Bryce, Briton and Boer, S. 177–197, hier S. 195.
[32] Hermann Elss, Die Buren. Der deutsche Bruderstamm in Südafrika, Bielefeld 1899.
[33] Wilhelm Vallentin, Hunnen in Süd-Afrika! Betrachtungen über englische Politik und Kriegsführung, Berlin 1902, S. 5.
[34] Jenny Schwarz, Vivat Transvaal! Eine Erzählung für die reifere Jugend und das Volk, Straßburg 1899, S. 10.
[35] Vgl. Barbara Beßlich, Wege in den „Kulturkrieg". Zivilisationskritik in Deutschland 1890–1914, Darmstadt 2000; Eckart Koester, „Kultur" versus „Zivilisation". Thomas Manns Kriegspublizistik als weltanschaulich-ästhetische Standortsuche, in: Wolfgang J. Mommsen (Hrsg.), Kultur und Krieg. Die Rolle der Intellektuellen, Künstler und Schriftsteller im Ersten Weltkrieg, München 1996, S. 249–258.
[36] HC Deb vol. 89, col. 276; Johann von Bloch [Jan Bloch], Zur gegenwärtigen Lage in China, in: Die Friedenswarte. Wochenschrift für internationale Verständigung 2 (1900), S. 177–180.

Walter Alleyne Ireland, sei nichts anderes als „a patriotic movement, having as its main object, the achievement of a policy of China for the Chinese".[37] Solch politische Regungen seien verständlich, meinte der Missionar Arthur H. Smith, denn die Chinesen seien schon seit langem die Leidtragenden „from this steady advance of ‚civilisation' into the interior of China".[38]

Beschreibungen dieser Art mehrten sich mit Fortgang der Kampfhandlungen, in denen auch immer wieder von einem Aufeinandertreffen unterschiedlicher „Zivilisationen" die Rede war. Während englische Medien im Burenkrieg von einer Kollision von „Zivilisationen" aus zwei verschiedenen Jahrhunderten sprachen, sah man in Asien eine Auseinandersetzung zwischen zwei geografisch getrennten „Zivilisationen".[39] „There is commencing a life-and-death struggle between Chinese and European civilisation", schrieb der russische Ostasienexperte Anatolius Markoff in der „Daily News".[40] In seinem kurz nach Ende der Intervention erschienenen Buch „The War of the Civilisations" sprach der englische Journalist George Lynch davon, dass der „Krieg der Zivilisationen" daher rühre, dass der Westen unfähig sei, andere Zivilisationen zu verstehen: Diese seien „so far from the seeing power of our Western eyes, so far from the hearing power of our Western ears".[41] Selbst Befürworter der Intervention konnten oft nicht umhin, die Existenz einer eigenständigen chinesischen „Zivilisation" anzuerkennen, um gleich darauf zu argumentieren, dass eine Verteidigung *dieser* „Zivilisation" den Fortschritt der Welt behindere: „Without begging the question as to whether the Chinese civilization is a lower or higher one than ours, we have to face the fact that its effect is to prevent Europeans from trading in China, or from making railway and postal and telegraph routes across it for the convenience of the world in general",[42] verkündete ein Manifest der *Fabians*.

---

[37] Alleyne Ireland, China and the Powers. Chapters in the History of Chinese Intercourse with Western Nations, Boston 1902, S. 20.
[38] Arthur H. Smith, China in Convulsion, Vol. 1, New York 1901, S. 91.
[39] Vgl. Hugh H. Bellot, The Problem of South Africa. Boer v. Briton, in: The Westminster Review 154 (1900) H. 1, S. 4–29, hier S. 4.
[40] Zitiert nach: J. W. Robertson-Scott, The People of China. Their Country, History, Life, Ideas, and Relations with the Foreigner, London 1900, S. 168f.
[41] George Lynch, The War of the Civilisations. Being the Record of a „Foreign Devil's" Experiences with the Allies in China, London 1901, S. ix–x.
[42] O.A., Kap. China [1900], in: Shaw (Hrsg.), Fabianism and the Empire, S. 44–55, hier S. 44.

4. Nachhaltige Diskursveränderungen

Diese Argumentation bedeutete indes nur einen oberflächlichen Kompromiss zwischen zwei weit auseinanderliegenden Positionen innerhalb der *Fabian Society*. Ende des neunzehnten Jahrhunderts und besonders seit den Konflikten in China und Südafrika hatte sich bei den Fabians eine stark anti-imperialistische Gruppe formiert. Ramsay MacDonald, der spätere Labour-Premierminister, sowie John Hobson, dessen Buch „Imperialism: A Study" als eine der wichtigsten Grundlagen linker anti-imperialistischer Kritik gelten kann, machten sich in den ersten Jahren des zwanzigsten Jahrhunderts daran, das Phänomen des Imperialismus zu analysieren und einer umfassenden Kritik zu unterziehen.[43]

Während MacDonald in Wahlkampfreden und Pamphleten darum rang, der Labourpartei eine neue anti-imperialistische Ausrichtung zu geben, versuchte sich Hobson an einer umfassenden wissenschaftlichen Analyse des Imperialismus. Beide stützten sich auf die Kritikpunkte, welche die Diskussionen der internationalen Lage gegen Ende des neunzehnten Jahrhunderts zu Tage gefördert hatten. MacDonald versuchte in seinen Ausführungen über die „Propaganda of Civilization" zu erläutern, wie die Überzeugung von der Existenz einer einzigen Zivilisation den Blick auf die Ebenbürtigkeit nicht-westlicher Zivilisationen verstelle und so dem Imperialismus diene.[44] Hobson schlug in dieselbe Kerbe. Nicht nur hätten die Briten kein Recht gehabt, ihre Zivilisation über die „slow-going civilization of the Transvaal Boer" zu stellen; das Wort selbst sei zu einem „masked word" des Imperialismus verkommen, das hauptsächlich dazu diene, die wahre Politik imperialistischer Mächte zu verschleiern.[45]

Diese zunächst noch eher vereinzelt geäußerte Kritik wurde in den kommenden Jahren zu einer immer stärker verbreiteten Haltung. Hatte im neunzehnten Jahrhundert die Idee einer einzigen, universal gedachten Zivilisation dominiert, weitete sich um die Jahrhundertwende zunehmend die Ansicht von der Existenz mehrerer Zivilisationen aus – gepaart mit Zweifeln an der Überlegenheit „westlicher Zivilisation". Dazu trugen auch, wie Christopher GoGwilt gezeigt hat, literarische

---

[43] Vgl. John Atkinson Hobson, Imperialism. A Study, London 1902.
[44] Vgl. J. R. MacDonald, The Propaganda of Civilization, in: International Journal of Ethics 11 (1901), S. 455–468.
[45] Hobson, Imperialism, S. 219.

Publikationen wie Joseph Conrads „Heart of Darkness" (1899) bei, welche die unter der Legitimation der Zivilisierung stattfindenden kolonialistischen Verbrechen an der indigenen Bevölkerung des Kongo-Freistaates des belgischen Königs skandalisierten.[46] In intellektuellen Kreisen wie der Bloomsbury Group etablierte sich ein Diskurs, in dem nicht nur der Begriff der Zivilisation selbst kritisiert wurde, sondern vor allem seine Verwendung in der imperialen Selbstdarstellung des „Westens".[47] Auf diesen Interpretationen des frühen 20. Jahrhunderts fußt auch die vermeintlich postkoloniale Kritik der Gegenwart (z. B. Bowdens), in der die Geschichte des Begriffs der Zivilisation als eine imperiale Idee des „Westens" präsentiert wird. Doch während eine solche Deutung einige Aspekte der langen Entwicklung des Zivilisationsbegriffs gewinnbringend zu beschreiben vermag, muss es das Ziel historischer Analyse sein, immer wieder auf die hochkomplexe Geschichte der Begriffe hinzuweisen und allzu einfache teleologische Beschreibungen zu hinterfragen.

---

[46] Vgl. Christopher GoGwilt, The Invention of the West. Joseph Conrad and the Double-Mapping of Europe and Empire, Stanford 1995.

[47] Vgl. z. B. Leonard S. Woolf, Imperialism and Civilization, New York 1928; Brian W. Shaffer, The Blinding Torch. Modern British Fiction and the Discourse of Civilization, Amherst (MA) 1993.

Florian Wagner

Der „Westen" avant und après la lettre

Von der Begriffsabsenz zum Gebrauchskonzept im Deutschen Kolonialdiskurs (1880–1920)

Der deutschen Kolonialbewegung war „der Westen" vor dem Ersten Weltkrieg kein Begriff. In seiner politisch und kulturell aufgeladenen Bedeutung kommt er in den umfangreichen Kolonialpublikationen des ausgehenden neunzehnten Jahrhunderts praktisch nicht vor.[1] Zwischen dem deutschen Kolonialerwerb in den 1880er Jahren und dem Beginn des Ersten Weltkrieges findet sich also weder ein klar umrissenes Konzept des Westens noch ein deutungsoffener Begriff, welcher situativ verschieden gebraucht worden wäre. Allerdings lassen sich analoge Konzepte und Begriffe identifizieren, über welche übernationale Kulturräume im kolonialen Kontext imaginiert wurden. Mittels eines relationalen Ansatzes, der Konzepte ins Verhältnis zueinander setzt und die Methoden von Diskursgeschichte, Historischer Semantik und Konzeptgeschichte verbindet, soll die Funktion dieser Begriffe für die deutsche Kolonialpropaganda vom Kolonialerwerb um 1880 bis zur neokolonialen Bewegung der Zwischenkriegszeit untersucht werden.[2]

In der Kolonialpublizistik des langen neunzehnten Jahrhunderts finden sich „der Westen" und seine Derivate zunächst nur in Komposita, die eine geografische Region bezeichnen, wie zum Beispiel „Westeuropa", der „Westen Europas" oder das „westliche Europa". Es handelte sich also schlicht um einen geographischen Relationsbegriff und somit immer um den Teil eines größeren Ganzen, nicht um ein Ganzes für sich. So konnte der Westen auch aus rhetorischer Sicht immer nur *pars* und nicht *pars pro toto* sein.

---

[1] Grundlage dafür sind einschlägige Artikel in der „Deutschen Kolonialzeitung" zwischen 1884 und 1913, die Einträge im Deutschen Koloniallexikon, hrsg. von Heinrich Schnee, Berlin Leipzig 1920, sowie die koloniale Literatur, die im Laufe dieses Beitrages zitiert wird.
[2] Achim Landwehr, Historische Diskursanalyse, Frankfurt a. M. 2008; Reinhart Koselleck, Begriffsgeschichten. Studien zur Semantik und Pragmatik der politischen und sozialen Geschichte, Frankfurt a. M. 2006; Ernst Müller/Falko Schmieder, Begriffsgeschichte und historische Semantik. Ein kritisches Kompendium, Berlin 2016.

Dieser Beitrag zeigt, wie deutsche Kolonialexperten und koloniale Publizisten den Begriff zunächst rein geographisch verwendeten, ihn dann aber während des Ersten Weltkrieges kulturell deuteten, um den deutschen Standort unter den kolonialen Mächten zu bestimmen.[3] Bis 1914 waren andere übernationale Solidaritätskonzepte, die auf eine kulturelle Homogenitätszuschreibung zielten, der pro-koloniale Argumentation nützlicher. Am häufigsten finden sich die Begriffe „Europa", „europäischer Kulturkreis", „europäische Kulturmächte", „Zivilisation", „Internationalismus" und „weiße Rasse". Die Funktion dieser übernationalen Konzepte im kolonialen Diskurs wie auch deren jeweilige Deutungen werden im Folgenden ergründet.

Erst im Umfeld des Ersten Weltkriegs wandten sich also Kolonialpublizisten dem Topos des „Westens" zu. Erklären lässt sich diese kulturelle Aufladung des geografischen Begriffs vor allem mit dem drohenden „Verlust" der deutschen Kolonien während des Krieges. Gewiss erfolgte diese semantische Verschiebung nicht abrupt, sondern war in eine längere Übergangsphase eingebettet, die sich schon in den ersten Jahren nach der Jahrhundertwende beim so genannten Boxerkrieg und während des russisch-japanischen Krieges angedeutet hatte. Zudem kristallisierten sich über die Zeit hinweg Nuancen heraus, denn während der Begriff zunächst noch einen industrialisierten und fortschrittsorientierten Weltteil beschrieb, der tatsächlich im geografischen Westen verortet war, wurde der „Westen" schließlich abstrahiert und als zivilisatorischer Zustand interpretiert, der nicht mehr strikt ortsgebunden war.[4] Trotzdem war dies nur eine Vorgeschichte. „Der Westen" als Wertekollektiv wurde für die deutsche Kolonialbewegung frühestens im Ersten Weltkrieg zum gängigen Gebrauchsbegriff, da sie ihm erst dann eine gewisse Wirkmächtigkeit in ihrer Argumentation zuschrieb.

In ideologischer Hinsicht präsentierte sich die deutsche Kolonialbewegung jedoch höchst inkonsequent und verhedderte sich oftmals

---

[3] Birthe Kundrus, Moderne Imperialisten. Das Kaiserreich im Spiegel seiner Kolonien, Köln 2003; Sebastian Conrad, Deutsche Kolonialgeschichte, München 2016.
[4] Vgl. Riccardo Bavaj/Martina Steber (Hrsg.), Germany and ‚The West'. The History of a Modern Concept, New York 2015; Brett Bowden, The Empire of Civilization. The Evolution of an Imperial Idea, Ann Arbor (MI) 2009; Boris Barth/Jürgen Osterhammel (Hrsg.), Zivilisierungsmissionen. Imperiale Weltverbesserung seit dem 18. Jahrhundert, Konstanz 2003.

in Widersprüchen. Dies offenbarte sich nirgends deutlicher als in ihren Debatten über den Kolonialismus und seine Ziele, die sich sowohl in der überseeischen Praxis als auch in imperialen Phantasiewelten in Europa manifestierten. Zu unterscheiden sind vor allem zwei Strömungen, die sich voneinander abgrenzten und jeweils sehr unterschiedliche Erwartungen an das koloniale Projekt herantrugen. Auf der einen Seite sah die alldeutsche Richtung im Kolonialerwerb eine Fortsetzung der Nationsbildung und eine Möglichkeit, trotz der Expansion am Ideal des ethnisch einheitlichen Volkes festzuhalten. Ihre Vertreter propagierten einen aggressiven Expansionismus auch gegenüber Europäern und lehnten explizit übernationale Solidaritätskonzepte wie „Zivilisation", „Internationalismus", „Europa" oder auch den „Westen" ab.[5] Seit den 1880er Jahren formierte sich auf der anderen Seite eine bisher kaum beachtete internationalistische Richtung in der deutschen Kolonialbewegung, die integrativ argumentierte und sich der internationalen Solidarität unter den Kolonisierenden verschrieb. Ihre Anhänger waren an internationalen Konferenzen zur Regelung von Kolonialfragen beteiligt und traten dem Internationalen Kolonialinstitut (IKI) bei, das 1893 zur Zusammenarbeit zwischen allen kolonialen Mächten gegründet worden war.[6] Die Mitglieder des IKI kamen aus dem geographischen Westen, nämlich aus den westeuropäischen Staaten, den USA und aus Südamerika. Die Teilnahme Russlands war unter den Teilnehmern umstritten, da es keine überseeischen Kolonien besaß und stattdessen die Binnenkolonisation innerhalb eines Kontinents vorantrieb.[7] Allerdings wurde daraus kein Konzept des „westlichen Kolonialismus" gegen den östlichen Kontinentalkolonialismus abgeleitet. Schließlich waren auch die Amerikas im Prozess der Binnenkolonisation begriffen.

---

[5] Generell dazu: Roger Chickering, We Men Who Feel Most German. A Cultural Study of the Pan-German League 1886–1914, London 1984.
[6] Siehe meinen Beitrag, Private Colonialism and International Co-Operation in Europe, 1870–1914, und den von Ulrike Lindner, New Forms of Knowledge Exchange between Imperial Powers. The Development of the Institut Colonial International (ICI) Since the End of the Nineteenth Century, in: Volker Barth/ Roland Cvetkovski (Hrsg.), Imperial Co-operation and Transfer, 1870–1930. Empires and Encounters, London 2015, S. 36–57 sowie S. 58–79. In Kürze erscheint: Florian Wagner, Colonial Internationalism. How Expert Cooperation Reshaped Colonialism. Cambridge 2018 (in Vorbereitung).
[7] Institut Colonial International (Hrsg.), Compte Rendu 1897, Brüssel 1897, S. 71.

In Deutschland kam es bereits 1887 in der wichtigsten kolonialen Lobbygruppe, dem an die 15.000 Mitglieder zählenden Deutschen Kolonialverein, zu einem Richtungsstreit zwischen aggressiv-expansionistischen Alldeutschen und gemäßigteren Mitgliedern, welche vorrangig ein wirtschaftliches oder wissenschaftliches Interesse an den seit 1884/85 erworbenen Kolonien hegten. 1887 folgte die groß inszenierte Sezession der Alldeutschen, die ihre eigene Interessengruppe gründeten, während sich der Deutsche Kolonialverein unter dem Namen Deutsche Kolonialgesellschaft eine gemäßigtere, vorrangig utilitaristische Ausrichtung gab.[8]

Während die Alldeutschen sich mit der Gründung des Alldeutschen Verbandes 1891 und der Nähe zum Deutschen Flottenverein (1898) dem umfangreichen Projekt eines aggressiven Vorgehens gegen innere und äußere Volksfeinde widmeten und Überseekolonien nur als rein deutsche „Volkskolonien" akzeptierten, konzentrierte sich vor allem die Führungsriege der Kolonialgesellschaft auf die wissenschaftliche und wirtschaftliche Erschließung der Kolonien in Afrika und Asien. Deren Presseorgan, die „Deutsche Kolonialzeitung", begrüßte darum auch die Gründung des IKI, welches sich dem Wissenstransfer zwischen Kolonialexperten verschrieb. Dessen Arbeiten seien eine „erhebliche Bereicherung", und es sei „bewundernswert, wie es bisher gelungen ist, politische Reibungen bei den Debatten zu vermeiden."[9] Die „Deutsche Kolonialzeitung" verstand die koloniale Expansion als ein Projekt der internationalen Gemeinschaft kolonisierender Staaten und lehnte imperiale Konfrontation oder gar einen Krieg zwischen Europäern um Kolonien strikt ab.[10] In den kolonialen Diskursen dieser sich selbst als internationalistisch definierenden Gruppe finden sich Ähnlichkeiten, wenn auch nicht die Wurzeln, eines deutschen Konzepts des „Westens" vor dem Ersten Weltkrieg.

---

[8] Zum Kontext: Geoff Eley, Reshaping the German Right. Radical Nationalism and Political Change After Bismarck, New Haven (CT) 1980, S. 46f.; Edgar Hartwig, Art. Deutsche Kolonialgesellschaft, in: Dieter Fricke (Hrsg.), Lexikon zur Parteiengeschichte 1789–1945, Bd. 1, Leipzig 1983–1986, S. 724–748.
[9] Das Institut Colonial International in London, in: Deutsche Kolonialzeitung, 17.5.1913, S. 327f.
[10] Vor allem im Konflikt um Marokko: Deutschland und Frankreich, in: Deutsche Kolonialzeitung, 21.12.1907; Marokko, in: Deutsche Kolonialzeitung, 15.7.1905, S. 287.

1. Äquivalenz oder Analogie? Zivilisation, Internationalismus und das europäische Ideal

Die deutsche Beteiligung an internationalen „zivilisatorischen" Projekten begann schon in den frühen 1880er Jahren. Obgleich noch ohne eigene Kolonien, spielten Deutsche eine bedeutende Rolle beim Aufbau des vom belgischen König Leopold II. errichteten so genannten Kongostaats, den dieser als internationales, zivilisatorisches Projekt verstanden wissen wollte.[11] Im Umfeld von Leopold sprach man vom *état civilisateur*, vom zivilisierenden Staat, der vom typischen europäischen Nationalstaat dahingehend abweiche, dass er, frei von nationalistischen Hintergedanken, ausschließlich zivilisatorische Ziele verfolge.[12] Tatsächlich war beabsichtigt, das Kongobecken für den internationalen Handel zu erschließen. Der deutsche Geograph Ferdinand von Richthofen, der an den frühen Verhandlungen über die Gründung des Kongostaats in Brüssel teilgenommen hatte, feierte das „Zusammenwirken der civilisirten Nationen" und lobte das „internationale Zusammenwirken für die wissenschaftliche Erforschung und die civilisatorische Eröffnung von Central-Afrika." Zivilisierung" als Prozess bedeutete für ihn vor allem die „Hebung uncivilisirter Völkerstämme" durch die wirtschaftliche Erschließung eines unterentwickelten Gebiets und nicht so sehr die kulturelle Assimilation der Kolonisierten. Dafür war nach Richthofens Meinung die Zusammenarbeit der „zivilisierten" Mächte nötig, von der er ein „organisiertes und systematisches Vorgehen" erwartete, das der „Erzielung practischer Ergebnisse" diene. Dabei sprach er der kolonisierenden Zweckgemeinschaft die Qualität einer „Civilisation" zu, der man „den einzigen Theil der Erde [...], in den sie noch nicht gedrungen sei", eröffnen" müsse.[13] Zwar attestierte Richthofen der „Civi-

---

[11] Alexander Freiherr von Danckelmann, Association internationale du Congo. Mémoire sur les observations météorologiques faites à Vivi et sur la climatologie de la côte sud-ouest d'Afrique en général, Berlin 1884; Alphonse J. Wauters, L'état indépendant du Congo. Historique, géographie physique, éthnographie, situation économique, organisation politique, Brüssel 1899, S. 432.

[12] Baron Édouard Descamps, L'Afrique Nouvelle. Essai sur l'État civilisateur dans les pays neufs et sur la fondation, l'organisation et le gouvernement de l'État indépendant du Congo, Paris 1903.

[13] Ferdinand von Richthofen, Bericht über die unter dem Vorsitz Sr. Majestät des Königs der Belgier vom 12. bis 14. September in Brüssel abgehaltene internationale Conferenz zur Berathung der Mittel für die Erforschung und Erschließung von Central-Afrika, in: Verhandlungen der Gesellschaft für Erdkunde zu Berlin 7/8 (1876), S. 169 ff.

lisation" selbst noch keine Handlungsfähigkeit als Fortschrittsbringer, doch erschien sie bei ihm schon als Kollektivsingular und universalisierende Kraft, die unvermeidlich in das unzivilisierte Vakuum drängte, sobald ihr die Kolonisatoren die Tore zum Kongobecken öffneten. Das Konzept deutet also schon auf „den Westen" als Kollektivsingular hin, der als Entwicklungsmotor der Welt wirkt und von seinen „Trägern" abstrahiert ist.

Richthofen war kein Außenseiter innerhalb der deutschen Kolonialbewegung. Nach seiner Rückkehr aus Brüssel gründete er zusammen mit dem späteren Gründer der Kolonie Kamerun, Gustav Nachtigal, einen Zweigverein der Internationalen Afrika-Vereinigung König Leopolds II., die zur Keimzelle der deutschen Kolonialbewegung in den 1880er Jahren wurde.[14] Solche internationalistischen Überzeugungen teilten prominente Pioniere der deutschen Kolonialpropaganda wie Wilhelm Hübbe-Schleiden. Als deutsche Nationalisten lautstark gegen die deutsche Regierung protestierten, die 1890 ihre Ansprüche auf Sansibar aufgab und ihre dortigen Besitzungen gegen das britisch regierte Helgoland tauschte, rief Hübbe-Schleiden in der „Deutschen Kolonialzeitung" dazu auf, „doch ein wenig seinen kulturellen Gesichtskreis" zu erweitern und „sich über den Kirchturmshorizont scheelsüchtigen Nationalismus'" zu erheben.[15] Die Deutschen sollten an der Seite Großbritanniens bei kolonialen Projekten kooperieren und anstelle von Unterschieden Gemeinsamkeiten in ihrer kolonialen Mission identifizieren. Genau dieses Ziel verfolgte das IKI, dessen französisches Mitglied Albert de Pouvourville in der „Deutschen Kolonialzeitung" kurz nach der Jahrhundertwende eine eigene Kolumne zur deutsch-französischen Freundschaft unterhielt. Während die erste Marokko-Krise 1905/06 beide Länder an den Rand eines Krieges brachte, demonstrierten Kolonialaktivisten auf beiden Seiten Solidarität. Die „Deutsche Kolonialzeitung" veröffentlichte ein Plädoyer Pouvourvilles für eine koloniale Freundschaft zwischen beiden Ländern:

„Wir Kolonialfreunde in Deutschland sowohl als in Frankreich mögen auf den Fahrten, die wir unternehmen haben, auf den fernen Stationen, die wir gemacht haben, in dem tätigen und abenteuerlichen Leben, das wir geführt haben, unter allen Völkern und unter allen Breiten das eine Ideal festhalten, das

---

[14] Art. Association Internationale Africaine, in: Deutsches Koloniallexikon, Bd. 1, Berlin 1920, S. 90.
[15] Wilhelm Hübbe-Schleiden, Deutsche Welt-Hegemonie. Eine Stimme in der Wüste, in: Deutsche Kolonialzeitung, 12.7.1890, S. 182.

sicherlich nicht schöner ist als der nationale Gedanke, aber das ihn ergänzt in nutzbringendster, humanster Weise, nämlich das europäische Ideal."[16]

Pouvourville führte hier die gemeinsame koloniale Erfahrung als verbindendes Element an. Das Nationale war bei ihm nur ein „Gedanke", während er Europa zum hehren „Ideal" erhob. Seine Aussagen von 1907 müssen gewiss vor dem Hintergrund des Marokko-Konflikts als Plädoyer für die Vermeidung eines Krieges gelesen werden. Doch bezeugen sie, dass die Kolonien als transnationaler Erfahrungsraum gedeutet werden konnten, aus dem nationsübergreifende Solidaritätskonzepte abgeleitet wurden – Nationalisten ohne Kolonialerfahrung lehnten diese meist ab.

Sicherlich gab es auch Kolonialagitatoren, die sich dem „europäischen Ideal" nicht anschlossen, doch agierten diese meist in einem anderen Umfeld. Alldeutsche Kolonialenthusiasten, die sich der Siedlungskolonisation in Grenzlandgebieten widmeten, kämpften gegen solche Vorstellungen an. Unter ihnen war Friedrich Nietzsches Schwager Bernhard Förster, der in den 1880er Jahren eine Kolonie mit dem Namen *Nueva Germania* in Paraguay gründete – als völkische Siedlergemeinschaft, die vom Ideal germanischer Reinheit getragen wurde. Schon zuvor hatte Förster den Deutschen Volksverein zu ähnlichen Zwecken aus der Taufe gehoben und ihm eine antisemitische Stoßrichtung gegeben. Als Förster Juden auf offener Straße attackierte, hatte er strafrechtliche Konsequenzen zu befürchten und floh 1886 nach Südamerika, wo er die Gründung der erwähnten Kolonie vorbereitete. Weit vom vorgeblich im Verfall befindlichen Deutschland entfernt, sollte Försters *Nueva Germania* zur Zuchtstätte reinrassigen Deutschtums werden und im Gegensatz zu Deutschland „frei von Juden" und internationalen Einflüssen sein.[17] Zudem unterschied Förster im Gründungsaufruf für *Nueva Germania* strikt zwischen der undeutschen „Zivilisation" und der deutschen „Kultur": „Wer sich an einer idealen Neuschöpfung der hier gekennzeichneten Art mit mir beteiligen will und mit mir der Meinung ist, dass sich so etwa alle Schäden der sogen[annten] Europäischen ‚Civilisation' vermeiden, alle Herrlichkeiten

---

[16] Albert de Pouvourville, Deutschlands Beteiligung am Französischen Kolonialkongreß 1909, in: Deutsche Kolonialzeitung, 17. 8. 1907, S. 329.
[17] In den „Bayreuther Blättern" erklärte Förster seine Kolonie zum „Deutschland der Zukunft"; siehe v. a. Hohenlohe Zentralarchiv, La 140 Bü 238, Koloniale Unternehmungen in Paraguay, 3, Projekt der Gründung einer Kolonie Neu-Germanien.

ächter Cultur festhalten lassen, der geselle sich zu uns zu gemeinschaftlicher ehrlicher Arbeit!"[18]

Die wohlbekannte Unterscheidung zwischen der vermeintlichen Authentizität deutscher Kultur und der künstlichen „Erfindung" europäischer Zivilisation tauchte bei den alldeutschen Kolonialisten immer wieder auf. Die vom Siedlerkolonialismus geprägten alldeutschen Ideale wurden auch von Kolonialtheoretikern in Europa propagiert. Robert Jannasch, der Gründer des pangermanischen Deutschen Schulvereins, und Ernst Hasse, der langjährige Vorsitzende des Alldeutschen Verbandes, wurden zu Vordenkern kolonialer Lebensraum-Ideologien, die explizit antizivilisatorisch ausgerichtet waren.[19] Vor allem Hasse, der auf die Schaffung eines völkischen Staates unter Einbeziehung der Auslandsdeutschen hinarbeitete, propagierte die deutsche Expansion zur Schaffung von Lebensraum. Hannah Arendt sah in Hasse den entscheidenden Ideengeber für die spätere Lebensraumpolitik der Nationalsozialisten.[20]

Die Alldeutschen wurden aber innerhalb der deutschen Koloniallobby immer mehr an den Rand gedrängt. Spätestens in den 1890er Jahren machte sich der Einfluss des IKI bemerkbar. Im Jahre 1893 sandte die Deutsche Kolonialgesellschaft Vertreter an das soeben gegründete IKI in Brüssel. Nachdem die Kolonialabteilung des Auswärtigen Amtes in Berlin sichergestellt hatte, dass das IKI „nur wissenschaftliche Zwecke verfolgte", reisten sechs Delegierte nach Brüssel zur Gründungsversammlung.[21]

---

[18] BArch, R 8023/826, Bernhard Försters Projekt Nueva Germania, fol. 2–3, Denkschrift über die Anlegung Deutscher Kolonien im Oberen la Plata-Gebiet (Paraguay, Gran Chaco, Misiones Argentinas).
[19] Vergl. den Briefwechsel mit Friedrich Ratzel in: Leibniz-Institut für Länderkunde, Nachlass Ernst Hasse, Kiste 437, Sign. 4–7, 21, 23–24; vgl. außerdem: Ernst Hasse, Rezension zu Richard Stegemann, Deutschlands koloniale Politik, in: Deutsche Kolonialzeitung 3 (1884) H.1, S. 66–68. Jannasch war Vorsitzender des Centralvereins für Handelsgeographie in Berlin und Hasse leitete dessen Zweigverein in Leipzig: Centralverein für Handelsgeographie (Hrsg.), Geographische Nachrichten für Welthandel und Volkswirtschaft 1879–1881 (Berlin 1879), S. 422f.
[20] Hannah Arendt, The Origins of Totalitarianism, Cleveland 1958, S. 222–227; Vgl. auch Dörte Lerp, Beyond the Prairie. Adopting, Adapting and Transforming Settlement Policies within the German Empire, in: Journal of Modern European History 14 (2016) H.2, S. 225–244; zur kontroversen Diskussion der Kontinuität vgl. Ulrike Jureit, Das Ordnen von Räumen. Territorium und Lebensraum im 19. und 20. Jahrhundert, Hamburg 2012.
[21] Hohenlohe Archiv, La 140 Bü 246, Brief Janssen an Hohenlohe-Langenburg, 3.3.1894.

Das IKI, das auf Initiative französischer, niederländischer und belgischer Kolonialaktivisten gegründet worden war, sollte die Kooperation zwischen kolonialen Experten aller kolonisierenden Länder in Gang bringen. Die rund 150 Mitglieder des IKI setzten sich aus Kolonialexperten aus zwölf verschiedenen Ländern zusammen, neben den westeuropäischen Staaten waren auch die USA, Südamerika und Russland vertreten. Eingeladen bzw. zugelassen wurden Kolonialexperten aus souveränen Staaten, die im Besitz von Kolonien waren. Die Organisatoren des IKI waren der Ansicht, dass nur diejenigen Staaten Teil der internationalen Gemeinschaft waren, die Kolonien besaßen und deren Handlungsfähigkeit sich aus dem Besitz von Kolonien speiste.

Deutsche Mitglieder spielten bald eine herausragende Rolle in dem Institut. Unter ihnen befanden sich der Vorsitzende der Deutschen Kolonialgesellschaft, Johann Albrecht von Mecklenburg-Schwerin, mehrere Professoren des 1908 ins Leben gerufenen Hamburger Kolonialinstituts und auch der Kolonialreformer und deutsche Kolonialstaatssekretär Bernhard Dernburg. Mit Unterstützung der deutschen Regierung nahmen sie an internationalen Projekten zur Kodifizierung des so genannten Eingeborenenrechts teil oder arbeiteten internationale Regelungen zur Rekrutierung von Arbeitern für die Kolonien aus.[22] Unter Internationalismus verstanden die Mitglieder des Instituts zweierlei: Wissenschaftlichkeit und Konkurrenz. Karl von der Heydt, eines der aktivsten deutschen Mitglieder im IKI, forderte, dass sich alle europäischen Kolonialregierungen zusammentun müssten, „um vom Fortschritt der internationalen Wissenschaft zu profitieren"[23]. Das Institut verstand sich als wissenschaftliche Einrichtung, die durch internationalen Erfahrungsaustausch die Kolonialadministration professionalisierte. „Politische Diskussionen" waren laut Satzung während der jährlich abgehaltenen Sitzungen verboten, um nationalistische Konfrontationen zu vermeiden.[24] Internationalisierung

---

[22] Die beste Darstellung dazu findet sich bei Benoît Daviron, Mobilizing Labour in African Agriculture. The Role of the International Colonial Institute in the Elaboration of a Standard of Colonial Administration, 1895–1930, in: Journal of Global History 5 (2010), S. 479–501.
[23] BArch, R 1001/6186, Brief von Hohenlohe an das Auswärtige Amt, Kolonialabteilung, 1.6.1894.
[24] Artikel 12 der Statuten, in: Institut Colonial International (Hrsg.), Compte Rendu 1909, Brüssel 1909, S. 30.

war somit ein wichtiger Bestandteil einer Verwissenschaftlichung des Kolonialen.[25]

Allerdings sollte die Existenz von Nationen nicht überwunden, sondern lediglich ergänzt werden. So verstand das oben zitierte Institutsmitglied Albert de Pouvourville die Internationale Gemeinschaft als Konkurrenzgemeinschaft, deren friedlicher Wettbewerb den kolonialen Fortschritt vorantrieb. Wirtschaftlicher und wissenschaftlicher Gewinn waren die kleinsten gemeinsamen Nenner, auf die sich alle übernationalen Konzepte der Kolonialpublizistik bezogen. In den Kolonialdiskursen fungierte wirtschaftliche Entwicklung meist als übergeordnetes Ziel, wohingegen Internationalisierung und Zivilisierung nur als Mittel zum Zweck angeführt wurden.[26]

Zugleich diente der Fortschrittsbegriff dazu, europäische Kolonialexpansion zu rechtfertigen. Immerhin, so war zu lesen, brachte die Kolonisierung den überseeischen Völkern jenen „Fortschritt", der schließlich der gesamten Menschheit zu Gute kommen sollte. Besonders deutlich wurde dies bei dem Argument, das Eingreifen der Kolonisatoren sei notwendig, um die Sklaverei abzuschaffen. Die „Bekämpfung des Sklavenhandels ist gemeinsame Pflicht der gesitteten Nationen", schrieb die „Deutsche Kolonialzeitung" anlässlich der internationalen Abolitionistenkonferenz von 1890 in Brüssel.[27] Gleichzeitig sei diese kolonial-humanitäre Aufgabe eine Möglichkeit, Nationalismus und Internationalismus zu versöhnen: „Der alte Rangstreit zwischen Kosmopolitismus und Patriotismus, zwischen der Freude an dem Fortschritt der Menschheit im Ganzen und der Freude an der Entwicklung des Vaterlandes, dieser viele Gemüter tief erfassende Gegensatz löst sich nirgends erfreulicher als da, wo der Staat […] in den Dienst der Menschlichkeit tritt." Hier argumentierte man durchaus schon humanitär, appellierte an die „Menschlichkeit" und feierte die „humanen auf Unterdrückung des Sklavenhandels gerichteten Bestrebungen" der Kolonisatoren.[28] Schon

---

[25] Siehe dazu grundlegend: Lutz Raphael, Die Verwissenschaftlichung des Sozialen als methodische und konzeptionelle Herausforderung für eine Sozialgeschichte des 20. Jahrhunderts, in: Geschichte und Gesellschaft 22 (1996), S. 165–193.

[26] Siehe zum Beispiel: E. von Barfus, Ein englischer Zivilisator auf Borneo, in: Deutsche Kolonialzeitung 1 (1884) H. 20, S. 409–411.

[27] Hermann zu Hohenlohe-Langenburg, Das Vordringen der Sklavenhändler in Zentral-Afrika, in: Deutsche Kolonialzeitung, 30. 5. 1891, S. 72.

[28] Die Brüsseler Anti-Sklaverei Konferenz, in: Deutsche Kolonialzeitung, 10. 1. 1891, S. 1.

1890 wurde das koloniale Projekt als humanitäres Eingreifen der zivilisierten Mächte dargestellt.

Die Antisklavereikongresse des ausgehenden neunzehnten Jahrhunderts gaben Anlass, auch christlich motivierten Kolonialexpansionisten in kolonialen Medien Raum zu geben. In der „Deutschen Kolonialzeitung" forderte ein Beiträger, vor allem „christliche Mächte" müssten eingreifen, um „diese international vereinbarten Bestimmungen" gegen den Sklavenhandel durchzusetzen.[29] Ansonsten standen die Mitglieder der Deutschen Kolonialgesellschaft jedoch dem christlich definierten „Abendland" als Identifikationsangebot eher skeptisch gegenüber. Der Versuch, das koloniale Projekt als wissenschaftliches und rationales Unterfangen darzustellen, stand einem Rückgriff auf historisch-religiöse Argumentationsmuster entgegen.

Selbst im Rahmen von „unwissenschaftlichen" Kolonialkriegen waren Solidaritätsbekundungen unter Kolonialmächten selten. Zwar gab es solche im Falle des Boxerkrieges (1900–1), anlässlich dessen die „Deutsche Kolonialzeitung" auf ein „Einvernehmen mit den übrigen Kulturmächten" beim Vorgehen gegen Aufständische in China hinwies. Sie griff dabei aber nicht wie Teile der europäischen Tagespresse auf den Topos des Westens zurück.[30] Gleichzeitig stellte sie sich im Burenkrieg (1899–1902) in provokanter Weise gegen Großbritannien und führte das Einvernehmen ab absurdum.

Aus dem kolonialen Umfeld stammte indessen eine eher unorthodoxe Initiative, mit wissenschaftlichen Methoden verschiedene „Kulturkreise" abzugrenzen. Diesen Begriff führte 1898 der Ethnologe Leo Frobenius ein, der im frühen 20. Jahrhundert zwölf teilweise vom Kolonialamt finanzierte Forschungsexpeditionen nach Afrika unternahm. Ausgehend von seinen Feldforschungen teilte er den afrikanischen Kontinent in Kulturkreise ein, deren unkonventioneller Zuschnitt allerdings vielfach auf Unverständnis stieß, so dass Frobenius seine Klassifikation schließlich selbst wieder verwarf.[31] Entgegen dem Mythos vom geschichtslosen Afrika wollte Frobenius beweisen, dass afrikanische Kulturen nicht statisch waren, sondern sich historisch durch Migration,

---

[29] Was tun wir Deutsche gegen den Sklavenhandel?, in: Deutsche Kolonialzeitung, 27.06.1891, S.92.
[30] Deutschland und China, in: Deutsche Kolonialzeitung, 28.6.1900, S.282.
[31] Vgl. Renée Sylvain, Leo Frobenius. From „Kulturkreis" to „Kulturmorphologie", in: Anthropos 91 (1996), S.483–494. Sylvains Übersetzung deutscher Begrifflichkeiten ist allerdings zum Teil irreführend.

Austausch und „Symphonie" gebildet hatten. Seiner Ansicht nach durchlebten diese Kulturen einen „organischen" Lebenszyklus von der Jugend über die Blüte hin zum Verfall. Als Beispiel führte er die Yoruba-Kultur an, die in der Antike mit einer etruskischen und hispanischen „Westkultur" in Kontakt gekommen sei und daraufhin eine Denkart der „logischen Herangehensweise" entwickelt habe, die sich vor allem in der Kunst und Architektur der Yoruba manifestiere. „Westkultur" bezog sich geografisch auf den westlichen Teil des Mittelmeers im 13. Jahrhundert v. Chr. und hob sich von einer „östlichen" Mittelmeerkultur ab, mit der vor allem das antike Griechenland bezeichnet wurde. Ein zeitgenössisches Äquivalent zum bronzezeitlichen „westlichen Kulturkreis" kam Frobenius am Anfang des 20. Jahrhunderts aber nicht in den Sinn.[32]

Vor dem Ersten Weltkrieg bestand für die deutschen Kolonialaktivisten offenbar kaum die Notwendigkeit, unter Zuhilfenahme des Begriffs des Westens koloniale Forderungen zu untermauern. Alternative übernationale Raumkonzepte und Handlungskollektive erfüllten diese Funktion, wie etwa „Europa", „die europäische Zivilisation" und „Internationalismus". Angeblich standen diese übernationalen Einheiten für Wissenschaftlichkeit, Humanitarismus und Rationalität. Während des Ersten Weltkriegs allerdings, als den Deutschen „koloniale Rationalität" und „zivilisatorische Fähigkeit" abgesprochen wurden, änderte sich die Lage grundlegend, und der „Westen" fand Eingang in das Begriffsregister der Kolonialpublizistik.

2. Die Geburt des „Westens" aus dem Krieg: Vom geografischen Begriff zum Funktionsbegriff

Vor dem Ersten Weltkrieg verstand sich die deutsche Kolonialbewegung als fester Bestandteil der internationalen Gemeinschaft kolonisierender, zivilisierter Länder. Der Verlust der Kolonien im Ersten Weltkrieg führte deswegen zum heftigen Protest seitens deutscher Kolonialrevisionisten.[33] Diese protestierten aber weniger gegen den Verlust der Kolonien an sich als gegen die Behauptung der Entente-Mächte, Deutschland habe seine koloniale Zivilisierungsmission nicht erfüllt

---

[32] Leo Frobenius, Und Afrika sprach. Auf den Trümmern des klassischen Atlantis, Berlin 1912, S. 364–375.
[33] Einen guten Überblick über den Stand der Forschung bietet Bradley Naranch/ Geoff Eley (Hrsg.), German Colonialism in a Global Age, Durham 2014.

und darum sein Anrecht auf Kolonien verwirkt. Dieses Argument war weit verbreitet. So zirkulierten etwa nach 1918 in Großbritannien und Frankreich reich bebilderte amtliche Broschüren, die die Verbrechen der Deutschen gegen ihre kolonialen Untertanen anprangerten. Sie schlossen an die alliierte Kriegspropaganda an, welche die deutsche Kolonialpolitik – durchaus zu Recht – als brutal und barbarisch charakterisiert hatte.[34]

Um für das Reich Stimmung zu machen, reiste Ex-Kolonialstaatssekretär Bernhard Dernburg schon im Herbst 1914 in die USA und warb für deutsche Positionen. Dabei versuchte er auch, das Bild von den Deutschen als Kolonisatoren zurechtzurücken: „Brutal with our colonies? No! Was it brutality or elevated civilization which led us to send to Africa for the relief of suffering native populations the celebrated Dr. Koch?"[35]. Dernburg, der seine guten Beziehungen zum englischen Colonial Office vor dem Krieg betonte, bezog sich damit auf die deutsch-britische Bekämpfung von Tropenkrankheiten unter Leitung des weltberühmten Berliner Bakteriologen Robert Koch. Dessen Einsatz in Ostafrika stilisierte Dernburg zum Symbol deutscher zivilisatorischer Leistung. Zudem beklagte Dernburg, dass durch die Brandmarkung der deutschen Kolonialpolitik als brutal und barbarisch „das Prestige der weißen Rasse" insgesamt auf dem Spiel stehe.[36] Vor dem Krieg hatte sich der utilitaristisch gesinnte Dernburg kaum solcher rassistischen Untergangsszenarien bedient. Der Appell an die Solidarität der „weißen Rasse" in den damals noch neutralen USA war der verzweifelte Versuch, Deutschlands Geltung als Kolonialmacht zu behaupten, nachdem die Ententemächte bereits wenige Monate nach Kriegsbeginn große Teile des deutschen Kolonialreichs erobert hatten.

Dernburg lag viel am Erhalt der Kolonien; seine Aufgabe war es aber die Unterstützung der Amerikaner im Weltkrieg zu sichern. Um die USA auf die deutsche Seite zu ziehen, appellierte er an die Verbundenheit

---

[34] Jeremy Silvester/Jan-Bart Gewald (Hrsg.), Words Cannot Be Found. German Colonial Rule in Namibia. An Annotated Reprint of the 1918 Blue Book, Leiden 2003.
[35] Bernhard Dernburg, Germany and the War. Not A Defense but an Explanation, hrsg. von The Fatherland. A Weekly Devoted to Fair Play for Germany and Austria-Hungary, New York 1915, S. 6. Zu Dernburgs Propagandatätigkeit in den USA vgl. Silvia Daniel, A Brief Time to Discuss America. Der Ausbruch des Ersten Weltkrieges im Urteil amerikanischer Politiker und Intellektueller, Göttingen 2008, S. 207–212.
[36] Dernburg, Germany and the War, S. 6.

des „fortschrittlichen Westens": „I believe that the end of all this struggle can only be accomplished when the truly progressive nations of the West, led by Germany and England, join hands to render to Europe her peace on an honest and equitable basis". Mit angelsächsischer Hilfe wollte er vor allem den russischen Einfluss zurückdrängen: „The great issue has been and is now whether the Slav is to rule from the Japanese Sea to Berlin and further west, or whether Germany, even fighting with her civilized Western neighbors, is to stand up to maintain European civilization and save it from the Rule of the Knout".[37]

Dernburgs USA-Aufenthalt vom Herbst 1914 bis zum Sommer 1915 ist eines der ersten Beispiele für die Verbindung von kolonial-zivilisatorischen Argumenten mit dem Topos des „Westens". Durch den Rekurs auf den „Westen" hoffte er der amerikanischen Öffentlichkeit zu suggerieren, sie befände sich mit den Deutschen in ein und derselben Wertegemeinschaft. Um diese „imagined community" zu begründen nutzte Dernburg auch seinen Ruf als Vermittler zwischen den Kolonialmächten. Denn schon vor dem Krieg hatte sich Dernburg zum kolonialen Internationalisten erklärt, vor allem während seiner medienwirksamen Studienreisen durch Britisch-Ostafrika 1907 und Britisch-Südafrika 1908, bei denen er eng mit britischen Kolonialverwaltungen zusammenarbeitete.[38] Für seine Weltkriegs-Propaganda in den USA nutzte er seinen Ruf aus der Vorkriegszeit und beschwor die Einheit des „Westens."

Dernburgs „Westen" war in erster Linie gegen den „Osten" gerichtet: gegen Russland, das er als absoluten Gegner aller „westlichen" Mächte verstanden wissen wollte. Dabei konnte er an ein etabliertes Narrativ des östlichen Anderen anknüpfen. Er versuchte so den Begriff des „Westens" im deutschen Sinne umzudeuten, denn auch die Alliierten, die gegen das Deutsche Reich kämpften bezeichneten sich als „westliche" Mächte. Dernburgs Begriffspolitik war also ein Versuch, den Westen für das Deutsche Reich zu reklamieren. Allerdings stand diese taktische Umarmung des „Westens" durch deutsche Kolonialtheoretiker im Ersten Weltkrieg der dominierenden Lesart des Konflikts

[37] Ebenda, S. 18.
[38] Michael Pesek, Praxis und Repräsentation kolonialer Herrschaft. Die Ankunft des Staatssekretärs Dernburg am Hofe Kahigis von Kianja, 1907, in: Susann Baller/Michael Pesek/Ruth Schilling (Hrsg.), Die Ankunft des Anderen. Empfangszeremonien im interkulturellen und intertemporalen Vergleich, Frankfurt a. M. 2008, S. 199–225.

entgegen, die sowohl von der offiziellen Kriegspropaganda als auch der pangermanischen Strömung verbreitet wurde. Hier wurde dick unterstrichen, dass „deutsche Kultur" und „westliche Zivilisation" nichts miteinander gemein hätten.[39]

Trotzdem kann man beide Positionen nicht strikt voneinander trennen, wie im Werk des vielgelesenen Kolonialpublizisten Paul Rohrbach deutlich wird. Bei ihm taucht der „Westen" zunächst mit dem Eindringen „westlicher" Werte in China und Japan auf. So sei seit 1905 das „Fortschrittsprinzip der westlichen Völker, denen der Kampf der Vater aller Dinge ist" nach Asien vorgedrungen. Laut Rohrbach musste sich aber erst noch zeigen, ob die „westlichen Völker, zu denen in diesem Sinne nicht nur die Europäer sondern auch die Amerikaner gehören", dortige Lebensphilosophien wie den fortschrittsfeindlichen Konfuzianismus schwächen könnten. Er forderte, dass beim Eindringen der „westlichen" Wissenschaft die deutsche Kultur eine Führungsrolle übernehmen sollte.[40]

Spätestens 1920 wandte sich er sich vor diesem Hintergrund ausdrücklich gegen die „Kolonialschuldlüge": Deutschland habe in China seine zivilisatorische Aufgabe erfüllt, indem es in der deutschen Kolonie Tsingtau den Chinesen „‚westliche Wissenschaft'" nähergebracht habe – ein „Fortschrittsgarant" für das Reich der Mitte. Wie Dernburg, so betonte Rohrbach den deutschen Beitrag zur kolonialen Zivilisierungsmission. Allerdings setzte er die „westliche Wissenschaft" in Anführungsstriche, womit er Skepsis gegenüber dem Begriff deutlich machte.[41]

Das galt ebenfalls für Heinrich Schnee, den ehemaligen Gouverneur von Deutsch-Ostafrika und Wortführer der Kolonialrevisionisten in der Zwischenkriegszeit. Während des Krieges und nach 1919 warb Schnee weltweit für eine Restitution der deutschen Kolonien.[42] Aus diesem Grund forderte er eine Aufnahme Deutschlands in den Völ-

---

[39] Bavaj/Steber, Germany and ‚The West', S. 17–20.
[40] Bei der genauen Datierung dieser Aussagen besteht noch Forschungsbedarf, da Folgeauflagen seines Werkes fälschlicherweise auf 1912 datiert wurden: Paul Rohrbach, Der deutsche Gedanke in der Welt. [1. bis 30. Tausend], Düsseldorf [1912?], S. 240–243.
[41] Paul Rohrbach, Der deutsche Gedanke in der Welt [76. bis 90. Tausend], Leipzig o. J., S. 45, 215 u. 223.
[42] Vgl. Heinrich Schnee, German Colonization Past and Future. The Truth about the German Colonies, London 1926.

kerbund, was 1926 auch geschah und die Hoffnung am Leben hielt, Deutschland könne dadurch seine Kolonien zurückbekommen. Im Auftrag des Völkerbundes reiste Schnee sogar 1932 durch Asien, um den Mandschurei-Konflikt zwischen Japan und China zu untersuchen. In Japan, das im Ersten Weltkrieg zu einer Kolonialmacht geworden war, beobachtete er das Eindringen des „modernsten westlichen Stils", vor allem von „westlicher Technik" und Wissenschaft. Ebenso wie Rohrbach war aber auch Schnee von der Zählebigkeit japanischer Eigenheiten überzeugt. Auf seiner Asienreise revidierte Schnee sein von Goethe entlehntes Motto: „West und Ost sind nicht mehr zu trennen", und konstatierte, dass der Ferne Osten doch in vielerlei Hinsicht „eine andere Welt als der Westen" sei.[43] Die partielle Westernisierungsresistenz Japans war für Kolonialrevisionisten wie Schnee von besonderem Interesse, da Japan auf Grund des Mandschurei-Konflikts aus dem Völkerbund auszutreten drohte. Durch ein Ausscheiden aus dem „westlichen" Völkerbund, so Schnee, würde Japan als Mandatmacht für die ehemaligen deutschen Kolonien in Mikronesien ausfallen. Wie andere Kolonialrevisionisten hoffte er daher – letztlich vergeblich –, dass Deutschland Japan als Mandatmacht würde ersetzen können.

3. Fazit

Da die Prioritäten der deutschen Kolonialbewegung vor 1914 auf der Zivilisierungsmission und der internationalen Verwissenschaftlichung des Kolonialen lagen, prägten die Konzepte der Zivilisierung und des kolonialen Internationalismus übernationale Solidaritätsentwürfe im Kolonialdiskurs des frühen 20. Jahrhunderts. Vor dem Hintergrund der internationalen Kolonialkonferenzen und der Mitgliedschaft im Internationalen Kolonialinstitut verstanden sich viele deutschen Kolonialexperten als Teil einer internationalen Gemeinschaft der zivilisierenden und kolonisierenden Länder, wenn auch alldeutsche Kulturkampfszenarien und unorthodoxe Kulturkreistheorien diese Solidaritätskonzepte verwässerten. Erst seit dem Ersten Weltkrieg verwendeten Kolonialpropagandisten den Begriff des „Westens", um ihre Forderung nach einer Rückgabe deutscher Kolonien argumentativ zu stützen. Kolonialrevisionisten wie Dernburg und Schnee, die vor dem Krieg dem deutschen Kolonialinternationalismus zugeneigt hatten, versuchten

---

[43] Ders., Völker und Mächte im Fernen Osten, Berlin 1933, S. 8, 19, 256 ff.

nach 1914 ihre globalen Freundschaftsbeziehungen zur Wiedergewinnung der deutschen Kolonien zu nutzen. Selbst Rohrbachs Werke waren ins Englische übersetzt und international rezipiert worden, da er darin auch England immer als Vorbild feierte.[44]

Als die Ententemächte gleich zu Beginn des Krieges die deutschen Gewaltexzesse propagandistisch nutzten und der deutschen Kolonialadministration einen Bruch mit dem kolonialen Internationalismus und den Prinzipien der Zivilisierungsmission vorwarf, griffen deutsche Kolonialrevisionisten in ihrer Argumentation auf das Konzept des „Westens" zurück. Sie nutzten dabei die allgemeine Kriegsrhetorik und versuchten damit, Deutschland als Teil einer „westlichen" Gemeinschaft kolonialer Werte zu profilieren – erleichtert durch gemeinsame Traditionen des Denkens in Ost-West-Dichotomien. Darum verwundert es auch nicht, dass die westliche Solidarität bei Dernburg, Rohrbach und Schnee vor allem in Bezug auf Asien und die dortigen Kolonien beschworen wurde. Trotz des steigenden Einflusses alldeutscher Revisionisten nach 1919 blieb der „Westen" im Vokabular und in den Argumentationsstrategien kolonialistischer Kreise präsent. Sie versuchten dabei, den Begriff in ihrem Interesse zu nützen und zu prägen.

---

[44] Dirk van Laak, Imperiale Infrastruktur. Deutsche Planungen für eine Erschließung Afrikas 1880 bis 1960, Paderborn 2004, S. 187.

Peter Hoeres
Der „Westen" im Ersten Weltkrieg

Die ideologische Verortung mit Hilfe von Raummetaphern scheint eine Konstante des politischen Denkens zu sein. Zur vertikalen (oben und unten) und horizontalen (links-rechts) kam im 19. Jahrhundert die politisch aufgeladene geographische West-Ost-Differenzierung hinzu, die im Ersten Weltkrieg zur Debatte stand.[1] Die ideengeschichtliche Erforschung dieses Phänomens ist dabei nicht vor Missverständnissen gefeit, wenn sie etwa eine Dichotomie von Deutschland und dem Westen reifiziert, die letztlich nur Werner Sombarts „Händler und Helden"-Antagonismus mit umgekehrten normativen Vorzeichen reproduziert. Sicherlich war der Antikapitalismus ein wichtiges Moment der Abgrenzung Deutschlands vom angelsächsischen Westen. Aber auch im Weltkrieg wurde die Gegenüberstellung von Kultur und Zivilisation, beziehungsweise – in dieser Terminologie viel seltener – Deutschland und dem Westen, selbst von den vordersten Kulturkämpfern nicht als absoluter Gegensatz konzipiert. Sogar der Münstersche Nationalökonom Johann Plenge, der Erfinder der „Ideen von 1914", stellte an seine, notabene, deutschen Kritiker gerichtet klar, dass das Verhältnis der „Ideen von 1789" und der „Ideen von 1914" nicht konträr oder gar kontradiktorisch sei. Vielmehr sei es ein „dialektischer Gegensatz im zweiten Gliede, der also das Verneinte fortbildet und als Moment in sich erhält".[2]

Wer aus historiographischer Sicht einen eindeutigen Ideengegensatz festschreibt, verkennt auch, wie stark die intellektuellen Landschaften von Transfers und Importen gekennzeichnet waren. So bildete der Deutsche Idealismus eine transnationale Verbindungsklammer. Denker in den USA, vor allem aber in Großbritannien und in den *Dominions* hatten sich diese Denkbewegung eigenständig angeeignet und bestimmten wesentlich die philosophische Landschaft mit Hochburgen wie dem Balliol College in Oxford.[3] Im Folgen-

---

[1] Vgl. Jean Laponce, Left and Right. The Topography of Political Perceptions, Toronto 1981; João Cardoso Rosas/Ana Rita Ferreira (Hrsg.), Left and Right. The Great Dichotomy Revisited, Cambridge 2013.
[2] Johann Plenge, 1789 und 1914. Die symbolischen Jahre in der Geschichte des politischen Geistes, Berlin 1916, S. 41; in Reaktion auf einen Leitartikel der „Frankfurter Zeitung" vom 24.12.1915, abgedruckt in: Plenge, 1789 und 1914, S. 171–175.
[3] Besonders stark war der Idealismus außer in Großbritannien und den USA in Australien und Neuseeland, Kanada, Südafrika, Indien und Ostasien vertreten,

den soll die Komplexität der Politisierung und Temporalisierung des „Westens"[4] während des Ersten Weltkriegs anhand einiger prominenter Stimmen von engagierten, das heißt über ihr Fachgebiet hinaus sich artikulierenden Intellektuellen, exemplarisch verdeutlich werden.

1. Der „Westen" in deutscher Perspektive

Ausgangspunkte des Kulturkrieges seit 1914 waren die britischen und französischen intellektuellen Kriegserklärungen, die unmittelbar nach Kriegsbeginn, noch *vor* Bekanntwerden der angeblichen und tatsächlichen deutschen „atrocities" in Belgien, abgegeben wurden.[5] So eröffnete am 8. August 1914 ausgerechnet der mit der deutschen Geisteswelt verbundene Henri Bergson in seiner Eigenschaft als Präsident der *Académie des Sciences Morales et Politiques* gleichsam offiziell die geistige Kriegführung gegen Deutschland, indem er das alte Stereotyp der Barbaren hervorholte, gegen die nun die Zivilisation stünde: „La lutte engagée contre l'Allemagne est la lutte même de la civilisation contre la barbarie."[6] Man muss das betonen, um die deutschen Konzepte adäquat als Abwehrreaktionen erfassen zu können.[7] Diese fielen

---

siehe die Artikel von Mark Weblin, Leslie Armour und William Sweet, in: William Sweet (Hrsg.), Biographical Encyclopedia of British Idealism, London 2010, S. 8–42. Zur sich daraus ergebenden Gemengelage vgl. Peter Hoeres, Krieg der Philosophen. Die deutsche und die britische Philosophie im Ersten Weltkrieg, Paderborn 2004.
[4] Vgl. dazu Riccardo Bavaj, ‚The West'. A Conceptual Exploration, in: European History Online (EGO), 21.11.2011, http://www.ieg-ego.eu/bavajr-2011-en [25.10.2017]; ders./Martina Steber, Introduction, in: dies. (Hrsg.), Germany and ‚The West'. The History of a Modern Concept, New York 2015, S. 1–37.
[5] Zu den komplexen Ereignissen während des Einmarsches in Belgien vgl. jetzt Ulrich Keller, Schuldfragen. Belgischer Untergrundkrieg und deutsche Vergeltung im August 1914, Paderborn 2017. Eine umfassende Kritik an der viel zitierten Studie von John Horne/Alan Kramer, Deutsche Kriegsgreuel 1914. Die umstrittene Wahrheit, Hamburg 2004, übt Gunter Spraul, Der Franktireurkrieg 1914. Untersuchungen zum Verfall einer Wissenschaft und zum Umgang mit nationalen Mythen, Berlin 2016.
[6] Zitiert nach: Jürgen von Ungern-Sternberg/Wolfgang von Ungern-Sternberg (Hrsg.), Der Aufruf „An die Kulturwelt!". Das Manifest der 93 und die Anfänge der Kriegspropaganda im Ersten Weltkrieg. Mit einer Dokumentation, Stuttgart 1996, S. 55.
[7] Dazu schon Jürgen von Ungern-Sternberg, Wie gibt man dem Sinnlosen einen Sinn? Zum Gebrauch der Begriffe „deutsche Kultur" und „Militarismus" im Herbst 1914, in: Wolfgang J. Mommsen (Hrsg.), Kultur und Krieg. Die Rolle der Intellektuellen, Künstler und Schriftsteller im Ersten Weltkrieg, München 1996, S. 77–96.

freilich reichlich aggressiv aus, etwa der Aufruf „An die Kulturwelt!" oder die „Erklärung der Hochschullehrer des Deutschen Reiches". Daraufhin stilisierten britische Gelehrte Deutschland zum Feind Europas: „Wir bedauern tief, daß unter dem verderblichen Einfluß eines Militärsystems und seiner gesetzwidrigen Eroberungsträume, die, welche wir einst verehrten, jetzt entlarvt dastehen als der gemeinsame Feind Europas und aller Völker, welche das internationale Recht achten."[8]

Über die Kurzform der Manifeste hinaus bemühten sich zahlreiche Intellektuelle, das Verhältnis Deutschlands zum Westen zu bestimmen. Einer der Wortführer der deutschen Kriegsphilosophie war der Phänomenologe, Soziologe und Anthropologe Max Scheler. Trotz privater Verwicklungen, die ihn immer wieder beruflich ins Schlingern brachten, war Scheler als Schüler des Literaturnobelpreisträgers Rudolf Eucken und Mitherausgeber von Edmund Husserls „Jahrbuch für Philosophie und phänomenologische Forschung" ein aufgehender Stern der phänomenologischen Schule. Während seiner katholischen Phase wurde er zudem im katholischen intellektuellen Milieu breit rezipiert, was ihm 1919 den von Konrad Adenauer betriebenen Ruf an die Universität Köln einbrachte. Das Auswärtige Amt schickte Scheler 1917/18 zu Vorträgen in die Schweiz, nach Österreich und Holland.

Scheler zählte Deutschland, selbst in seiner noch von der Augustbegeisterung geprägten Schrift „Der Genius des Krieges", zum Herzland der von ihm so genannten „westeuropäischen Kontinentalmächte". Scheler sprach auch von „Westmächten", „Westeuropa", „westeuropäischem Kulturodem", „westlichem Christentum" oder schlicht vom „Westen". Damit meinte er Italien, Frankreich, Deutschland, nicht aber die USA oder England, das in seiner Inselstellung eigene Interessen verfolge, unfähig zur Verteidigung der europäischen Kultur sei und sich nach einem Sieg Russlands den neuen östlichen Herren andienen würde. Der „Westen", das war für Scheler „Hellas und Rom, ja Antike und Mittelalter, Renaissance, Reformation und Neuzeit". Er erkannte den Westen in allen

„inneren nationalen und volklichen Sonderformen dieser europäischen Kulturbildungen, wie die Weltanschauungen von Gregor VII. bis Voltaire, von Thomas bis Kant, wie alle differenten gegenwärtigen politischen und sozialen Kräfte und Ideale von Bebel bis zu Herrn von Hertling und Herrn von Heydebrand".

[8] Antwort an die deutschen Professoren, in: The Times, 21.10.1914. Zitiert nach: Hermann Kellermann (Hrsg.), Der Krieg der Geister, Dresden 1915, S. 40.

Den Gegenpart dazu erblickte er in

„jenem tiefen Zusammenhang, den griechische Orthodoxie, Zäsaropapismus, Byzantinismus, religiöser Quietismus, Knute und Schnaps, Peitsche und Zuckerbrot, der brutale Sadismus einer rohen, niedrig gestirnten Herrscherkaste und weibischer Masochismus einer knutenlüsternen, unorganischen Masse, den weibischer Gefühlsüberschwang und Vernunftverachtung miteinander bilden".[9]

Das dekadente Frankreich sei nun in seiner Allianz mit Russland ein Verräter des „Westens", Verräter an der Aufgabe, die „ostwestliche Bewegung" aufzuhalten. Hier zeigen sich die Spatialisierung der politischen Sprache und die Temporalisierung der Kategorien von Ost und West ganz deutlich. Gelinge dieses Vorhaben nicht, so Scheler weiter, werde der „Osten" Westeuropa beherrschen und die Führerschaft des „Westens" auf die USA übergehen. Frankreich musste also gleichsam zu sich selbst besiegt und befreit werden. Man erkennt hier unschwer eine Spiegelung der alliierten Stilisierung des Krieges als Befreiung des besseren Deutschlands von der preußisch-militaristischen Herrscherkaste. Der Krieg wurde in dieser Perspektive nicht nur für die Selbstbehauptung des Zweibundes geführt, sondern für das ganze westliche Europa, für den Westen.

Scheler arbeitete in seiner umfangreichen Kriegspublizistik durchaus markante Unterschiede innerhalb des so konzipierten „Westens" heraus, die aber gegenüber der westlich-christlichen Kultureinheit, dem von ihm so genannten „Europäismus",[10] dem er das Wertprimat vor der Nation zuerkannte, nachgeordnet erschienen. Die Freiheit fand Scheler im quantitativen Umfang auf Deutschland, England und Frankreich gleich verteilt, jedoch mit einer anderen Ausrichtung.[11] Die „deutsche Demokratie" war Scheler zufolge auf den Besitz gerichtet, dabei aber von der Höherwertigkeit geistiger Kulturgüter überzeugt. Die deutsche organische Staatsauffassung – die Scheler unter Berufung auf die paulinische Kirchenlehre normativ vorzog – umschloss die politische Sphäre der Organisation. Unterordnung, Bürokratie und die staatsfreie Sphäre der Individualität, ergaben zusammen das organische Ganze. Nach diesem Schema seien auch alle deutschen Verbände

---

[9] Zitate aus: Max Scheler, Gesammelte Werke, Bd. 4: Politisch-Pädagogische Schriften, hrsg. von Manfred S. Frings, Bern 1982, S. 131. Das folgende Zitat ebenda, S. 131 f.
[10] Vgl. ebenda, S. 600 ff.
[11] Vgl. ders., Gesammelte Werke, Bd. 6: Schriften zur Soziologie und Weltanschauungslehre, hrsg. von Maria Scheler, Bern ²1963, S. 158–186.

geordnet. Scheler sah den Deutschen als Staatsbürger dem Staate unterworfen; darin bestehe indes nicht das Zentrum seines gesamten Daseins. Reformen des Staatswesens müssten dem deutschen Ethos Rechnung tragen. Sie könnten sich daher nur technisch am westlich-demokratischen Modell orientieren. Daher befürwortete Scheler zwar die Erweiterung der Parlamentsrechte, doch diese sollte nur die Führungsauswahl verbessern, aber nicht das westliche Verfassungsmodell kopieren. Denn einen Vereinheitlichungsprozess der unterschiedlichen Staatsauffassungen und Staatsformen erkannte Scheler nicht. Die Demokratien würden auch „fürderhin ihre Nationalfarbe bewahren. Und die ‚einheitliche Demokratie Europas' oder gar der Welt wird ein Hirngespinst bleiben".[12]

1917 beurteilte Scheler die „politische Unreife, ja Unbegabtheit des deutschen Volkes" und die damit zusammenhängende „einseitige Lokalisierung" der deutschen Freiheitsidee im Inneren deutlich kritischer. Er hielt jedoch daran fest, dass man einen „bisher in keiner Weise dazu vorgebildeten Volksgeist" nicht „durch plötzliche Aufstülpung des westlichen Parlamentarismus" politisch erziehen könne. Dies könne nur durch die „unterstaatlichen Selbstverwaltungskörper hindurch"[13] und Berufskörperschaften geschehen, die sich in den Staat einordneten. Scheler unterschied also durchaus eine westliche Idee des Parlamentarismus von der deutschen Verfassungstradition. Das waren aber für ihn nachgeordnete Unterschiede im Vergleich zur geistigen Einheit Europas.

Scheler stand mit seiner Eingemeindung Deutschlands in einem westlichen Kampf gegen den Osten keineswegs allein. Ähnlich sah der Berliner Neukantianer Alois Riehl, Mitinitiator des Aufrufs „An die Kulturwelt!", den Kriegssinn in der deutschen Bestimmung, „die westeuropäische Gesittung und Geistesbildung gegen halbasiatische Unkultur zu verteidigen, zum Besten unserer Gegner selbst".[14] Riehl eröffnete zwei Fronten: zum einen identifizierte er Deutschland mit der westeuropäischen Kultur gegen die „östliche Barbarei", zum anderen führt er die deutsche, auf geistige Werte gerichtete Kultur gegen die westliche Zivilisation der Äußerlichkeit ins Feld.[15]

---

[12] Ebenda, S. 186.
[13] Ders., Gesammelte Werke, Bd. 4, S. 564.
[14] Alois Riehl, Die geistige Kultur und der Krieg, in: Internationale Monatsschrift für Wissenschaft, Kunst und Technik 9 (1914/15), S. 1305–1324, hier S. 1308.
[15] Riehl spricht explizit von „englischer Zivilisation".

Als Differenzierungsmerkmal dieser deutschen Kultur bemühte der auch im Ausland rezipierte liberale Theologe Ernst Troeltsch, welcher nach seinem Ruf auf den Lehrstuhl Schleichermachers in Berlin vielfältige politische Aktivitäten im Sinne der Liberalen entfaltete, das Konzept der deutschen Freiheit, erklärte und relativierte dieses aber historisch. Er leitete daraus die Forderung nach einer partiell nachholenden innenpolitischen Modernisierung ab. Daneben betonte er die individuelle Seite der deutschen Freiheit. Die moderne Freiheit sei in Deutschland „durch ständisch-patriarchalische Überlieferungen und, was noch empfindlicher ist, durch die Überlieferungen des bürokratischen Polizeistaates, durch amtliches Mißtrauen gegen die Gefahren unzulässiger politischer Gesinnung, bald mehr bald weniger getrübt." Und weiter monierte Troeltsch die Beeinträchtigung der modernen Freiheit durch ein Demokratiedefizit. So gelangte Troeltsch zu dem Urteil, Deutschland sei „gegenüber den westlichen Völkern das altertümlichere, noch weniger durchgebildete und ausgeglichene Staatswesen".[16] Indem Troeltsch hier einen von ihm so genannten „Sonderzug"[17] Deutschlands ausmachte und damit auf eine Ungleichzeitigkeit von industrieller und politischer Entwicklung zielte, antizipierte er die modernen Sonderwegtheorien. Troeltsch wollte diese „Zurückgebliebenheit unserer politischen Entwicklung und Erziehung hinter der des Westens" aufholen. Doch die deutsche Spielart der Freiheit hat bei Troeltsch noch eine andere Dimension. Die deutsche Freiheit sei die „freie, bewußte, pflichtmäßige Hingabe an das durch Geschichte, Staat und Nation schon bestehende Ganze". Sie bestehe „mehr in Pflichten als in Rechten oder doch in Rechten, die zugleich Pflichten sind". Diese Auffassung erklärte Troeltsch aus der Staatenwelt des 17. Jahrhunderts heraus. Sie sei „auf katholischer und lutherischer Grundlage eine Welt des landesväterlichen Kameral- und Polizeistaates, des treuen und ergebenen Untertanengehorsams, der in ihr Gottes Ordnung verehrte oder ertrug", gewesen. Erst eine „Welle des westlichen Geistes" habe den aufgeklärten Absolutismus hervorgebracht. Die Bevölkerung habe daraufhin ihre Freiheit als „frei gehorchende und sich hingeben-

---

[16] Zitate aus: Ernst Troeltsch, Die deutsche Idee von der Freiheit, in: Neue Rundschau 27 (1916), Bd. 1, S. 50–75, hier S. 56.

[17] Zitiert nach: Bernd Sösemann, Das „erneuerte Deutschland". Ernst Troeltschs politisches Engagement im Ersten Weltkrieg, in: Horst Renz/Friedrich Wilhelm Graf (Hrsg.), Protestantismus und Neuzeit, Gütersloh 1984, S. 120–144, hier S. 133.

de Bürger" entwickelt, eine Grundlage, die Troeltsch zufolge nicht nur die spezifisch deutsche Organisationskraft hervorbrachte, sondern sie auch westlichen Liberalismus und Demokratie in der ihr eigenen Form rezipieren ließ.

Deutsche Freiheit bedeutete bei Troeltsch aber nicht nur die Beziehung des Individuums auf den Staat, sondern auch persönliche Freiheit. Diese habe

„sowohl die französischen Menschenrechte als das englische Ideal der Unabhängigkeit aufgenommen, aber sie hat auch das in einem ihr eigentümlichen Zusammenhang eingestellt, der von der eigentümlichen deutschen Entwicklung her bestimmt ist".

Beeinflussung von außen und eigene historische Bedingungen ergaben bei der persönlichen Freiheit so eine Synthese, die in der bekannten Innerlichkeit wie in einer „Erziehung zur Bildung und Freiheit des Geistes" liege. Troeltsch brachte seine Überlegungen zur deutschen Freiheit auf die Formel „Staatssozialismus und Bildungsindividualismus". Diese Doppelrichtung der deutschen Freiheit sah Troeltsch vor allem im deutschen Unterrichtswesen, vom Humboldtschen Ideal bis hinunter zur Volksschule, verwirklicht. Diese Errungenschaft gelte es gegen den Kapitalismus wie auch einen „ideenlosen ‚Patriotismus'"[18] zu bewahren. Troeltsch erkannte im Krieg die Chance, die deutsche Freiheit zu läutern, zu erneuern und vor dem Abgleiten in die Subalternität zu bewahren. Später nahm die hier unfertig erscheinende deutsche Freiheit die Gestalt eines offenen Zukunftsprojektes an.

In expliziter und impliziter Aufnahme Schelers prononcierte schließlich Thomas Mann die Opposition gegen den „Westen" am stärksten. Freilich war der Krieg bei Erscheinen seines Großessays bereits vorüber, Teile davon hatte er bereits zuvor publiziert, jetzt gelang es ihm nicht mehr, die Auslieferung zu stoppen und so verlegte S. Fischer die „Betrachtungen eines Unpolitischen" bis 1929 in einer Auflage von 24.000 Exemplaren.

Mit Nietzsche und vor allem Dostojewski reihte Thomas Mann den deutschen Krieg ein in eine Reihe „des uralten deutschen Kampfes gegen den Geist des Westens, sowie des Kampfes der römischen Welt gegen das eigensinnige Deutschland", damit in die Traditionslinie von Hermannsschlacht und der „Kämpfe gegen den römischen Papst, Wittenberg, 1813, 1870". Die Politik, die Demokratie, der Internationalis-

---

[18] Alle Zitate aus: Troeltsch, Freiheit, S. 55, 65, 66, 68 u. 70.

mus, die Literatur, kurz: die Zivilisation drohe nun Deutschland mit einer „geistig-politische[n] Invasion des Westens" zu besetzen – von den „Zivilisationsliteraten" willkommen geheißen.

Aber wiederum: Auch und selbst die „Betrachtungen" riefen nicht nur Luther, sondern zur Korrektur Dostojewskis auch Goethe in Rom auf, und der Literat trug nicht nur den Bruderzwist gegen Heinrich, sondern auch gegen sich selbst aus, gleichsam gegen seinen inneren Westen: Denn „Literatur [...] ist Demokratie, ist ‚Westen'".[19] Diese Anstrengung bedeutete letztendlich Klärung und diese führte 1922 zum Bekenntnis zur Republik.

2. Der „Westen" gegen Deutschland

Im „Westen" selbst war einer der Wortführer der intellektuellen Abgrenzung gegenüber Deutschland der Soziologe L. T. Hobhouse. Als erster Professor für Soziologie in Großbritannien war er nicht nur an der Institutionalisierung dieses Faches beteiligt, als *New Liberal* wirkte er über das akademische Feld hinaus entscheidend daran mit, den Liberalismus im Hinblick auf eine Ausweitung der Staatsintervention zu reformulieren. Ursprünglich ein Kriegsgegner, war er nach dem deutschen Einmarsch in Belgien zu einem Befürworter des Krieges gegen die Mittelmächte geworden und kritisierte die „Germanizers" in Großbritannien. Die deutsche Sonderentwicklung erklärte er wie Troeltsch historisch, aber deutlich negativer konnotiert:

„Germany, therefore, has built up a culture of her own, self-centred, based on a notion of the State, its claims upon the individual and its rights against the rest of the world, which Western civilisation repudiated. The whole meaning of the democratic movement lay in this repudiation. The whole movement of the reaction as we see it expressed as early as Hegel is to reasserstion of the old ideal. The State is master of the man, and it knows no laws of God or humanity to bind it in its dealings with others."

Der Beitrag zu Freiheit, Demokratie und Humanität sei von allen westeuropäischen Nationen geleistet worden, von Deutschland jedoch nur bis zu Hegel. Bezeichnend ist, dass Hobhouse auf Russland nur knapp verwies, und dann vor allem auf die fortschrittlichen Tendenzen dort. Die Entwicklung der Zivilisation wurde in dieser Perspektive allein durch Deutschland unterbrochen. So konnte Hobhouse den Krieg als

---

[19] Alle Zitate aus: Thomas Mann, Betrachtungen eines Unpolitischen, hrsg. von Hermann Kurzke, Frankfurt a. M. 2009, S. 52, 58, 35f. u. 635.

„contest for the fundamentals of the modern civilised order" deuten und damit die Feindschaft absolut setzen. Denn während er als Pazifist zu Beginn des Krieges diesem skeptisch gegenüberstand, war er 1915 von einer Auseinandersetzung zwischen deutscher Kultur und westlicher Zivilisation überzeugt, wie er in Adaption deutscher Dichotomien bekannte. Deutsche Kultur wurde dabei jedoch von Hobhouse synonym mit Gewalt, Zivilisation synonym mit Freiheit gebraucht.

Wie sah aber seine Perspektive für ein friedliches Europa beziehungsweise eine friedliche Weltordnung aus? Zunächst wollte Hobhouse die Kriegsallianz zu einer dauerhaften Friedensallianz fortschreiben, die das gemeinsame religiöse, politische und kulturelle Erbe Europas in einer Föderation bewahren und damit der zunehmenden Internationalisierung wie auch der Bewahrung des Friedens Rechnung tragen sollte. Der Kern einer künftigen Föderation oder gar eines Weltstaates sollte also die gegenwärtige Allianz sein. Diese kämpfe für ihre eigenen Interessen, zugleich jedoch füreinander und ihren gemeinsamen demokratischen und humanistischen „Spirit of the West". Hobhouse erkannte, hierin Hegel verwandt, sehr klar, dass jede Allianz notwendig einen Feind besitzen müsse. Es ist nicht verwunderlich, dass Hobhouse Deutschland, das seit Hegel kaum mehr am „westlichen Geist" teilhabe, diese Rolle des Feindes zuwies. Daher schloss Hobhouse es auch von der künftigen Föderation aus:

„There would be no obstacle to the immediate inclusion of every neutral State in Europe, and in America, provided that each newcomer should frankly accept the conditions of membership. This would at once transform it from an ordinary alliance into something approaching a world-federation. But it might still wear the guise of a confederation arrayed in great strength with a front against Germany. At the outset I confess I cannot see how this can be avoided."[20]

Für Deutschland stellte Hobhouse nur eine äußerst vage Perspektive in Aussicht, die das Ideal seiner Weltordnung einfordere. Letztlich hänge es dann vom deutschen Volk selbst ab, welchen Weg es gehe. Alles, was die Alliierten tun könnten, sei die Diskreditierung des Militarismus und der Versuch, den Großteil des deutschen Volkes für „belief in international faith and good will"[21] zu gewinnen. Für die nächste Zeit war Hobhouse aber äußerst skeptisch, was eine Zusammenarbeit mit

---

[20] Alle Zitate aus: Leonard Trelawny Hobhouse, The World in Conflict, London 1915, S. 101, 102 u. 94.
[21] Leonard Trelawny Hobhouse, The Social Effects of the War, in: Atlantic Monthly 115 (1915), S. 544–550, hier S. 548.

Deutschland betraf. Die liberale Bewegung in Deutschland sei 1848 gestorben und die Sozialdemokraten seien machtlos. So zog Hobhouse das drastische Resümee: „Thus when we ask questions as to the soul of modern civilisation we are not to take Germany into account." Folgerichtig sei dieser Kampf für die Zivilisation auch keine Bedrohung für diese selbst: „By degrees Germany is uniting the world against her, but it is a world of far more democratic states."[22] Die Absolutsetzung der Feindschaft und die Stilisierung des Krieges zu einem universalen Entscheidungskampf war die einzige Möglichkeit für Hobhouse, auf Einwände gegen den Krieg zu reagieren, wie sie von Bertrand Russell, aber auch ihm selbst als (ehemaligen) Pazifisten immer wieder gemacht wurden.

In den USA stellte John Dewey, der ebenfalls als „public intellectual" ein breites Publikum adressierte, dem deutschen Geist, der auf „supreme regard for the inner meaning of things" beruhe, „externality of the Latin spirit or the utilitarianism of Anglo-Saxondom"[23] gegenüber. Der Philosoph, der selbst einst ein Anhänger des Deutschen Idealismus gewesen war und nun die pragmatische Wende gegen die idealistische Erkenntnistheorie formulierte, postulierte eine Sonderstellung der deutschen Philosophie und Politik, die sich darin zeige, dass eine öffentliche Meinung wie in Frankreich, Großbritannien oder den USA in Deutschland kaum vorhanden sei. Ansätze dazu zeigten sich ausschließlich an den Universitäten, wie er in Unkenntnis der deutschen Pressevielfalt und der zahlreichen Presseskandale ausführte. Einen konsistenten Begriff des Westens entwickelte Dewey für seine Unterscheidungen freilich nicht. Andere intellektuelle Kriegsbeobachter wie Bertrand Russell stritten die Sinnhaftigkeit von ideellen Unterscheidungen der Kriegsparteien ganz ab. Für ihn ging es in diesem Krieg nicht um Ideale oder um rationale Zwecke: „This war is trivial, for all its vastness. No great principle is at stake, no great human purpose is involved on either side."[24] Die Stilisierung des Krieges als Auseinandersetzung zwischen Kultur (in deutscher Optik) und Demokratie (nach alliierter Sichtweise) hielt Russell für eine nachträgliche Rationalisierung von entfesselten Leidenschaften.

---

[22] Zitate aus: Leonard Trelawny Hobhouse, World in Conflict, S. 101 u. 103f.
[23] John Dewey, German Philosophy and Politics, New York 1915, S. 31.
[24] The Collected Papers of Bertrand Russell, Bd. 13: Prophecy and Dissent, 1914–16, hrsg. von Richard A. Rempel, London 1988, S. 177.

3. Befund und Ausblick

Im Ersten Weltkrieg wurden auf beiden Seiten verschiedene Bezeichnungen für das politisch-ideelle Konzept vom Westen verwandt, darunter zahlreiche Wortverbindungen und Komposita, aber auch Alternativbezeichnungen wie Zivilisation, europäische Kultur oder Okzident. Eine scharfe Entgegensetzung zwischen Deutschland und dem Westen wurde mitunter in den angelsächsischen Ländern vorgenommen, in Deutschland stieß diese, wenn sie einmal wie bei Sombart konstruiert wurde, auf Kritik. Bei Scheler war Deutschland gar das Herzland des „Westens", vielfach war von Aufhebung der Gegensätze, Wiedereintritt oder wie bei Troeltsch sogar von einem Nachholbedarf Deutschlands gegenüber dem „Westen" die Rede, ohne dass er einer völligen Angleichung das Wort redete. Dies zielte vor allem auf die politische Dimension, Beide, Troeltsch und Scheler, verorteten Deutschland kulturell und religiös eher im Westen. Thomas Mann sah dagegen vor allem den Gegensatz zwischen dem musikalischen Deutschland und dem literarischen Westen. Angelsächsische Intellektuelle wie Hobhouse stilisierten ihren Kampf des „Westens" dagegen zum Kampf für die Menschheit schlechthin, steigerten den „Westen" damit zu einem absoluten Wert und grenzten Deutschland aus dem „Westen" aus.[25]

Angesichts der neueren vergleichenden Forschungen zum Kaiserreich und zum Ersten Weltkrieg ist der Gegensatz Deutschlands zum „Westen" als eine wissenschaftliche Charakterisierung einer fundamentalen Differenz zwischen dem Deutschen Reich und anderen europäischen Staaten kaum mehr zu halten, weder für die Vorkriegs- noch für die Kriegszeit, weder für die politische Kultur noch für die verhandelten Ordnungsmodelle und Ideenpfade.[26] Anstelle einer whigistischen Triumphgeschichte des „Westens", die nicht nur blind gegenüber der Schadensbilanz der westlichen Modernisierung ist, sondern auch ein allzu grobes Raster über die Geschichte legt, sollte man daher

---

[25] Vgl. dazu mit weiteren Beispielen Hoeres, Krieg der Philosophen, S. 156–179 u. 486–490.
[26] Vgl. synthetisierend Frank-Lothar Kroll, Geburt der Moderne. Politik, Gesellschaft und Kultur vor dem Ersten Weltkrieg, Berlin 2013. Winklers Erneuerung der Sonderwegthese kam angesichts der ausdifferenzierten vergleichenden Forschung zu den Modernisierungsprozessen im „Westen", welche zumeist auf eine Relativierung eines deutschen Sonderwegs oder auf die Identifizierung anderer nationaler Spezifika hinausliefen, doch überraschend, vgl. Heinrich August Winkler, Der lange Weg nach Westen, 2 Bde., München 2000.

das Konzept und den Begriff des „Westens" und seine Verwendung auch in der Geschichtswissenschaft konsequent historisieren.

Forschungsstrategisch stellt sich dabei die Frage, ob man semasiologisch den Bedeutungswandel des Begriffes „Westen" untersuchen will. Scheler und Thomas Mann verwendeten den Terminus „Westen" relativ häufig, bei vielen Publizisten tauchen aber ganz andere Bezeichnungen für ähnlich Gemeintes auf. Daher wäre ein onomasiologischer Ansatz hinzuzuziehen, der unterschiedliche Begriffsbezeichnungen betrachtet und deren Bedeutungskonvergenz und -differenz herausarbeitet.[27] Dies macht die Sache mit dem „Westen" freilich nicht einfacher.

---

[27] Für eine Kombination beider Verfahren hatte schon Reinhart Koselleck in seinem Programm für die Geschichtlichen Grundbegriffe plädiert, vgl. ders., Richtlinien für das „Lexikon Politisch-sozialer Begriffe der Neuzeit", in: Archiv für Begriffsgeschichte 11 (1967), S. 81–99.

Benjamin Beuerle
Westorientierung als Konsens
Zur Bedeutung des „Westens" in der russischen Reformpolitik zwischen erster Revolution und Erstem Weltkrieg (1905–1914/17)

1. Zur Einführung: These und Struktur

Der „Westen" hat in Russlands Politik und Geistesleben über Jahrhunderte eine wichtige Rolle gespielt.[1] Jenen, die ihn als nachahmenswert ansahen, stand im 19. Jahrhundert eine Strömung entgegen, die einem distinkten russischen Entwicklungsweg das Wort redete und in der russischen Politik bis zum Vorabend der ersten russischen Revolution erheblichen Einfluss ausübte.[2] Dieser Beitrag wird zeigen, dass die Vertreter dieser Denkrichtung in den legislativen Reformdebatten und der Reformpolitik zwischen dem Ausbruch der Revolution von 1905 und dem Ersten Weltkrieg völlig marginalisiert wurden. In der russischen Politik jener Jahre bildete sich ein bemerkenswerter parteiübergreifender Konsens über die Notwendigkeit russischer Westorientierung heraus, der die Debatten und ihre Ergebnisse in erheblicher Weise beeinflusste.

Einführend soll die zentrale Relevanz zweier nachfolgend behandelter Reformfelder im Kontext jener Zeit erläutert und ein kurzer Überblick über das politische System gegeben werden, welches mit der Revolution von 1905 entstand. Danach wird die Bedeutung des „Westens" beispielhaft anhand der vorgenannten zentralen Handlungsfelder analysiert: zuerst in den Debatten der Russischen Staatsduma über eine Reform der Bauern- und Agrargesetzgebung (1906–1908), danach im Verlauf eines konkreten Gesetzgebungsprozesses, nämlich der Einführung einer Arbeiterkranken- und Unfallversicherung (1905–1912). Zum Schluss wird ein knapper Ausblick auf die Zeit zwischen Februar- und Oktoberrevolution gegeben.

---

[1] Dieser Beitrag basiert auf Benjamin Beuerle, Russlands Westen. Westorientierung und Reformgesetzgebung im ausgehenden Zarenreich, 1905–1917, Wiesbaden 2016.
[2] Vgl. Nicholas V. Riasanovsky, Russia and the West in the Teaching of the Slavophiles. A Study of Romantic Ideology, Cambridge (MA) 1952; Laura Engelstein, Slavophile Empire. Imperial Russia's Illiberal Path, Ithaca (NY) 2009; Beuerle, Russlands Westen, S. 2 f., 54 f. u. 119.

2. Politisches System und zentrale Reformthemen

Mit der Revolution von 1905 entstand in Russland ein neues politisches System. Nach Monaten revolutionärer Unruhen und Streiks ließ sich Zar Nikolaj II. im Oktober 1905 von seinen Beratern um Graf Sergej Witte zu einem Manifest mit weitreichenden Zugeständnissen an die Opposition überreden.[3] Zu seinen Versprechen gehörte eine gewählte Volksvertretung – die Duma – unter Einbeziehung aller Bevölkerungskreise, ohne deren Zustimmung kein Gesetz mehr Gültigkeit erlangen sollte. Unwillentlich besiegelte der Zar damit das Ende der Autokratie.[4] Dennoch blieben seine Vollmachten auch im neuen politischen System groß: Der Zar ernannte eigenmächtig die Regierung, besaß im Gesetzgebungsprozess ein bedingungsloses Vetorecht, konnte bei gleichzeitiger Verkündung von Neuwahlen die Duma auflösen und in deren Sitzungspausen vorläufige Gesetze erlassen.[5] Der 1810 gegründete Staatsrat wurde zu einer ersten Kammer umgebildet, die als konservatives Gegengewicht zur Duma konzipiert war; die Hälfte ihrer Mitglieder wurde vom Zaren ernannt.[6] Der Zar machte von seinen Möglichkeiten auch reichlich Gebrauch: Er löste die beiden ersten, mehrheitlich oppositionell eingestellten Dumen auf und oktroyierte zusammen mit der Regierung im Herbst 1907 unter klarem Bruch der Grundgesetze ein neues Wahlgesetz, das die Stimmanteile des landbesitzenden Adels deutlich zulasten der Bauern erhöhte.[7] Doch trotz alledem entwickelte sich die Duma zu einem politisch gewichtigen und eigenständigen Faktor im Gesetzgebungsprozess.[8]

Unter den zahlreichen Reformthemen, die ab 1906 in den neuen Legislativinstitutionen und der Regierung diskutiert wurden, kam

---

[3] Vgl. Abraham Ascher, The Revolution of 1905, Bd. 1: Russia in Disarray, Stanford (CA) 1988, S. 92–228.

[4] Vgl. ebenda, S. 228 f.; Geoffrey Hosking, The Russian Constitutional Experiment. Government and Duma, 1907–1914, Cambridge 1973, S. 8 ff.

[5] Vgl. Art. 8 f., 17, 86 f., 96, 105 und 107 der Grundgesetze mit Erläuterungen bei Anton Palme, Die russische Verfassung, Berlin 1910, S. 97–100, 107 f., 156–166, 176 f., 180 f. u. 189 ff.

[6] Vgl. Art. 86, 100, 106 der Grundgesetze mit Erläuterungen, in: ebenda, S. 156, 169–172 u. 176; vgl. Alexandra Korros, A Reluctant Parliament. Stolypin, Nationalism, and the Politics of the Russian Imperial State Council, 1906–1911, Lanham (MD) 2002, S. 21–36.

[7] Vgl. Abraham Ascher, The Revolution of 1905, Bd. 2: Authority Restored, Stanford (CA) 1992, S. 353–357.

[8] Vgl. Beuerle, Russlands Westen, S. 32 f., 44, 277 f. u. 284 f.

der Arbeiter- und der Bauerngesetzgebung eine besondere Relevanz zu. Massive Arbeiterstreiks und Bauernunruhen hatten einen entscheidenden Anteil daran gehabt, das zarische Regime im Lauf der Revolution von 1905 an den Rand des Zusammenbruchs zu bringen.[9] Sie offenbarten eine weitverbreitete tiefe Unzufriedenheit, die keinen Gesetzgeber unberührt lassen konnte. Sollte sich an der Lage der Fabrik- und der Landbevölkerung nichts ändern, drohte eine neue Revolution – mit unabsehbaren Folgen. Die Bauern- und die Arbeiterfrage nahmen daher auf der Agenda fast aller politischen Kräfte – ob sie eine neue Revolution verhindern wollten oder sie gerade herbeiwünschten – eine zentrale Rolle ein.[10]

3. Sinngehalt und Bedeutung des „Westens" als Argument

Wer sich die Agrardebatten in den ersten drei Dumen (ab Frühjahr 1906) im Hinblick auf die Bedeutung des „Westens" ansieht, erkennt Bemerkenswertes: Vertreter aller politischen Parteien und Gruppierungen verwiesen in ihren Redebeiträgen auf den „Westen", der in den Debatten als wesentlicher Bezugspunkt erschien. Dabei wurden in der Regel die Begriffe „Westen", „Westeuropa" und „Europa" als Synonyme verwendet – eine Einheit, die freilich die USA ebenso umfasste wie Neuseeland.[11] Einigkeit bestand darüber, dass sich Russland und der „Westen" auf einem gemeinsamen Entwicklungsweg befänden, der „Westen" aber einen erheblichen Vorsprung habe und man sich daher bei den Reformen an ihm orientieren solle.[12] Die noch am Vorabend der Revolution in der russischen Politik sehr präsente slawophile Idee eines eigenen, alternativen Entwicklungsweges für Russland spielte dagegen in den Legislativdebatten kaum mehr eine Rolle. Diese Idee basierte wesentlich auf der Prämisse, dass in Russland die bäuerliche Landgemeinde mit ihrem Kollektivbesitz an Land viele Probleme ver-

---

[9] Vgl. ebenda, S. 23–25; Ascher, Revolution, Bd. 1, S. 76, 82–95, 136–151, 161–167 U: 211–224.
[10] Vgl. Peter Scheibert (Hrsg.), Die russischen politischen Parteien von 1905 bis 1917. Ein Dokumentationsband, Darmstadt 1972, S. 45–48, 50–55 u. 60–75; Beuerle, Russlands Westen, S. 47–50.
[11] Vgl. Beuerle, Russlands Westen, S. 82f.; Gosudarstvennaja Duma, Sozyv I, Stenografičeskie otčety [Staatsduma. Stenografische Berichte], St. Petersburg 1906, S. 568, 576f. u. 604f.; Gosudarstvennaja Duma, Sozyv II, Stenografičeskie otčety, Bd. 1, St. Petersburg 1907, Sp. 1123f., 1134, 1293, 1348 u. 1769.
[12] Vgl. Gos. Duma, II, Sten. otčety, Bd. 1, Sp. 698–707, 717, 1085f., 1293f. u. 1298.

hindere, die im „Westen" mit der Industrialisierung aufgetreten waren, und es im Zarenreich daher auch keine Arbeiterfrage gebe. Mit der Revolution von 1905, die von massiven Arbeiterstreiks und Bauernunruhen geprägt war, wirkte diese Annahme weithin obsolet.[13]

„Ich musste auch lesen und hören, dass Russland auf irgendwelchen besonderen historischen Wegen geht und dass die fortschrittlichen Strömungen Westeuropas für uns kein Gebot sind", so kennzeichnete etwa der (linksliberale) Kadett[14] Aleksandr Savel'ev in der zweiten Duma den antiwestlerischen Grundgedanken, um ihn dann eindeutig zu verwerfen: Es reiche aus, „auf den Gang der Geschichte zu blicken [...], um anzuerkennen, dass all das nicht wahr ist, dass sich bei uns im Wesentlichen dasselbe vollzieht, was auch in den anderen Ländern gewesen ist."[15] In gleicher Weise betonte der gemäßigt-rechte Abgeordnete Graf Vladimir Bobrinskij die Parallelität zwischen der bestehenden Lage der russischen Bauern und jener der „Bauern in Westeuropa" rund ein Jahrhundert zuvor. Er schlussfolgerte, Russland müsse der westeuropäischen Entwicklung folgen, denn es sei „schon lange Zeit, das Trugbild irgendeiner Eigenartigkeit des russischen Volkes aufzugeben."[16] Damit war die dominierende Position in den Legislativdebatten jener Zeit benannt. Wenn vereinzelt überhaupt noch jemand am „Trugbild" festhielt, stellte er sich damit ins politische Abseits.[17]

Die Referenz- und Vorbildrolle des „Westens" war also in den Debatten weithin unstrittig. Er stand als Chiffre für Fortschritt und Kultiviertheit.[18] Wenn es um konkrete politische Maßnahmen ging, ließ er sich jedoch nur in Form einzelner Staaten fassen. In den Agrardebatten etwa bezogen sich die Redner häufig auf Deutschland, Dänemark, Frankreich und England, bisweilen aber auch auf Norwegen, Schweden, Holland, Belgien, Nordamerika und Neuseeland.[19] Gerade weil die Vorbildrolle des „Westens" unumstritten war, gab es umso heftigere

---

[13] Vgl. Beuerle, Russlands Westen, S. 54f., 137f., 140.
[14] Die Partei der Kadetten (Konstitutionell-Demokratische Partei) vereinigte ab 1905 die radikaleren Vertreter der liberalen Oppositionsbewegung und stellte in den ersten beiden Dumen die stärkste Fraktion.
[15] Gos. Duma, II, Sten. otčety, Bd. 1, Sp. 1085f.
[16] Ebenda, Sp. 1293f. u. 1298.
[17] So ging es dem Armenier Ivan Sagateljan in der zweiten und dritten Duma: vgl. Beuerle, Russlands Westen, S. 60–69.
[18] Vgl. ebenda, S. 82f.
[19] Z. B. Gos. Duma, I, Sten. otčety, Sp. 526f., 604, 612, 828 u. 851; Gos. Duma, II, Sten. otčety, Bd. 1, Sp. 708, 1328, 1348f. u. 1523.

Auseinandersetzungen darüber, welches Land bei einer gegebenen Reformfrage als repräsentativ für den „Westen" heranzuziehen sei und vor allem welche praktischen Schlüsse daraus für die russische Politik zu ziehen seien. Veranschaulichen lässt sich das etwa an den Wortgefechten in den ersten beiden Dumen über das dänische beziehungsweise das englische Agrarmodell. In beiden Fällen ging es um die kontroversen Themen der Landenteignungen und des Umgangs mit den bäuerlichen Landgemeinden, in denen das Kollektiveigentum an Land vorherrschte. Die Agrarprojekte der linksliberalen Kadetten und der agrarsozialistischen Trudoviki, die in den ersten beiden Dumen zusammen die Mehrheit der Abgeordneten stellten, sahen jeweils die Enteignung erheblicher Teile des Grundbesitzerlandes zugunsten von Kleinbauern vor. Die rechtsliberalen Oktobristen[20] unterstützten dagegen mehrheitlich das Agrarprogramm der Regierung. Dieses zielte auf eine graduale Auflösung der Bauerngemeinden, nicht zuletzt da sie dem Privateigentum an Land entgegenstanden.[21] Beide Seiten beriefen sich auf den „Westen".

So führte im Frühjahr 1907 der oktobristische Abgeordnete Fürst Dmitrij Svjatopolk-Mirskij die englische Agrargeschichte als repräsentativen Teil einer „westlichen" Entwicklung weg von der Landgemeinde an, der auch Russland folgen müsse. Er erklärte, die Landgemeinde mit kollektivem Landbesitz habe es früher „in allen Ländern Westeuropas" gegeben, „und der Unterschied zwischen uns und dem Westen ist nur der, dass zu einem Zeitpunkt, da im Westen die Gemeinde bereits durch den fortschrittlichen, individuellen Besitz ersetzt worden ist, sich bei uns in unveränderter Form die archaischste ursprüngliche Gemeinde erhalten hat". Als Beispiel nannte Svjatopolk-Mirskij „England". Wenngleich der Übergang fast allen Bauernlandes in die Hände der Grundbesitzer („Lords") dort mit fragwürdigen Methoden erfolgt sei, habe sich der englische Farmer „den Ruf des besten Landwirts der Welt verdient", und der ökonomische Wohlstand des Landes habe „ungekannte Höhen erreicht". Das war für ihn der Beweis, dass die

---

[20] Die Partei der Oktobristen („Bund des 17. Oktober") vereinigte gemäßigte bis konservative Vertreter der vormaligen liberalen Oppositionsbewegung und stellte in der Dritten Duma (1907–1912) die größte Fraktion. Ihr Name bezog sich auf das Oktobermanifest, mit dem der Zar 1905 eine gewählte Volksvertretung und eine Reihe von Grundfreiheiten versprochen hatte.
[21] Vgl. Stepan M. Sidel'nikov (Hrsg.), Agrarnaja reforma Stolypina, Moskau 1973, S. 70 ff., 77 ff. u. 99–105; Andreas Moritsch, Landwirtschaft und Agrarpolitik in Rußland vor der Revolution, Wien 1986, S. 47, 55, 67 f. u. 100.

Grundbesitzer als entscheidende Kulturträger auch in Russland nicht durch Enteignungen geschwächt werden durften und vielmehr die Auflösung der Bauerngemeinde auf die Tagesordnung gehörte.[22] Es ist bezeichnend für den erwähnten Westkonsens jener Zeit, dass der Kadett Andrej Šingarev, ein Opponent Svjatopolk-Mirskijs, zwar dessen Version der „westlichen" Geschichte und England als passendes historisches Modell anzweifelte, mitnichten jedoch die Übertragbarkeit „westlicher" Erfahrungen auf Russland oder die Vorbildfunktion des „Westens". Zur Begründung seiner Forderung, den Bauern zulasten der Grundbesitzer mehr Land zu geben, betonte er, die englischen Bauern seien nach ihrer faktischen Enteignung durch die Grundbesitzer „zu Hunderttausenden weggegangen und nach Amerika, Kanada, Australien, Neuseeland und Kapstadt übergesiedelt", wo sie sich „wirklich den Ruhm der besten Landwirte der Welt verdient haben", während „die englischen Lords [...] ihre Äcker in vernachlässigte Grundstücke verkommen ließen und begonnen haben, auf ihnen nach Rebhühnern zu jagen."[23] Der beiderseits betriebene argumentative Aufwand deutet an, wie wichtig es im russischen Debattenkontext der Zeit war, die „westliche" Erfahrung für sich beanspruchen zu können.

So umstritten die historische Entwicklung der englischen Agrarwirtschaft und ihre Eignung als Repräsentantin des wahren – fortschrittlichen – „Westens" in der zweiten Duma war, so einmütig hatten die Abgeordneten der ersten Duma im Vorjahr Dänemark als vorbildliches Agrarland angesehen. Was aber den Kern der dänischen Agrarordnung ausmachte und worin ihr Erfolgsrezept bestand, war strittig. Die einen führten den dänischen Erfolg darauf zurück, dass sich das Land in den Händen der Bauern befinde; die anderen unterstrichen dagegen, dass in Dänemark der Privatbesitz an Land vorherrsche.[24] Beides schloss sich bei genauerem Hinsehen keineswegs aus. Für den russischen Fall hatten diese unterschiedlichen Akzentuierungen schwerwiegende politische Implikationen. Wer Dänemark als Privatbesitzerland erachtete, sah dies als Argument gegen die kollektivistische Landgemeinde. Jene, die als entscheidend ansahen, dass sich in Dänemark das Land im Besitz der Bauern befand, strebten dagegen

---

[22] Gos. Duma, II, Sten. otčety, Bd. 1, Sp. 700–704 u. 706f.
[23] Ebenda, Sp. 1348f.
[24] Gos. Duma, I, Sten. otčety, Sp. 466f., 479, 604f., 628, 883f. u. 982; vgl. Beuerle, Russlands Westen, S. 91–95.

eine maximale Vergrößerung des Bauernlandes an, auch mittels der Enteignung von Gutsbesitzerland. Die unterschiedliche Sichtweise auf das dänische Mustermodell und die entgegenstehenden Politikansätze in Russland bedingten sich gegenseitig.

Die weithin akzeptierte Prämisse „westlicher" Fortschrittlichkeit machte den „Westen" zu einem vielfach eingesetzten Argument, das in verschiedenen Formen zum Einsatz kam: Um eine befürwortete Maßnahme argumentativ abzustützen, reichte es vielfach schon aus, darauf zu verweisen, dass sie „auch im Westen" bereits mit Erfolg in die Praxis umgesetzt worden sei, und zwar meist in einem konkreten, für den Fall beispielhaften Land. Eine stärkere Variante dieser Argumentationsform bestand darin zu versichern, die eigenen Vorschläge folgten der „überall" (im Westen) verbreiteten Praxis, beziehungsweise darin, die Pläne der politischen Gegner mit dem Argument zu diskreditieren, so werde „nirgendwo" im Westen verfahren.[25] Wie im Falle Englands gesehen, konnte der „Westen" zudem auch als Negativmodell herangezogen werden, indem schlechte Erfahrungen eines „westlichen" Landes mit einer bestimmten Maßnahme akzentuiert wurden – ohne jedoch die Vorbildhaftigkeit des „Westens" insgesamt infrage zu stellen.[26]

Zudem gab es zwei Argumentationsformen, die besonders häufig von jenen eingesetzt wurden, die im „westlichen" Ausland kein Anwendungsbeispiel für die von ihnen befürworteten Reformschritte fanden: Jene der historischen Tendenz, bei der eine in westlichen Staaten verortete Entwicklung in die Zukunft projiziert und auf dieser Basis vorausgesagt wurde, dass die befürwortete Maßnahme in absehbarer Zeit im Westen Anwendung finden werde; und jene der westlichen Kronzeugen, wobei auf eine Gruppe der „Besten im Westen" oder auf einzelne herausragende westliche Persönlichkeiten verwiesen wurde, die die fragliche Maßnahme befürworteten.[27] Beide Argumentationsformen kamen etwa in der Debatte über eine vollständige Abschaffung der Todesstrafe zum Einsatz, die im Frühjahr 1906 in Duma und Staatsrat geführt wurde. Die Gegner der Todesstrafe verwiesen auf prominente westliche Gesinnungsgenossen und die statistische Abnahme

---

[25] Vgl. ebenda, S. 101–106; Gos. Duma, I, Sten. otčety, Sp. 193, 322 u. 334f.; Gos. Duma, II, Sten. otčety, Bd. 1, Sp. 705 u. 1936.
[26] Gos. Duma, II, Sten. otčety, Bd. 1, Sp. 1348f.; vgl. Beuerle, Russlands Westen, S. 106–108.
[27] Vgl. ebenda, S. 108–113 u. 116f.

von Fällen der Todesstrafe in westlichen Staaten – die eine vollständige Abschaffung auch dort nur zu einer Frage der Zeit mache.[28]

4. Zur Relevanz des „Westens" für die russische Reformgesetzgebung zwischen erster Revolution und Erstem Weltkrieg

Ein Blick auf die Debatten um die Einführung einer Kranken- und Unfallversicherung für Arbeiter mag verdeutlichen, welche Rolle die Westorientierung im Verlaufe eines solchen Gesetzgebungsverfahrens spielen und wie sie sich politisch auswirken konnte. Es handelte sich um die erste große Reform, die im Rahmen des 1906 entstandenen neuen politischen Systems regulär verabschiedet wurde.[29] Nachdem Finanzminister Vladimir Kokovcov das Reformprojekt kurz nach dem Ausbruch der Revolution von 1905 als unmittelbare Reaktion auf die massiven Arbeiterproteste initiiert hatte, durchlief es mehrere Regierungskommissionen, die beteiligten Ressorts und den Ministerrat, die zuständige Dumakommission (und damit auch die beteiligten Dumafraktionen), das Dumaplenum und schließlich den Staatsrat. In den Besprechungen all dieser Gremien spielten Verweise auf das „westliche" Ausland eine zentrale Rolle. So heterogen und facettenreich der „Westen" in den Agrardebatten erschien, so eindeutig dominierte in den Debatten über die Arbeiterversicherung das deutsche Sozialstaatsmodell.[30]

Dabei wurde dieses Modell eindeutig als besonders fortschrittlicher Teil einer „westlichen" Entwicklung angesehen. Beispielhaft führte der Vorsitzende der zuständigen Dumakommission und Oktobrist Baron Evgenij Tizengauzen 1911 im Plenum aus, die Regierung sei offenbar entschlossen, „Maßnahmen einzuführen, welche auf den Schutz der Arbeit und die Sicherung der Arbeitenden in einem Ausmaß ausgerichtet sind, der in den Staaten des Westens allgemein zugelassen ist und im Besonderen in Deutschland, welches, wie Ihnen bekannt ist, die Wiege der staatlichen Arbeiterversicherung ist."[31] Der Minister für

---

[28] Vgl. ebenda, S. 278f., 281f. u. 284; Gos. Duma, I, Sten. otčety, Sp. 435ff. u. 1470.
[29] Vgl. Beuerle, Russlands Westen, S. 264f.
[30] Vgl. ebenda, Kapitel III; Valerij Stepanov, Die Sozialgesetzgebung Otto von Bismarcks und die russischen Arbeiterversicherungsgesetze, in: Dietrich Beyrau (Hrsg.), Reformen in Russland des 19. und 20. Jahrhunderts. Westliche Modelle und russische Erfahrungen, Frankfurt a. M. 1996, S. 109–138.
[31] Gosudarstvennaja Duma, Sozyv III, Sessija 4, Stenografičeskie otčety, Bd. 3, St. Petersburg 1911, Sp. 2301.

Handel und Industrie Sergej Timašev erklärte seinerseits bei der Debatte im Staatsrat im Frühjahr 1912, die „Beispiele der westlichen Staaten" zeigten, dass eine Überlastung der Industrie durch die geplante Arbeiterversicherung nicht zu befürchten sei. In Deutschland gebe es schließlich auch „die Versicherung – vor Unfällen und vor Krankheiten und vor Invalidität. Sie [die Deutschen] gehen sogar weiter als das, indem sie neue Gesetze zur Absicherung der Arbeiter herausgeben. Und die deutsche Industrie entwickelt sich mächtiger, sie fürchtet das nicht; warum sollten wir uns dann fürchten?"[32]

Folgerichtig ähnelten die 1908 vom Ministerium für Handel und Industrie unter Ivan Šipov in die Duma eingebrachten Gesetzentwürfe den deutschen Sozialversicherungsgesetzen in wesentlichen Punkten. Bereits bei den vorangehenden regierungsinternen Auseinandersetzungen war der Vergleich zwischen den deutschen und den russischen Erfahrungen der jüngsten Vergangenheit das entscheidende Argument gegen Bedenken gewesen, die besonders das Innenministerium zunächst noch vorbrachte. Der bis zur Revolution von 1905 von konservativen Akteuren in der russischen Bürokratie regelmäßig vorgebrachte Einwand, dass es in Russland, anders als „im Westen", gar keine Arbeiterfrage gebe und eine Arbeitergesetzgebung eine solche erst heraufbeschwören könne, war seit dem Ausbruch der Revolution nicht mehr zu hören. Das Ministerkomitee unter Leitung Wittes bezeichnete diese Annahme gar schon Ende Januar 1905 ausdrücklich als hinfällig.[33] Die Revolution hatte solchermaßen die Annahme eines russisches Alternativpfades delegitimiert. So wurde der neue Konsens über die alternativlose Westorientierung bei allen sonstigen Streitigkeiten in sämtlichen Beratungsgremien, welche die Versicherungsprojekte in den Folgejahren durchliefen, kaum je infrage gestellt.

Größte Bedenken rief im Innenministerium 1908 jedoch die in den Projekten vorgesehene dezentrale Organisation in Form von Betriebskrankenkassen hervor. Sie sollten zwar durch Arbeitgeber- und Arbeiterbeiträge finanziert werden, doch war gewählten Arbeitervertretern eine deutliche Mehrheit in ihren Lenkungsorganen zugedacht, die über

---

[32] Gosudarstvennyj Sovet, Sessija 7, Stenografičeskie otčety. 1911–1912, St. Petersburg 1912, Sp. 3477f.
[33] Protokoll der Sitzungen des Ministerkomitees vom 28. und 31. Januar 1905, in: Boris A. Romanov (Hrsg.), Rabočij vopros v komissii V. N. Kokovcova v 1905 g., Moskau 1926, S. 18–34, hier S. 21; Beuerle, Russlands Westen, S. 54f., 137f. u. 140.

erhebliche Entscheidungsspielräume verfügen sollten. Die Beamten des Innenministeriums kritisierten, dieses Prinzip der Selbstorganisation gehe noch weiter als in Deutschland, obwohl die russischen Fabrikarbeiter „keine solch geschlossene und im Allgemeinen ausreichend kultivierte Klasse" darstellten, „welche die Arbeiter in Westeuropa sind." Das Innenressort befürchtete insbesondere, dass die Krankenkassen zu schwer kontrollierbaren Instrumenten in den Händen der revolutionären Bewegung werden könnten.[34]

Gegen diese Einwände setzten die Vertreter des Handelsministeriums die deutsche Erfahrung: Dort wie auch in anderen Ländern habe die Einführung der Sozialversicherung nicht etwa zu einer Stärkung, sondern vielmehr zu einer „spürbaren Mäßigung" der sozialistischen Arbeiterbewegung geführt. Gleiches sei auch in Russland zu erwarten und werde durch die vorgesehene Verantwortung der Arbeiter in den Krankenkassen befördert.[35] Trotz einer Reihe von Änderungen, die das Handelsministerium in der interministeriellen Auseinandersetzung an seinen Entwürfen noch hinnehmen musste, blieb es auf der Basis dieser Argumentation und des deutschen Vorbilds letztlich beim System dezentraler Betriebskrankenkassen mit von Arbeitervertretern dominierten Leitungsorganen und erheblichen Entscheidungsspielräumen.[36]

Die heftigsten Auseinandersetzungen über die Arbeiterversicherungsgesetze entzündeten sich jedoch, keinesfalls zufällig, an jenem Punkt, bei dem die Gesetzentwürfe am deutlichsten vom deutschen Modell abwichen, nämlich an der Finanzierung und Organisation der ärztlichen und medizinischen Hilfe. In Deutschland war dies Sache der Krankenkassen; dem Gesetzesentwurf des russischen Handelsministeriums zufolge sollte dagegen die Verantwortung bei den Arbeitgebern liegen.[37] Von Anfang an liefen Unternehmervertreter Sturm gegen diese

---

[34] Referat der Innenministeriumsvertreter (verschickt mit dem Schreiben vom 10.6.1908) in: Rossijskij Gosudarstvennyj Istoričeskij Archiv, F. 1276, op. 4, d. 125, ll. 258ff.; Sovet Ministrov, Osobyj Žurnal 17 i 19 Ijunja i 26 Sentjabrja 1908 g., in: Bella D. Gal'perina/Valentin V. Šelochaev (Hrsg.), Osobye Žurnaly Soveta Ministrov Carskoj Rossii. 1908 g., Moskau 1988, S. 741–779, hier S. 748–753.
[35] Žurnal Soveščanija po razsmotreniju zakonoproektov o strachovanii rabočich. Zasedanija [...] aprelja i [...] maja. 1908 g., St. Petersburg 1908, S. 10f.
[36] Vgl. den in die Duma eingebrachten Gesetzesentwurf mit Erläuterungen: Ministerstvo Torgovli i Promyšlennosti. Otdel Promyšlennosti, Ob obezpečenii rabočich na slučaj bolezni. 25 Ijunja 1908 g., N° 12200, St. Petersburg 1908, insbes. S. 65, 109 u. 117f.; vgl. auch: Sovet Ministrov, Osobyj Žurnal, S. 754–778.
[37] Vgl. Ministerstvo Torgovli, Ob obezpečenii, S. 70–79.

Bestimmung. Durchgehend stützten sie dabei ihre Argumentation auf die Abweichung vom deutschen Modell.[38] Dabei konnten sie neben der allseits anerkannten westlichen Vorbildlichkeit die Wettbewerbssituation anführen, in die sie sich mit ihren deutschen Konkurrenten gestellt sahen.[39] So monierte die Petersburger Fabrikantengesellschaft schon im Mai 1905, die Regierung habe bei ihren sozialpolitischen Vorhaben „als Muster das Höchste genommen, was im Westen durch jahrhundertelange Erfahrung erreicht worden ist oder gar was [noch] nicht erreicht ist, sondern sich als entfernte Aufgabe stellt." Dabei habe „die westeuropäische Praxis" (gemeint war das deutsche Modell) für die ärztliche Hilfe „eine zutiefst gerechte und einzig rationale Lösung der Frage aufgezeigt", indem sie die Zuständigkeit der „staatlichen Krankenkasse" überantwortet habe.[40]

Hier wie auch bei anderen Abweichungen vom deutschen Modell wandten die Verantwortlichen in der Regierung auffällig große argumentative Anstrengungen zur Rechtfertigung auf.[41] Der oktobristische Vorsitzende der zuständigen Dumakommission Baron Tizengauzen – selbst ein Industrieller – setzte gleichwohl zwischenzeitlich durch, die ärztliche Hilfe den Krankenkassen zu überantworten.[42] Er begründete dies im Dumaplenum mit einem „nirgendwo"-Argument: Diese Sache den Arbeitgebern aufzubürden sei „unannehmbar und unzulässig, denn nichts dergleichen kennt die Praxis des Westens". Der Regierung warf Tizengauzen vor, sich mit ihrem Projekt „den extremsten sozialistischen Prinzipien anschließen und hiermit alle kultivierten Völker des Westens überholen" zu wollen.[43]

In Reaktion auf diese Angriffe trat 1911 der nunmehrige Ministerpräsident Kokovcov persönlich im Dumaplenum auf, um den Widersachern des Regierungsentwurfs ihr Hauptargument streitig zu machen. Er gab zu, dass die von der Regierung wie auch von linksliberalen und linken Abgeordneten verteidigte Regelung inhaltlich vom deutschen Modell abweiche, bezeichnete aber eine andere Analogie

---

[38] Vgl. Beuerle, Russlands Westen, S. 149f., 152f., 185–190, 198, 221f. u. 248f.
[39] Vgl. ebenda, S. 151f., 186, 190f. u. 203; Wayne Dowler, Russia in 1913, DeKalb (IL) 2010, S. 27 ff. u. 40–44.
[40] Stellungnahme der Petersburger Fabrikantengesellschaft vom 3. Mai 1905, in: Romanov (Hrsg.), Rabočij vopros, S. 52–63, hier S. 52–55.
[41] Vgl. Ministerstvo Torgovli, Ob obezpečenii, S. 69–81, 94 u. 107f.
[42] Vgl. Beuerle, Russlands Westen, S. 198–202.
[43] Gos. Duma, III, Sessija 4, Sten. otčety. Bd. 3, Sp. 2317 u. 3078f.

als wesentlich: In Deutschland habe es schon vor Einführung der Arbeiterversicherung zahlreiche Krankenkassen gegeben; die Reform habe also auf Bestehendem aufgebaut. Genauso baue die vorgesehene Regelung in Russland auf Bestehendem auf, da es in Russland schon seit den 1860er Jahren eine Verpflichtung der Arbeitgeber zur Einrichtung von Fabrikkrankenhäusern gebe.[44] So habe er „das volle Recht, zu sagen, dass wir uns jene Methode selbst angeeignet haben, mit der die deutsche Gesetzgebung verfahren ist: Sie hat die existierende Situation zur Grundlage genommen, hat sie kraft eines neuen Gesetzes befestigt – und dasselbe Verfahren haben auch wir übernommen."[45] Einmal mehr wurde hier deutlich, dass es sich beim Verweis auf den „Westen" um ein allseits akzeptiertes Königsargument handelte, das viel zu schwer wog, um es bei der umstrittenen Frage eines großen Reformprojekts kampflos den politischen Widersachern zu überlassen. Die Dumamehrheit nahm denn auch die von der Dumakommission vorgenommene Änderung zurück und übertrug die Verantwortung für die ärztliche Hilfe wieder auf die Unternehmen.[46]

Auch bei der Durchsetzung der Versicherungsgesetze in dem im Vergleich zur Duma wesentlich konservativer eingestellten Staatsrat war die Anführung der deutschen Erfahrungen entscheidend, um Bedenken gegen diese für Russland einschneidende Neuerung zu zerstreuen. Regierungsmitglieder und Vertreter verschiedener Staatsratsgruppen wiesen immer wieder darauf hin, dass in Deutschland die Arbeiterversicherung zu einer Befriedung der Arbeiterbewegung geführt habe und die Industrie auch deshalb prosperiere, während Russland mit der Revolution von 1905 für ein Ausbleiben entsprechender Reformen bezahlt habe.[47] So spielte der Verweis auf ein zentrales „westliches" Referenzmodell bei der 1912 abgeschlossenen Verabschiedung der Arbeiterunfall- und Krankenversicherung eine wesentliche Rolle.

Überhaupt lässt sich feststellen: Bei allen Meinungsverschiedenheiten und aller politischen Polarisierung bildete der Konsens über

---

[44] Die genaue Reichweite dieser 1866 eingeführten Verpflichtung war umstritten: vgl. Joachim von Puttkamer, Fabrikgesetzgebung in Russland vor 1905. Regierung und Unternehmerschaft beim Ausgleich ihrer Interessen in einer vorinstitutionellen Ordnung, Köln 1996, S. 373–385.
[45] Gosudarstvennaja Duma, Sozyv III, Sessija 5, Stenografičeskie otčety, Bd. 1, St. Petersburg 1912, Sp. 482–487.
[46] Vgl. ebenda, Sp. 601f.; Beuerle, Russlands Westen, S. 224f.
[47] Vgl. Gos. Sovet, Sessija 7, Sten. otčety, Sp. 3401f., 3418, 3429, 3431 u. 3546f.

die Westorientierung im Russland dieser Jahre ein parteiübergreifendes Fundament, das die Einigung auf bedeutende Reformvorhaben begünstigte, wenn nicht sogar erst ermöglichte. Dabei war die Arbeiterunfall- und Krankenversicherung von Regierung und Legislative als Auftakt zu einem ganzen Ensemble weiterreichender Reformen gedacht. Eine sukzessive Ausweitung des zunächst nur auf Arbeiter in der Großindustrie beschränkten Versichertenkreises – nach deutschem Vorbild – stand hierbei ebenso auf der Tagesordnung wie eine qualitative Erweiterung der Versicherungsleistungen.[48] Derweil schritt der Ausbau des Versicherungswesens in der Praxis bis 1914 voran und wurde von den Arbeitern und Arbeiterinnen wie auch von ihnen nahestehenden Parteien und Organisationen weithin begrüßt. Erst mit dem Ausbruch des Ersten Weltkriegs kamen die Reformanstrengungen im Bereich der Arbeitergesetzgebung abrupt zum Stillstand.[49]

5. Resümee und Ausblick: Reformen statt gewaltsamer Umbrüche?

Die russische Politik der Jahre zwischen der Revolution von 1905 und dem Ausbruch des Ersten Weltkriegs war geprägt von vielfältigen Reformbemühungen und Reformdebatten. In ihnen spielte der „Westen" als zentrale Referenzebene eine wichtige Rolle. Ein bemerkenswerter parteiübergreifender Konsens über einen gemeinsamen Entwicklungsweg, auf dem der „Westen" mit deutlichem Abstand vor Russland voranschreite, führte zu umso heftigeren Debatten über die Auslegung einzelner „westlicher" Modelle und ihrer Bedeutung für Russland sowie bisweilen über die Frage, welches Land mit Blick auf einzelne Reformen als „westliches" Musterland gelten könne. Zugleich bildete der Konsens über die Westorientierung jedoch eine Klammer, welche das politische Feld bei allen Differenzen zur Einigung auf weitreichende Reformen befähigte. Westkonsens und Reformfähigkeit bildeten insofern im Russland jener Jahre einen keinesfalls apriorisch notwendigen, doch praktisch-empirisch gegebenen Zusammenhang.

Außerhalb des Westkonsenses stand allein der Zar, der sich dem Reformdrang überall dort in den Weg stellte, wo er seine Macht, die

---

[48] Vgl. ebenda, Sp. 3580; Beuerle, Russlands Westen, S. 232, 242, 244, 270–272.
[49] Vgl. Beuerle, Russlands Westen, S. 270 ff.; Anatolij F. Smirnov, Gosudarstvennaja Duma Rossijskoj Imperii 1906–1917. Istoriko-pravovoj očerk, Moskau 1998, S. 497–522.

Stellung der orthodoxen Kirche oder die des großrussischen Adels gefährdet sah. Etliches spricht aber dafür, dass die durch den parteiübergreifenden Westkonsens begünstigte Reformdynamik mit der Zeit stärker gewesen wäre als alle Dämme, hätte der Erste Weltkrieg ihr nicht ein jähes Ende gesetzt.[50]

Zwar gab es unter der Provisorischen Regierung, zwischen der Februar- und der Oktoberrevolution von 1917, abermals einen Konsens über die Westorientierung, nicht zuletzt in den erneuten Debatten über weitreichende Reformen im Bereich der Sozialgesetzgebung. Auch im äußerst polarisierten Umfeld jener turbulenten Monate bildete dieser Konsens eine Klammer, die in konkreten Reformfragen selbst Bolschewiken und Unternehmervertreter näher brachte und somit Chancen auf einen reformistischen Entwicklungsweg jenseits schwerer gewaltsamer Umbrüche bot.[51] Doch waren diese Chancen vor dem Hintergrund eines drei Jahre währenden, alle Lebensbereiche betreffenden Krieges, einer gravierenden Wirtschafts- und Versorgungskrise, der fortschreitenden Polarisierung und der teilweisen Auflösung eines einheitlichen staatlichen Gewaltmonopols[52] schon im Jahresverlauf 1917 deutlich geringer, als dies zwischen 1906 und 1914 der Fall gewesen war.

---

[50] Vgl. Beuerle, Russlands Westen, S. 334 ff.
[51] Vgl. ebenda, S. 314–324.
[52] Vgl. Rex A. Wade, The Russian Revolution, 1917, Cambridge ²2005, insbesondere S. 17–28, 42–67, 77–87, 101–111 u. 129–223.

Leonid Luks

Russlands „konservative Revolution"?

Die Eurasierbewegung und ihre Auseinandersetzung mit dem „Westen" (1921–1938)

Die 1921 im russischen Exil entstandene Eurasierbewegung stellte ein ganz neues Phänomen in der ideengeschichtlichen Entwicklung Russlands dar.[1] Zwar knüpfte sie in manchen Punkten an das traditionelle antiwestliche Credo der russischen Slawophilen an, dennoch enthielt ihre Kritik am „Westen" auch qualitativ neue Momente. Die revolutionäre Umwälzung von 1917 bis 1920 musste zwangsläufig manche traditionellen Denkmodelle sprengen.

1. Nikolaj Trubeckojs Auflehnung gegen den „Westen"

Dieses qualitativ Neue spiegelte sich bereits in der 1920 erschienenen Schrift des Vordenkers der Eurasierbewegung, des Sprachwissenschaftlers Nikolaj Trubeckoj (1890–1938) „Europa und die Menschheit" wider.[2] Trubeckojs Argumentation unterschied sich grundlegend von derjenigen seiner slawophilen bzw. panslawistischen Vorgänger. Nicht der Gegensatz zwischen Slawen und Westeuropäern, sondern derjenige zwischen „Europa" – für Trubeckoj gleichbedeutend mit dem „Westen" – und dem Rest der Menschheit stellte für ihn den Grundkonflikt der Epoche dar.[3] Die Europäer hielten sich für die Krönung der Schöpfung; und diese beispiellose Egozentrik werde von ihnen nicht einmal reflektiert. Europäisch werde mit universal gleichgesetzt. Die grenzenlose Selbstüberzeugtheit der Europäer verunsichere alle anderen Völker der Welt, die ihre eigenen Werte nun zu missachten be-

---

[1] In diesem Beitrag stütze ich mich im Wesentlichen auf meine Aufsätze: „Eurasier" und die „Konservative Revolution". Zur antiwestlichen Versuchung in Russland und in Deutschland, in: Gerd Koenen/Lew Kopelew (Hrsg.), Deutschland und die Russische Revolution 1917–1924, München 1998, S. 219–239; Die Ideologie der Eurasier im zeitgeschichtlichen Zusammenhang, in: Jahrbücher für Geschichte Osteuropas 34 (1986), S. 374–395; Anmerkungen zum „revolutionär-traditionalistischen" Kulturmodell der „Eurasier", in: Forum für osteuropäische Ideen- und Zeitgeschichte 7 (2003), S. 141–161.
[2] Vgl. Nikolaj S. Trubeckoj, Europa und die Menschheit, München 1922.
[3] Wenn Trubeckoj von Europa spricht, dann meint er damit Westeuropa.

gännen, da diese sich von den europäischen unterschieden. Russland wurde von Trubeckoj nicht als eine europäische Großmacht, sondern als Bestandteil der von den Europäern geistig und materiell unterjochten übrigen Welt angesehen. Er forderte daher, dass sich Russland an einem weltweiten Aufstand der Nichteuropäer gegen die Dominanz des alten Kontinents beteiligen solle. Diese Revolte habe sich nicht nur nach außen, sondern auch und vor allem nach innen zu richten. Die Nichteuropäer müssten nämlich das vom „Westen" übernommene Vorurteil von der Minderwertigkeit ihrer eigenen Kultur überwinden und die Egozentrik, die hinter diesem angeblichen Universalismus der Europäer stecke, entlarven.[4]

Im Gegensatz zu Oswald Spengler und den anderen abendländischen Pessimisten war Trubeckoj keineswegs der Ansicht, dass Europa seine hegemoniale Stellung weitgehend verloren habe. Er fürchtete, der Siegeszug Europas in der Welt werde unaufhaltsam weitergehen, da immer mehr Völker der Faszination der europäischen Kultur erlägen.[5]

2. Der „Auszug nach Osten"

Trubeckoj fand sehr schnell Gesinnungsgenossen, die ebenso wie er von einem unversöhnlichen Gegensatz zwischen Ost und West ausgingen. Gemeinsam gaben sie 1921 eine Schrift heraus, die den programmatischen Titel *Ischod k Vostoku* (Auszug nach Osten) trug. So wurde die Eurasierbewegung geboren.[6]

Die Hoffnungen der Slawophilen in Bezug auf das Slawentum hätten sich nicht erfüllt, schreiben die Herausgeber des Bandes.[7] So richteten die Eurasier ihren Blick nach Osten, auf die Völker, die das Russische Reich bewohnen. Kein europäischer Staat lasse sich mit Russland ver-

---

[4] Vgl. Nikolaj S. Trubeckoj, Evropa i čelovečestvo, in: ders., Istorija. Kul'tura. Jazyk, Moskau 1995, S. 100–104.
[5] Vgl. Nikolaj S. Trubeckoj, Europa und die Menschheit, S. 95–103.
[6] Vgl. Ischod k vostoku. Predčuvstvija i sveršenija. Utverždenie evrazijcev, Sofia 1921. Vgl. dazu auch Otto Böss, Die Lehre der Eurasier. Ein Beitrag zur russischen Ideengeschichte des 20. Jahrhunderts, Wiesbaden 1961; Nicholas V. Riasanovsky, The Emergence of Eurasianism, in: California Slavic Studies 4 (1967), S. 39–72; Luks, Ideologie der Eurasier; Stefan Wiederkehr, Die eurasische Bewegung. Wissenschaft und Politik in der russischen Emigration der Zwischenkriegszeit und im postsowjetischen Russland, Köln 2007; Marlène Laruelle, Russian Eurasianism. An Ideology of Empire, Baltimore 2008.
[7] Vgl. Ischod, S. VII.

gleichen, so die Autoren der Schrift, denn es handele sich bei Russland nicht um ein Land im herkömmlichen Sinne, sondern um einen eigenständigen Kontinent Eurasien: „Die Russen und die Völker der russländischen Welt sind weder Europäer noch Asiaten. Wir schämen uns nicht, uns als *Eurasier* zu bezeichnen."[8] Die Formen Europas waren nach Ansicht der Eurasier auf Russland nicht anwendbar. Sie seien viel zu eng. Der russische Panslawismus, so Trubeckoj, habe lediglich eine Karikatur des Pangermanismus dargestellt, er sei nicht lebensfähig gewesen.[9]

Auf diesem Kontinent war nach Ansicht der Eurasier eine beispiellose multikulturelle Symbiose entstanden. Dabei hoben die Eurasier hervor, mit welcher Leichtigkeit die Russen viele Elemente der östlichen Kulturen assimilierten. Nichts Vergleichbares sei im Verhältnis zwischen Russland und dem Westen geschehen. Die westlichen Werte ließen sich mit den russischen nicht vereinbaren, sie seien niemals verinnerlicht worden. Das Scheitern der petrinischen Reformen sei der beste Beweis dafür. Kein fremder Eroberer wäre in der Lage gewesen, die nationale russische Kultur in einem solchen Ausmaß zu zerstören wie Peter I., unterstrich Trubeckoj. Die Revolution von 1917 stellte nach Ansicht der Eurasier in erster Linie eine Auflehnung des Volkes gegen das Werk Peters des Großen dar, eine Folge der Spaltung der Nation, die dieser Zar vollzogen habe.[10]

An der Entwicklung der eurasischen Theorie beteiligten sich Ethnografen, Geografen, Sprachwissenschaftler, Historiker, Rechtswissenschaftler und andere. Insoweit unterschied sich die Lehre der Eurasier von der Mehrheit der Ideologien, die in Europa zwischen den beiden Weltkriegen entstanden. Hier waren nicht Autodidakten und politische Doktrinäre, sondern Menschen mit wissenschaftlicher Prägung am Werk, die die Kunst der scharfsinnigen Analyse beherrschten. Deshalb war das von ihnen errichtete Gebäude nicht leicht zu erschüttern, obwohl ihre Thesen die Mehrheit der russischen Emigranten außerordentlich provozierten.[11]

---

[8] Ebenda.
[9] Vgl. Nikolaj Trubeckoj, Ob istinnom i ložnom nacionalizme, in: Ischod, S. 71–85, hier S. 84.
[10] Vgl. I. R. [i. e. Nikolaj. S. Trubeckoj], Nasledie Čingischana. Vzgljad na russkuju istoriju ne s Zapada a s Vostoka, Berlin 1925, S. 35–39; Nikolaj Alekseev, Das russische Westlertum, in: Der russische Gedanke l (1929/1930), S. 149–162; Georgij Florovskij, O patriotizme pravednom i grechovnom, in: Na putjach. Utverždenie evrazijcev. Kniga vtoraja, Moskau 1922, S. 230–293.
[11] Zur Bedeutung der Eurasier-Bewegung im intellektuellen Diskurs Russlands vgl. Luks, Ideologie der Eurasier.

Dazu zählte die völlig neue Bewertung der Tatarenherrschaft in Russland. Bis dahin galt das Tatarenjoch als das tragischste Kapitel der russischen Geschichte. Die Eurasier hingegen verklärten diese Periode. Nicht das Kiewer Russland, sondern das Imperium Dschingis Khans hielten sie für den direkten Vorläufer des russischen Reiches. Das Kiewer Russland habe nur ein Zwanzigstel des späteren russischen Territoriums umfasst, das Mongolenreich hingegen habe ihm territorial ungefähr entsprochen. Dschingis Khan sei der erste Vertreter der grandiosen Idee von der Einheit Eurasiens gewesen. Im 16. Jahrhundert habe das Großfürstentum Moskau von den Tataren die Idee der Einheit Eurasiens übernommen.[12]

Die Umwälzungen des zwanzigsten Jahrhunderts hätten dazu geführt, dass in Eurasien eine Alternative zu der bisher weltbeherrschenden europäischen Kultur entstehe, meinten die Eurasier: „Bricht die Göttin der Kultur, die ihr Zelt vor mehreren Jahrhunderten im Westen aufgeschlagen hatte, jetzt nach Osten auf?", fragt der Eurasier Petr Savickij: „Wandert sie nun zu den Hungernden, Frierenden und Leidenden?"[13]

Fühlt man sich hier nicht an die Worte Fedor Dostoevskijs vom Jahre 1881 erinnert, als er die Russen aufgerufen hatte, sich vom undankbaren Westen abzuwenden und den Blick nach Asien zu richten? Keineswegs. Denn Dostoevskij stellte den europäischen Charakter der russischen Kultur nicht in Frage. Er hielt die Russen aufgrund ihrer Fähigkeit, sich in alle Verästelungen der westlichen Kultur einzufühlen, sogar für die besseren Europäer. Da aber der arrogante Westen diesen Anspruch nicht akzeptieren wolle, sollten die Russen ihren zivilisatorischen Impetus in Richtung Asien richten: „In Europa waren wir [...] Sklaven, in Asien werden wir als Herren auftreten, in Europa waren wir Tataren, in Asien sind wir Europäer."[14]

Mit den Gedankengängen der Eurasier haben diese Worte wenig gemeinsam. Wenn man nach den geistigen Vorläufern der Eurasier sucht, so ähnelt ihre Position eher derjenigen des konservativen Schriftstellers und Publizisten Konstantin Leont'ev (1831–1891), der ebenso wie die Eurasier Russland vom Westen mit einer undurchdringlichen Mauer abgrenzen wollte. Schon Leont'ev hatte auf das turanische Element im russischen Nationalcharakter hingewiesen:

---

[12] Vgl. I. R. [Trubeckoj], Nasledie, S. 3ff., 18–23.
[13] Petr Savickij, Povorot k vostoku, in: Ischod, S. 1ff., hier S. 3.
[14] Fedor M. Dostoevskij, Dnevnik pisatelja za 1877 g., Paris o. J., S. 609.

„Nur in Russland, in der östlichsten slawischen Nation, die Asien am nächsten liegt, kann eine eigenartige, von Europa unabhängige Kultur entstehen."[15]

Indessen finden sich auch grundlegende Unterschiede zwischen der eurasischen Idee und dem Konzept Leont'evs. Denn im Gegensatz zu den Eurasiern lehnte Leont'ev nicht die westliche Kultur als solche ab, sondern in erster Linie ihre Verbürgerlichung und Demokratisierung, die infolge der Französischen Revolution eingesetzt hätten.[16] Das alte, feudal-aristokratische Europa wurde von Leont'ev durchaus positiv bewertet.

So sind direkte Vorläufer der Eurasier in der russischen Ideengeschichte nicht so leicht ausfindig zu machen. Mit ihrem radikalen Bruch mit allen Erscheinungsformen der europäischen Kultur, mit ihrer Verklärung des tatarischen Erbes in der russischen Staatstradition, mit ihrem Aufruf zur weltumfassenden Revolte gegen die europäische Dominanz (hier berühren sie sich mit den Bolschewiki) betraten sie im Grunde neue Wege.

3. Die antiwestliche Rhetorik der „Konservativen Revolution"

Mit ähnlich schrillen Tönen und bizarren Ideen warteten damals auch viele Vertreter der intellektuellen Elite Deutschlands auf. Auch sie träumten von der Zerstörung der westlichen Hegemonie, von der Zertrümmerung der bis dahin geltenden zivilisatorischen Normen. Nicht der Aufstand der Massen, sondern die Rebellion der intellektuellen Eliten habe dem europäischen Humanismus die größten Schläge zugefügt, sagte 1939 in diesem Zusammenhang der russische Exilhistoriker und Publizist Georgij Fedotov.[17] Einen besonders anschaulichen

---

[15] Konstantin Leont'ev, Vostok, Rossija i Slavjanstvo, Sankt Petersburg 1885/ 1886, Bd. 1, S. 285. Der Begriff „turanisch" bzw. „Turan" (eine mythische Landschaft in Zentralasien) geht nicht zuletzt auf einige europäische Orientalisten der zweiten Hälfte des 19. Jahrhunderts zurück (Hermann Vámbéry, Léon Cahun). Sie sprachen von einem gemeinsamen Ursprung der Turkvölker, der Ungarn, der Mongolen oder der Völker der Altai-Region. Auch Nikolaj Trubeckoj verwendete nicht selten diesen Begriff. Siehe dazu vor allem seine Abhandlung „O turanskom èlemente v russkoj kul'ture, in: Evrazijskij vremennik 4 (1925), S. 351–377.
[16] Vgl. Leont'ev, Vostok, Rossija i Slavjanstvo, S. 285.
[17] Vgl. Georgij Fedotov, K smerti ili k slave, in: Novyi Grad 14 (1939), S. 102.

Beweis für diese These lieferte das Verhalten der „Konservativen Revolution" in der Weimarer Republik.

Bei den Verfechtern der „Konservativen Revolution" handelte es sich, ähnlich wie bei den Eurasiern, nicht selten um intellektuell versierte und brillant formulierende Autoren. Anders als die nationalsozialistischen Demagogen höhlten sie nicht nur das politische, sondern auch das geistige Fundament der ersten deutschen Demokratie aus. Zwar hatten die Konservativen Revolutionäre mit ihrer radikalen Absage an den Westen, ähnlich wie die Eurasier, bestimmte geistige Vorläufer (Paul de Lagarde, Julius Langbehn und andere), als eine eigene politische Strömung haben sie sich jedoch erst infolge der Ereignisse von 1918/19 herauskristallisiert. Ohne „Kriegserlebnis", ohne Versailles und ohne Weimar wäre eine solche ideologische Erscheinung kaum denkbar gewesen. In ihrer Zerstörungswut ähnelten die Konservativen Revolutionäre durchaus den Bolschewiki.

Anders als diese wollten jedoch viele Verfechter der Konservativen Revolution das Vorhandene nicht im Namen der „lichten Zukunft", sondern im Namen der alten, mittelalterlichen Reichsidee zerstören. Unverkennbar liegen hier Parallelen zu den Eurasiern. Das radikal Neue stelle im Grunde die Erneuerung des ganz Alten dar, sagte in diesem Zusammenhang Trubeckoj.[18] Jede radikale Erneuerung knüpfe an die ganz alte und nicht an die unmittelbare Vergangenheit an. Trubeckoj bezog sich hier auf die Tatsache, dass die Eurasier das Russland Peters I. im Namen des alten „heiligen Russland" ablehnten. Die Konservativen Revolutionäre lehnten ihrerseits den Wilhelminismus ab, verklärten aber dafür das mittelalterliche Reich.[19]

Die Ausdehnung des liberalen Systems auf Deutschland stellte für die deutschen Kritiker des Westens das Ergebnis einer raffinierten Intrige der westlichen Siegermächte dar. Der Westen sei gegen das liberale Gift immun, er nehme die liberalen Grundsätze gar nicht ernst, meinte Moeller van den Bruck. In Deutschland werde hingegen der Liberalismus ernst genommen, daher führten seine „zersetzenden" Prinzipien das Land ins Verderben. Da die Westmächte nicht imstande gewesen seien, die Deutschen auf dem Schlachtfeld zu bezwingen, hätten sie

---

[18] Nikolaj Trubeckoj, U dverej reakcija? Revoljucija?, in: Evrazijskij vremennik 3 (1923), S. 18–29.
[19] Vgl. u.a. Arthur Moeller van den Bruck, Das dritte Reich, Hamburg 1931 (Erstausgabe 1923); ders., Der politische Mensch, hrsg. von Hans Schwarz, Breslau 1933, S. 32–43, 69 ff., 102 f. sowie 121 f.

dies mit Hilfe der revolutionären und liberal-pazifistischen Propaganda versucht. Und die Deutschen hätten sich vergiften lassen.[20] Das einzige Mittel, das die Leiden der Deutschen lindern konnte, war für Moeller van den Bruck die Weltherrschaft:

> „Die Beherrschung der Erde [ist] die gegebene Möglichkeit [...], dem Volke eines überbevölkerten Landes das Leben zu ermöglichen. Über alle Gegensätze hinaus [...] stößt der Drang der Menschen in unserem überbevölkerten Lande in der gleichen Richtung vor, deren Ziel der Raum ist, den wir brauchen."[21]

Auch die Eurasier sprachen von einer geopolitischen Neuordnung der Welt. Mit den uferlosen Plänen der Weimarer Rechten hatte indes ihr Programm nichts gemeinsam. Nicht die Beherrschung der Erde, sondern die Suche nach einer einigenden Klammer für das russische Vielvölkerreich interessierte sie. Sie waren davon überzeugt, dass der proletarische Internationalismus, mit dessen Hilfe die Bolschewiki das 1917 zerfallene Reich erneut zusammenfügten, Russland auf Dauer nicht zementieren könne.[22]

Die Eurasier waren ausgesprochene Isolationisten. Sie wollten nicht den „Westen" bezwingen, sondern, ähnlich wie Konstantin Leont'ev, Russland vor den ihrer Ansicht nach verderblichen „westlichen" Einflüssen schützen. Viele Verfechter der Konservativen Revolution hingegen träumten von einem neuen Waffengang gegen die Siegermächte. Der Krieg war ihrer Ansicht nach das Element, in dem sich die Deutschen besonders gut bewegten. Im bürgerlichen Gewand mache der Deutsche eine unglückliche Figur, meinte Ernst Jünger. Der Grund dafür liege darin, dass dem Deutschen jedes Verhältnis zur individuellen Freiheit und damit zur bürgerlichen Gesellschaft fehle.[23] Es gebe nur eine Masse, die nicht lächerlich wirke, so Jünger – das Heer.[24]

Als eine unheilbare Schwäche des liberalen Staates, des sogenannten Gesetzgebungsstaates, betrachteten sowohl die Konservativen Revolutionäre als auch die Eurasier seine angebliche Unfähigkeit, Entscheidungen zu treffen, den sogenannten „Ernstfall" zu bewältigen. Im Gesetzgebungsstaat herrschten nicht Menschen oder Obrigkeiten,

---

[20] Vgl. Moeller van den Bruck, Das dritte Reich, S. 71f.
[21] Ebenda, S. 63, 71f.
[22] Vgl. dazu u.a. Nikolaj Trubeckoj, Obščeevrazijskij nacionalizm, in: Evrazijskaja chronika 9 (1927), S. 24–30.
[23] Vgl. Ernst Jünger, Der Arbeiter. Herrschaft und Gestalt, Stuttgart 1982 (Erstausgabe 1932), S. 13f.
[24] Vgl. Ernst Jünger, Der Kampf als inneres Erlebnis, Berlin 1926, S. 56.

sondern Gesetze, beklagte sich Carl Schmitt. Der ursprüngliche Begriff der Herrschaft werde hier aufgelöst und durch abstrakte Normen ersetzt.[25] Der Schüler Schmitts, Ernst Forsthoff, fügte hinzu: „Ehre, Würde, Treue [...] entziehen sich der normativen Sicherung und Institutionalisierung [...]. Der reine Rechtsstaat [...] ist der Prototyp einer Gemeinschaft ohne Ehre und Würde".[26]

So verbreitete sich in den Reihen der Konservativen Revolutionäre die Sehnsucht nach einem wirklichen Herrscher, nach einem Cäsar. Der charismatische Führer, dessen Auftreten einige große europäische Denker bereits im neunzehnten und zu Beginn des zwanzigsten Jahrhunderts mit Sorge, andere mit großen Erwartungen vorausgesagt hatten,[27] sollte die Herrschaft der unpersönlichen Institutionen durch die Herrschaft des Willens ersetzen.

4. Die „ideokratische Sehnsucht" der Eurasier

In ihrer Suche nach Alternativen zum liberal-demokratischen System unterschieden sich die Eurasier jedoch erheblich von den Konservativen Revolutionären. Die Sehnsucht nach einem „Cäsar" war ihnen völlig fremd. Die neue Herrschaftsordnung sollte nicht in erster Linie von Personen, sondern von Ideen geprägt werden. In Europa sei nun ein ideologisches Zeitalter angebrochen, betonten die Eurasier. Nur durch große, alle Lebensbereiche durchdringende Ideen könne man die gegenwärtige Krise bewältigen. Diese Ideen sollten zur Grundlage neuer Herrschaftsformen werden, die die Eurasier als „Ideokratien" bezeichneten.[28]

Damit knüpften die Eurasier an eine in der russischen Geschichte tief verwurzelte Tradition an. Schließlich handelte es sich bei der zarischen Selbstherrschaft ebenso wie bei der bolschewistischen Diktatur um ideokratische Systeme. Die Voraussetzungen für die Entstehung von cäsaristischen Sehnsüchten fehlten hingegen in der russischen Tradition. Eine Autonomie unpersönlicher, sozialer und politischer

---

[25] Vgl. Carl Schmitt, Legalität und Legitimität, München 1932.
[26] Ernst Forsthoff, Der totale Staat, Hamburg 1933, S. 13.
[27] Vgl. dazu u.a. Friedrich Nietzsche, Gesammelte Werke, Band XIX, Musarion Ausgabe, München 1926, S. 273; Max Weber, Gesammelte politische Schriften, hrsg. von Johannes Winckelmann, Tübingen ²1958, S. 21.
[28] Vgl. Nikolaj Trubeckoj, O gosudarstvennom stroe i forme pravlenija, in: Evrazijskaja chronika 8 (1927), S. 3–9; Evrazijstvo. Opyt sistematičeskogo izloženija, Paris 1926, S. 52–55.

Institutionen und eine Autonomie unpersönlicher Rechtsnormen waren in Russland sowohl vor als auch nach der Revolution nur in einem begrenzten Ausmaß vorhanden. Aus diesem Grund war auch der Ruf nach einem „Cäsar", der den liberalen Staat ohne „Ehre" und „Würde" zu beseitigen habe,[29] in Russland unbekannt. Cäsaristische Gestalten traten in der russischen Geschichte praktisch nicht auf.[30]

Trotz einer gewissen Verwurzelung in der russischen Tradition hatten die Eurasier als geistige Formation mit ihren sowjetischen Zeitgenossen nur wenig gemeinsam. So war ihre Sehnsucht nach dem alten „heiligen" Russland, nach den verlorenen Wurzeln, der Mehrheit der damaligen sowjetischen Intelligencija völlig fremd. In den zwanziger Jahren herrschte in Russland Zukunftsoptimismus. Die atheistische und materialistische Propaganda der Bolschewiki, die mit der Verfolgung der Kirche verbunden war, erzielte bei den breiten Massen Russlands einen beträchtlichen Erfolg. Die Popularisierung der „Wunder" der Wissenschaft und der Technik sollte den Glauben an die religiösen Wunder ersetzen. Und in der Tat nahm der Wissenschaftsglaube im bolschewistischen Russland einen beinahe religiösen Charakter an. Russland erlebe jetzt eine Periode naiver Aufklärung, schrieb 1930 Georgij Fedotov. Der Materialismus erhalte dort den Charakter eines neuen Glaubens.[31]

Kulturpessimistische Elemente der eurasischen Ideologie spiegelten im Grunde westeuropäische und nicht innerrussische Prozesse wider. Auch mit ihrer Kritik am Parlamentarismus und am Egoismus der Parteien und der Interessenverbände stützten sich die Eurasier in erster Linie auf westeuropäische und nicht auf russische Erfahrungen. Die Krise des Parlamentarismus mit ihren Begleiterscheinungen konnte in Russland gar nicht auftreten, weil der Parlamentarismus westlichen Musters hier nie zur vollen Entfaltung gelangt war. Trotz ihrer verzweifelten Versuche, sich in die nachrevolutionäre Entwicklung Russlands einzufühlen und sich mit ihr zu identifizieren, standen die Eurasier also in ihrer Geisteshaltung den Westeuropäern wesentlich näher als ihren Landsleuten in der Sowjetunion.

---

[29] Vgl. Forsthoff, Der totale Staat, S. 13.
[30] Vgl. Leonid Luks, Entstehung der kommunistischen Faschismustheorie. Die Auseinandersetzung der Komintern mit Faschismus und Nationalsozialismus 1921–1935, Stuttgart 1985, S. 204.
[31] Vgl. Georgij Fedotov, Novaja Rossija, in: Sovremennye zapiski XLVI (1930), S. 276–311, hier S. 297.

Ganz anders als die Eurasier spiegelten die Konservativen Revolutionäre mit ihrer Haltung den geistigen Zustand nicht unerheblicher Teile ihrer Nation wider. Mit ihrer Sehnsucht nach dem „Dritten Reich", mit ihrer radikalen Ablehnung der Moderne und der aufklärerisch-liberalen Tradition schwammen sie zumindest teilweise mit dem Strom der Zeit.

Die Parallelen zwischen den Eurasiern und den Konservativen Revolutionären betrafen nicht nur ihre Ideologien, sondern auch die Zeit, in der beide Strömungen zur Blüte gelangten. Dies waren die 1920er Jahre. Die nationalsozialistische Diktatur war damals noch nicht in Sicht, die stalinistische deutete sich erst an. Die Entwicklung sowohl in Russland als auch in Deutschland schien noch offen zu sein. Die politische Realität der beiden Länder hatte sich noch nicht zu totalitären Strukturen verfestigt, wie dies nach der Stalinschen Revolution von oben zu Beginn der 1930er Jahre und nach der Errichtung des NS-Regimes in Deutschland der Fall sein sollte. Die Realität schien noch formbar. Das war die große Stunde für „ideokratische" Bewegungen, die mit Hilfe von Ideen und nicht durch schwerfällige Apparate oder durch schwer lenkbare Massenbewegungen die Welt verändern wollten. Das galt für die Eurasier wie für die Konservativen Revolutionäre gleichermaßen.

5. Der „Niedergang der Schaffenskraft": Ernüchterung und Abwendung vom Bolschewismus

Die Kritiker der Eurasier, die die Bewegung in die Nähe des Bolschewismus oder auch des Faschismus rückten, unterschätzten die politische Naivität, aber auch die Komplexität des eurasischen Kulturmodells, das sich nicht allzu leicht für demagogische Zwecke instrumentalisieren ließ. Auch ein anderer Umstand wurde von vielen Beobachtern unterschätzt: dass die Eurasier nämlich trotz ihres revolutionären Ansatzes, trotz ihres Verbalradikalismus noch mit einem Fuß im vortotalitären 19. Jahrhundert standen und sich bestimmten, für diese Epoche prägenden Normen verpflichtet fühlten. Dies wurde besonders in den 1930er Jahren sichtbar, als Stalins Schreckensherrschaft den in den 1920er Jahren noch verbreiteten Illusionen über die sogenannte „Normalisierung" des Bolschewismus ein Ende setzte. Ein Teil der Eurasier erlag der Faszination der stalinistischen Revolution von oben und ließ sich für die Zwecke des Regimes einspannen. Die Gründer der Bewegung, vor allem Nikolaj Trubeckoj, wandten sich indes von der bolschewistischen Diktatur, die sie anfangs als nicht radikal genug eingeschätzt hatten, erschreckt ab. Im Jahre 1937 – im Schicksalsjahr der stalinistischen Sowjetunion – veröffentlichte Trubeckoj im 12. Heft der „Evrazijskaja chronika" einen Artikel unter dem Titel „Der Niedergang der Schaffenskraft". Obwohl der Artikel kein einziges Wort über den Terror enthielt, stellte er eine vernichtende Kritik am Stalinismus dar. Die repressive Politik des Regimes habe zur Erlahmung der Kreativität im Lande geführt, so der Autor: „Die zum Schweigen verurteilten Menschen verlernen allmählich auch zu sprechen".[32] Auf diese durch die Partei verursachte kulturelle Stagnation führt Trubeckoj die Unfähigkeit des Stalinismus, seinen eigenen kulturellen Stil zu entwickeln, zurück. In der Sowjetunion finde jetzt lediglich eine unbeholfene Nachahmung völlig antiquierter Kulturmodelle statt, die im vorrevolutionären Russland 60 bis 70 Jahre zuvor – d. h. in den sechziger und siebziger Jahren des 19. Jahrhunderts – gegolten hatten. Noch Mitte der zwanziger Jahre hatte Petr Suvčinskij, der zu den führenden eurasischen Autoren zählte, die sowjetische Politik hingegen als eine Politik großen Stils bezeichnet; alles, was sich den Bolschewiki in Russland widersetze, sei provinziell und wenig überzeugend.[33] Die Tatsache, dass Trubeckoj dem Stalinismus nur knappe zehn Jahre später völlige Stillosigkeit vorwarf, zeigt, wie tief inzwischen der Bolschewismus in den Augen der Gründer der Eurasierbewegung gesunken war. Dieser Ernüchterungsprozess der Eurasier weist verblüffende Ähnlichkeiten zu Prozessen auf, die im damaligen Deutschland stattfanden, und zwar im Lager der Konservativen Revolution. So wie die Eurasier in den zwanziger Jahren den totalitären Charakter des Bolschewismus völlig falsch einschätzten und zu seiner Verharmlosung neigten, verschätzten sich die Verfechter der Konservativen Revolution in der Weimarer Republik in Bezug auf den Nationalsozialismus. Auch diesem wurde mangelnde Radikalität vorgeworfen. Man mokierte sich über den Beschluss Hitlers, mit Hilfe von Wahlzetteln eine „legale Revolution" in Deutschland durchzuführen; Ernst Jünger hielt Ende der zwanziger Jahre das Umsatteln Hitlers auf das parlamentarische Pferd für eine Eselei.[34] Und ein anderer Kritiker Hitlers, der Nationalbolschewist Ernst Niekisch, fügte 1932 hinzu: Wer

---

[32] Nikolaj Trubeckoj, Istorija, Kul'tura, Jazyk, Moskau 1995, S. 446.
[33] Vgl. Petr Suvčinskij, K ponimaniju sovremennosti, in: Evrazijskij vremennik 5 (1927), S. 20.
[34] Vgl. Klaus Frieder Bastian, Das Politische bei Ernst Jünger. Nonkonformismus und Kompromiss der Innerlichkeit, Freiburg i. Br. 1963, S. 59.

legal kämpfe, rühre nicht an den Grundlagen des Systems. Wenn man der Machtprobe ausweiche wie Hitler, sei man schon besiegt.[35] Trotz solcher Kritik wurden die erdrutschartigen Siege der NSDAP zu Beginn der dreißiger Jahre von der Mehrheit der Konservativen Revolutionäre bekanntlich euphorisch begrüßt. Der linksorientierte Ernst Niekisch samt seiner „Widerstands"-Gruppe gehörte zu den wenigen Skeptikern. Für die Mehrheit der radikalen Kritiker der Weimarer Demokratie aus dem konservativ-revolutionären Lager indes symbolisierte der Aufstieg der NSDAP das Ende der verhassten liberalen Epoche, den Beginn einer nationalen Wiedergeburt. So hielten sie das Dritte Reich unmittelbar nach seiner Errichtung nicht zuletzt für ihr eigenes Werk, und dies sogar mit einem gewissen Recht. Nur allmählich begannen sie wie der Zauberlehrling zu realisieren, welche Geister sie in Wirklichkeit gerufen hatten. Eine allgemeine Desillusionierung machte sich breit. Einige der Wegbereiter der Zäsur vom 30. Januar 1933 fielen der nationalsozialistischen Despotie selbst zum Opfer (Edgar J. Jung), andere wandten sich von ihr innerlich ab (Ernst Jünger).

Auch im Verhältnis der Gründer der Eurasierbewegung zum Bolschewismus findet sich solche Abwendung. In seinem oben erwähnten Artikel „Der Niedergang der Schaffenskraft" zeigte sich Fürst Trubeckoj davon überzeugt, der Kommunismus sei zum Untergang verurteilt, weil er sein schöpferisches Potential gänzlich verbraucht habe. In Wirklichkeit sollte aber das System, dessen baldigen Zusammenbruch er voraussagte, noch ein halbes Jahrhundert lang das Weltgeschehen entscheidend prägen. Die politische Vitalität des Kommunismus wurde von Trubeckoj also eindeutig unterschätzt, nicht aber die kulturelle. Mit ungewöhnlichem Scharfsinn erkannte er, dass eine Ideologie, die nicht mehr imstande sei, die kulturelle Elite zu inspirieren, die nur den offiziösen künstlerischen Kanon dulde und jede Abweichung von ihm drakonisch bestrafe, auf Dauer keine Überlebenschance habe. Frühzeitig wurde dem Vordenker der Eurasierbewegung die epigonenhafte Sterilität und spießerhafte Kleinkariertheit des stalinistischen Kulturverständnisses bewusst, dem auch die Nachfolger Stalins bis zur Gorbačevschen Perestrojka im Wesentlichen treu blieben. Wenn man nach den Ursachen für den Zusammenbruch des sowjetischen Regimes sucht, darf man die kulturelle Diagnose Trubeckojs keineswegs außer Acht lassen. Nicht nur die wirtschaftliche Ineffizienz, nicht nur

---

[35] Vgl. Ernst Niekisch, Hitler. Ein deutsches Verhängnis, Berlin 1932.

die technologische Rückständigkeit, sondern auch der „Niedergang der Schaffenskraft", der in Russland infolge der stalinistischen Gleichschaltung zu beobachten war, bedingte letztendlich den Untergang des Sowjetreiches.

Die Eurasier träumten davon, die verbrauchte kommunistische Partei zu beerben. Die Lage in der Sowjetunion sei zwar besorgniserregend, aber nicht aussichtslos, schrieb Trubeckoj ausgerechnet 1937: „Den Ausweg stellt die Ablösung des Marxismus durch eine andere herrschende Idee dar".[36] Es bestand für ihn kein Zweifel daran, dass diese andere Idee nur die „eurasische" sein könne.

Ein Jahr später starb Trubeckoj. Sein Tod symbolisierte das Ende des klassischen Eurasiertums. Es verließ, wie es damals schien, endgültig die politische Bühne. Trotz ihres Ehrgeizes vermochten die Eurasier keine wirksame Alternative zur kommunistischen Ideologie zu entwickeln. Die Lehre der Eurasier schien ein skurriles und endgültig abgeschlossenes Kapitel der Ideengeschichte des russischen Exils zu sein. Indes herrschen in der Welt der Ideen eigentümliche Gesetze, die immer wieder Überraschungen bereithalten. Die Ende der dreißiger Jahre scheinbar endgültig in der Versenkung verschwundenen eurasischen Ideen sollten fünfzig Jahre später eine völlig unerwartete Renaissance erleben. Bereits in der Endphase der Gorbačevschen Perestrojka, als die Erosion der kommunistischen Ideologie immer offensichtlicher wurde, begaben sich viele Verfechter der imperialen russischen Idee auf die Suche nach einer neuen einigenden Klammer für alle Völker und Religionsgemeinschaften des Sowjetreiches und entdeckten dabei den eurasischen Gedanken. Heute spielt er in Putins Russland eine prominente Rolle.

---

[36] Vgl. Trubeckoj, Istorija, S. 448.

Florian Greiner
Transatlantische Räume
„Europa" und der „Westen" in der deutschen, britischen und amerikanischen Medienöffentlichkeit der frühen Zwischenkriegszeit

1. Europa, Amerika und der „Westen" – zum historischen Verhältnis differenter Raumkonzepte

Europa, so eine treffende Formulierung Tilo Schaberts, ist ohne Amerika ebenso wenig denkbar wie umgekehrt Amerika ohne Europa.[1] Tatsächlich ist die wechselseitige Bedingtheit der beiden Kontinente im Sinne eines konstitutiv wirkenden *Othering* in der historischen Forschung klar nachgewiesen worden. So hat Hartmut Kaelble die Bedeutung der amerikanisch-transatlantischen Vergleichsperspektive für die europäische Selbstreflexion im 19. und 20. Jahrhundert aufgezeigt.[2] Obschon oder vielleicht auch gerade weil Amerika historisch in mancherlei Hinsicht eine europäische Entdeckung beziehungsweise Erfindung war, spielten europäische Fremdbilder auch im Laufe der US-Geschichte – wie etwa Adelheid von Saldern belegt hat – eine identitätsstiftende Rolle.[3] Wenn Europa mithin im 20. Jahrhundert als das zentrale „Andere" Amerikas und umgekehrt fungierte, so ist diese Epoche zugleich die Blütezeit der Kategorie des „Westens", die bei aller begrifflichen Unschärfe in jedem Fall eine stark transatlantische Stoßrichtung beinhaltet.

Im Rahmen dieses Aufsatzes soll daher über öffentlichkeitswirksame Quellen diskursanalytisch nach Ausschließlichkeiten und Interdependenzen der Begriffe „Westen" und „Europa" in transatlantischen Kontexten der frühen Zwischenkriegszeit gefragt werden. Das inhaltliche Verhältnis der beiden Raumkonzepte wurde und wird in der Europa-Forschung durchaus kontrovers diskutiert. Für viele Europa-

---

[1] Vgl. Tilo Schabert, Die Atlantische Zivilisation. Über die Entstehung der einen Welt des Westens, in: Peter Haungs (Hrsg.), Europäisierung Europas?, Baden-Baden 1989, S. 41–54, hier S. 41.
[2] Vgl. Hartmut Kaelble, Europäer über Europa. Die Entstehung des europäischen Selbstverständnisses im 19. und 20. Jahrhundert, Frankfurt a. M. 2001.
[3] Vgl. Adelheid von Saldern, Amerikanismus. Kulturelle Abgrenzung von Europa und US-Nationalismus im frühen 20. Jahrhundert, Stuttgart 2013.

Historiker des 20. Jahrhunderts stellte der „Westen" nur ein spezifisches Europakonzept im Sinne eines überlegenen „Großeuropas" dar, das zugleich oft auf die Geschichte projiziert wurde.[4] Dies provozierte jedoch auch Widerspruch: Im Kontext des sich verschärfenden Kalten Krieges verwahrten sich beispielsweise der britische Mediävist Geoffrey Barraclough und der polnische Exil-Historiker Oskar Halecki in den 1950er Jahren gleichermaßen gegen die Bezeichnung „Western civilization" und machten sich für die Kategorie der „European civilization" stark, welche in ihrer Sicht Zentral- und Osteuropa einschloss.[5] Auch Heinz Gollwitzer stellte zu Beginn seiner monumentalen Untersuchung deutschen Europadenkens im 18. und 19. Jahrhundert klar, dass eine Gleichsetzung von „Europa" und „Westen" – für ihn ein Synonym für „Abendland" – falsch sei.[6] Bis heute ist diese „unrichtige Gleichung" (Gollwitzer) aber durchaus in der Forschung präsent, etwa bei Rolf Petri, laut dem sich „Westen" und „Europa" niemals eindeutig voneinander trennen lassen.[7] Für Fritz Stern schließlich markiert „Europa" schlicht die Heimat des „Westens".[8]

Vor diesem Hintergrund soll im Folgenden untersucht werden, in welchen Formen der „Westen" in deutschen, britischen und amerikanischen Printmedien in der so wichtigen Umbruchzeit in den Jahren nach Ende des Ersten Weltkriegs aufschien, als sich die politischen und kulturellen Spannungen zwischen den Kontinenten intensivierten. Der Fokus wird primär auf die breiten Debatten über das amerikanisch-europäische Verhältnis sowie die globale Stellung von „Alter" und „Neuer Welt" gelegt. Wann fiel der Blick der Zeitgenossen hier auf den „Westen"? War „Europa" in diesem Zusammenhang nur ein anderes Wort für „Westen" oder fungierte es als Antonym? Und wie veränderten sich die zeitgenössischen Raumvorstellungen und öffentlichen

---

[4] Vgl. Susan Rößner, Die Geschichte Europas schreiben. Europäische Historiker und ihr Europabild im 20. Jahrhundert, Frankfurt a. M. 2009, v. a. S. 106 ff.

[5] Vgl. Geoffrey Barraclough, Is there a European Civilization? in: ders., History in a Changing World, Oxford 1957, S. 46–53; Oskar Halecki, The Limits and Divisions of European History, London 1950, v. a. S. 11.

[6] Vgl. Heinz Gollwitzer, Europabild und Europagedanke. Beiträge zur deutschen Geistesgeschichte des 18. und 19. Jahrhunderts, München 1951, S. 9.

[7] Vgl. Rolf Petri, Europa? Ein Zitatensystem, in: ders./Hannes Siegrist (Hrsg.), Probleme und Perspektiven der Europa-Historiographie, Leipzig 2004, S. 15–49, hier S. 48 f.

[8] Vgl. Fritz Stern, Der Westen im 20. Jahrhundert. Selbstzerstörung, Wiederaufbau, Gefährdungen der Gegenwart, Göttingen 2008, S. 8.

mental maps im Angesicht der sich verschiebenden Kräfteverhältnisse zwischen den Kontinenten?

Als Quellen herangezogen werden Tageszeitungen, die jeweils im linksliberalen beziehungsweise eher konservativen Spektrum anzusiedeln sind und sich analytisch somit ergänzen, namentlich die „New York Times" und die „Chicago Tribune" für die USA, der „Manchester Guardian" und die „Times" für Großbritannien sowie für Deutschland die „Vossische Zeitung" und die „Kölnische Zeitung". Die Qualitätszeitungen konnten größtenteils mittels einer digitalisierten Volltextanalyse ausgewertet werden. Dieser analytische Zugang erlaubt einen Blick in ein breites thematisches Spektrum, was Erkenntnisse zur diskursiv-semantischen Konstruktion „Europas" und des „Westens" über transatlantische Kontrastierungen auch jenseits von Höhenkammliteratur und politischer Ideengeschichte ermöglicht.

2. Europa und der „Westen" in der internationalen Tagespresse, 1918–1930: Das transatlantische Verhältnis im Bereich der Politik

Mit dem Aufstieg der Vereinigten Staaten zu einer Weltmacht im Zuge des Ersten Weltkriegs rückte die Neudefinition der transatlantischen Beziehungen ins öffentliche Bewusstsein. Das Bild einer Suprematie der USA war fortan fest verankert, was vielfältige neue Reibungspunkte schuf. In tagespolitischen Kontexten lässt sich denn auch feststellen, dass „Westen" und „Europa" zumeist semantisch strikt getrennt wurden. Während der erste Begriff die Vereinigten Staaten stets einbezog, schloss letzterer sie aus. Tatsächlich erlaubten die dominanten transatlantischen Konfliktthemen in der frühen Zwischenkriegszeit – etwa das Problem der interalliierten Kriegsschulden, der wahrgenommene neue amerikanische „Isolationismus" und die Kreditfrage – diskursive Konstruktionen des „Europäischen" und „Amerikanischen", die zugleich abgrenzend wirkten.[9]

In den USA standen die Spannungen zwischen den Kontinenten den Wahrnehmungen einer einheitlichen atlantischen Zivilisation in den Jahren nach Ende des Ersten Weltkriegs klar entgegen. So berichtete die „New York Times" 1919 mit einiger Empörung von einem in

[9] Vgl. hierzu ausführlich: Florian Greiner, Wege nach Europa. Deutungen eines imaginierten Kontinents in deutschen, britischen und amerikanischen Printmedien, 1914–1945, Göttingen 2014, S. 225–300.

einer Pariser Tageszeitung erschienenen Leitartikel, in dem der „Neuen Welt" vorgeworfen wurde, die europäischen Nationen nach „westlichem Vorbild" zu reformieren.[10] Auf amerikanischer Seite waren gerade im politischen Bereich die alten Leitprinzipien der Monroe-Doktrin – in der noch eine genuin nicht-transatlantische Definition des Begriffes „westliche Hemisphäre" vorgenommen worden war – mit isolationistischen Semantiken verknüpft, wie sie nach 1918 besonders in der „Chicago Tribune" dominierten, dem großen Sprachrohr des US-Isolationismus, der ja bekanntlich mehr Anspruch als Tatbestand war.[11] Diese waren keinesfalls nur im Bereich der hohen Politik wirksam, sondern betrafen auch andere europäisch-amerikanische Konfliktfelder.[12] So begrüßten US-Zeitungen etwa 1927 die Initiativen der Vereinigung kontinentalamerikanischer Rundfunkgesellschaften, die sich gegen die Versuche europäischer Konkurrenten richteten, bislang von amerikanischer Seite genutzte Wellenlängen zu übernehmen, mit den Worten: „Western Hemisphere Delegates at Conference Unite Against European Interference."[13]

Im Unterschied dazu mühten sich europäische Beobachter – bei oder vielmehr wegen aller Kritik an der amerikanischen Außenpolitik – in den 1920er Jahren stärker darum, die transatlantische Einheit zu beschwören. So stand die printmediale Diskussion des transatlantischen Verhältnisses im Bereich der Politik eindeutig im Zeichen der von europäischer Seite für notwendig erachteten amerikanischen Unterstützung beim Wiederaufbau der „Alten Welt".[14] Die grundsätzliche europäische Kritik an den USA – die deutsche und englische Zeitungen

---

[10] Says Americans Think Europe a Wild West. Paris Editor Complaints of Agents Who Would Reform Old Nations on Western Models, in: New York Times, 13.8.1919.
[11] Vgl. zum US-Isolationismus in der Zwischenkriegszeit und zur Monroe-Doktrin: Klaus Schwabe, Der amerikanische Isolationismus im 20. Jahrhundert. Legende und Wirklichkeit, Wiesbaden 1975; Jay Sexton, The Monroe Doctrine. Empire and Nation in Nineteenth-Century America, New York 2011 und William A. Williams, The Legend of Isolationism in the 1920's, in: Science and Society 18 (1954), S. 1–20.
[12] Vgl. u. a.: U. S. Future O. K., But Keep Out of Europe, in: Chicago Tribune, 26.10.1923; See America First, in: Chicago Tribune, 10.5.1927; The American Escape from Europe, in: Chicago Tribune, 22.12.1929.
[13] American Nations Protect Own Radio, in: New York Times, 15.10.1927.
[14] Europe's Need for U.S. Help, in: The Times, 30.4.1920; Obstacles to Europe's Prosperity, in: Manchester Guardian, 12.10.1920; Stinnes über Europas Wiederaufbau, in: Vossische Zeitung, 23.9.1921.

gleichermaßen reflektierten – richtete sich auf das vermeintlich egoistische Handeln des Landes. Der Fokus lag dabei auf wirtschaftspolitischen Fragen, speziell auf der unbedingten Notwendigkeit umfangreicher amerikanischer Kredite, um die europäischen Volkswirtschaften zu sanieren.[15] Diese neue Form der europäischen Abhängigkeit wurde meist jedoch noch keinesfalls mit einer grundsätzlichen Verschiebung der globalen Kräfteverhältnisse gleichgesetzt. In den Kommentaren dominierte das Bild von den USA als einem erfolgreichen europäischen Ableger, dessen Hilfe in dieser Situation mehr oder weniger selbstverständlich sei. In diesem Sinne verkündete der „Manchester Guardian" 1923, dass Europa in seiner materiellen wie moralischen Not seine Hände ausstrecke „to the great daughter nation in the West".[16] Folgerichtig äußerte die „Times" 1929 im Zuge der Verkündung des Briandschen Europaplanes die Hoffnung, dass „political animosities [...] will disappear from this Europe which created Western civilization and is still its conserver."[17] Tatsächlich war ein ungebrochenes Selbstbewusstsein gerade in Großbritannien festzustellen, wo häufig, teilweise mit klar anti-amerikanischer Stoßrichtung, die eigene Verantwortung für den Wiederaufbau des „Westens" betont wurde.[18]

3. Amerikanisierung vs. Europäisierung – der Weg zu dem einen „Westen"

Auch im Amerikanisierungs-Diskurs, einer weiteren Arena, in der zeitgenössisch über „Europa" und den „Westen" verhandelt wurde, war das Kräfteverhältnis in der massenmedialen Wahrnehmung keinesfalls so eindeutig verteilt, wie gerade in der ideengeschichtlichen Forschung oft konstatiert wird.[19] Das Schlagwort der „Amerikanisie-

---

[15] Amerikas Finanzhilfe für die europäischen Staaten, in: Finanz- und Handelsblatt, 2.6.1919; American Loans to Europe, in: The Times, 13.6.1919; U.S. Credits for Europe, in: The Times, 4.7.1919; Amerika. Kredite für Europa, in: Kölnische Zeitung, 29.8.1919; Credit for European Rehabilitation, in: Manchester Guardian, 14.6.1924.
[16] New Conference of the Powers, in: Manchester Guardian, 24.10.1923.
[17] Unity in Europe, in: The Times, 15.7.1929.
[18] The January Reviews, Troubled Europe, in: The Times, 2.1.1923.
[19] Die wissenschaftliche Forschung lenkt das Augenmerk häufig auf die Amerikanisierung einzelner europäischer Staaten, vgl. Alf Lüdtke/Inge Marßolek/Adelheid von Saldern (Hrsg.), Amerikanisierung. Traum und Alptraum im Deutschland des 20. Jahrhunderts, Stuttgart 1996; Egbert Klautke, Unbegrenzte Möglichkeiten. „Amerikanisierung" in Deutschland und Frankreich (1900–

rung" war bereits um die Jahrhundertwende vor allem infolge einer Veröffentlichung des britischen Journalisten William T. Stead populär geworden und wurde beiderseits des Atlantiks im Anschluss an den Ersten Weltkrieg insbesondere von Intellektuellen, aber auch in der Tagespresse, intensiv diskutiert.[20] So beobachtete die „New York Times" 1925 eine wachsende Angleichung der Kontinente. In Europa sei eine Standardisierung des alltäglichen Lebens zu beobachten, infolge derer lokale Kleidung und Brauchtümer verschwänden und dafür selbst die entlegensten Winkel mit Fords, Kodaks und Schreibmaschinen durchdrungen würden: „In fact Europe, along with the whole world, is moving toward a single civilization – Western civilization as typified by American life."[21] Analog hierzu stellte auch der österreichische Journalist Colin Ross in einem Artikel in der „Vossischen Zeitung" fest, dass gegenwärtig eine „Uniformierung der ganzen Menschheit im Sinne der westlichen Zivilisation" festzustellen sei. Jedoch müsse hinsichtlich der Übernahme von Technik, Kleidung, Sitten und Gewohnheiten des „Westens" gefragt werden, in welchem Maße dieser Prozess der „Verwestlichung der Welt" von Europa respektive Amerika vorangetrieben werde. Ross beschrieb ihn im Folgenden als einen „Kreislauf der Kräfte" im Mischverhältnis von Amerikanisierung und Europäisierung, wobei die amerikanische und die europäische Zivilisation keinesfalls gleichzusetzen seien, sondern unterschiedliche Charakteristika repräsentierten, die für ihn gemeinsam die Grundlage des „Westens" bildeten.[22]

Tatsächlich berichteten die Printmedien beiderseits des Atlantiks zwar genau über amerikanische Transfers in die „Alte Welt",[23] verwie-

---

1933), Stuttgart 2003 oder Frank Becker/Elke Reinhardt-Becker (Hrsg.), Mythos USA. „Amerikanisierung" in Deutschland seit 1900, Frankfurt a. M. 2006. Eine gesamteuropäische Perspektive auf die Amerikanisierung bieten etwa Victoria de Grazia, Irresistible Empire. America's Advance through Twentieth-Century Europe, Cambridge 2005; Jakob Tanner/Angelika Linke (Hrsg.), Attraktion und Abwehr. Die Amerikanisierung der Alltagskultur in Europa, Köln 2006; Harm G. Schröter, Winners and Losers. Eine kurze Geschichte der Amerikanisierung, München 2008.

[20] Vgl. William T. Stead, The Americanisation of the World or the Trend of the Twentieth Century, London 1902.

[21] Olden Languages Return to Favor, in: New York Times, 8.11.1925.

[22] Amerikanisierung-Europäisierung. Kreislauf der Kräfte, in: Vossische Zeitung, 29.11.1925.

[23] Vgl. u. a.: The Americanization of Europe's Youth, in: New York Times, 25.1.

sen aber wie Ross häufig auf eine verbreitete Gegenlesart zur These einer Amerikanisierung Europas, namentlich der einer Europäisierung Amerikas. So sprach etwa der rumänisch-amerikanische Schriftsteller Konrad Bercovici 1923 in der „New York Times" von einer kulturellen Invasion der „Alten Welt" in den Vereinigten Staaten, als deren Einfallstor die Ostküstenmetropole New York angesehen werden müsse, die mittlerweile europäischer als jede europäische Stadt sei und sich in den letzten Jahren geradezu zur Hauptstadt Europas entwickelt habe. Die Klagen der Europäer über eine Amerikanisierung ihres Kontinents seien ungerecht, da ihnen die Amerikaner letztlich Banalitäten wie Eiscreme oder Badewannen gebracht hätten, wohingegen die kulturelle Einflussnahme Europas in den USA viel tiefgehender sei, sich Spaghetti beispielsweise zum neuen amerikanischen Nationalgericht entwickelten oder Englisch in der „Metropolitan Opera" zu einer Fremdsprache mutiere.[24]

Unzweifelhaft waren Fortschrittlichkeit und Modernität in diesem Kontext wichtige Kriterien des „Westens". Europa wurde dabei im Vergleich zu den USA noch keinesfalls pauschal als unterentwickelt wahrgenommen, wie etwa ein Blick auf die Debatten über die Entwicklung der zivilen Luftfahrt zeigt. In diesem Kernbereich der Moderne avancierte in den 1920er Jahren vielmehr die Wahrnehmung eines amerikanischen Rückstandes im Vergleich zu Europa zu einem allgegenwärtigen Motiv in den Printmedien.[25] Im Kontext der Amerikanisierungs-Debatte gingen viele zeitgenössische Beobachter von wechselseitigen Verflechtungen statt von einseitigen Transfers aus, was wiederum die Kategorie „Westen" anschlussfähig machte. Sowohl in der Selbst- als auch in der Fremdwahrnehmung galt die „Alte Welt" als ein Hort der Moderne und als ernst zu nehmender Konkurrent für die USA. Der „Westen" erschien dabei als ein einheitlicher Raum des Fortschritts, der durch die transatlantische Konkurrenz belebt und

---

1925; Herr Feuchtwanger Jests at Europe's „Americanization", in: New York Times, 18.8.1929; Says Americanization Is Europe's Problem, in: New York Times, 12.3.1930.

[24] America Europeanized. And New York as the Gateway of an Invaded Continent, in: New York Times, 16.9.1923.

[25] Urges Spur to Aviation. Howard E. Coffin Says European Progress Shows Need Here, in: New York Times, 21.5.1923; Wagner Impressed by European Aviation, in: New York Times, 14.9.1927; Flying the Passenger Airways of Europe, in: New York Times, 27.4.1930. Vgl. hierzu ausführlicher: Greiner, Wege nach Europa, S. 253f.

konturiert wurde. Mit Blick auf die Wirkungen von Europäisierung und Amerikanisierung auf den Rest der Welt, wurde durchaus das Konzept einer „Westernisierung" *avant la lettre* vertreten, was in einem letzten Schritt verdeutlicht werden soll.

4. Die Stellung des „Westens" in der Welt

In der printmedialen Diskussion der Stellung des „Westens" in der Welt beinhaltete die Kategorie „Westen" für europäische wie für amerikanische Journalisten in den 1920er Jahren räumlich häufig beide Kontinente, Nordamerika und Europa, gleichermaßen. Der Hauptgrund hierfür liegt im Vorhandensein von zwei, die transatlantischen Differenzen relativierenden externen „Anderen": dem „Osten" und kolonialen Regionen. Die ja schon deutlich ältere Abgrenzung nach Osten wurde durch das Schreckgespenst des Bolschewismus in den 1920er Jahren noch verschärft: Ein transatlantisch definierter „Westen" hatte in vielen Fällen eine anti-sowjetische Stoßrichtung.[26] So pries ein Korrespondent in der „Times" 1921 die Entwicklung Finnlands, das sich aus dem Chaos Osteuropas zu einem „resolute outpost of Western civilization against the destructive forces of Bolshevism" entwickelt habe.[27] Ein Kommentar der „Vossischen Zeitung" betonte, dass die Kategorien „Westen" und „Osten" sowohl interkontinental als auch innerhalb Europas wirksam seien: „Man spricht von Europa und Asien und meint, damit den großen Gegensatz zwischen Osten und Westen erfaßt und herausgestellt zu haben." Inhaltlich war dieser Gegensatz für die Berliner Tageszeitung dabei nicht nur durch die im „Westen" dominanten liberal-demokratischen Anschauungen gekennzeichnet,

---

[26] Vgl. zur Bedeutung der Kategorie „Osten" für Konstruktionen des „Westens": Riccardo Bavaj, ‚The West'. A Conceptual Exploration, in: European History Online (EGO), 21. 11. 2011, http://www.ieg-ego.eu/bavajr-2011-en [25. 10. 2017] sowie hinsichtlich der historischen Ursprünge und Formen der Angst vor dem „Osten" die klassische Studie von Heinz Gollwitzer, Die Gelbe Gefahr. Geschichte eines Schlagworts. Studien zum imperialistischen Denken, Göttingen 1962. Zum Antibolschewismus in der Zwischenkriegszeit vgl. Andreas Wirsching, Antibolschewismus als Lernprozess. Die Auseinandersetzung mit Sowjetrussland in Deutschland nach dem Ersten Weltkrieg, in: Martin Aust/Daniel Schönpflug (Hrsg.), Vom Gegner lernen. Feindschaften und Kulturtransfers im Europa des 19. und 20. Jahrhunderts, Frankfurt a. M. 2007, S. 137–156, sowie speziell für dessen Einflüsse auf den Europadiskurs: Boris Schilmar, Der Europadiskurs im deutschen Exil 1933–1945, München 2004.
[27] Suomi, in: The Times, 18. 7. 1921.

sondern auch durch die Dichotomien Industrie vs. Bauernschaft, Stadt vs. Land, Fortschrittlichkeit vs. Rückständigkeit.[28] Ganz ähnlich argumentierte die „New York Times" in einem Artikel über die berühmte Messe im russischen Nischni Nowgorod, wo infolge der Einführung westlicher Methoden die asiatische Gemütlichkeit zugunsten europäisch-amerikanischer Effizienz in den Hintergrund rücke und selbst die Kleidung der persischen Messebesucher mittlerweile „Europeanized" sei.[29]

Zum anderen waren auch in kolonialen Kontexten „Westen" und „Europa" semantisch häufig deckungsgleich. So begrüßte etwa ein Kommentar des „Manchester Guardian" 1925 den deutschen Vorschlag für einen europäischen Pakt – der später in die Verträge von Locarno mündete – als einen wichtigen Schritt auf dem Weg zu einer Wiederherstellung des Prestiges der *Western civilization* im Angesicht der Unruhen in Ägypten, Indien und China und dem bevorstehenden Kollaps der europäischen Führungskraft in der Welt.[30] Zugleich thematisierten Artikel immer wieder den vermeintlichen Siegeszug europäischer Kulturgüter in der ganzen Welt und nutzten zur Beschreibung dieses Vorgangs abwechselnd Begriffe wie „Europäisierung" und „westliche Zivilisation". Dies wird deutlich, wenn man sich die printmediale Darstellung der Entwicklung der „Neuen Türkei" infolge der kemalistischen Reformen in den 1920er Jahren anschaut. Diese wurde nicht nur durch die deutschen und britischen, sondern auch durch die amerikanischen Zeitungen intensiv eingefangen und als eine bewusste Hinwendung des Landes nach „Westen" mit Blick auf politische Rechte, wirtschaftliche Methoden und vor allem alltagskulturelle Lebensformen beschrieben. Infolgedessen sehe es in Konstantinopel, wie der renommierte englische Auslandskorrespondent George Gedye 1929 in der „New York Times" berichtete, immer mehr wie in Connecticut aus.[31] Zeitgleich konstatierte der Istanbul-Korrespondent der „Vossischen Zeitung", Wilhelm Feldmann, dass man „[t]rotz aller Europäisierung [...] [merke], wie schwer den Türken die Annahme europäischer Denkart fällt",

---

[28] Das andere Europa, in: Vossische Zeitung, 13.6.1930; Sowjetrußland und die Sozialisten Europas, in: Vossische Zeitung, 30.6.1920.
[29] Efficiency Marks Modern Nijhni Fair. Soviet Now Introduces Western Methods, Banishing Old-Time Oriental Color and Barter, in: New York Times, 22.9.1929.
[30] Pact Discussion in the Lords. British Position, in: Manchester Guardian, 7.7.1925.
[31] Islam Makes Its Last Stand in Europe, in: New York Times, 5.5.1929.

weshalb man Kemal Pasha und seine Helfer für ihre unermüdlichen Versuche bewundern müsse, jene zu fördern. Indikatoren dafür, dass sich die „westliche Denkart" in der Türkei bei aller Reformpolitik noch nicht wie erhofft gegen überkommene „orientalische" Brauchtümer habe durchsetzen können, waren für Feldmann unter anderem Einbahnstraßen, die nicht für Beamte galten, und – hierüber echauffierte er sich besonders – nicht nummerierte Kinokarten.[32] Europäische und westliche „Denkart" waren in diesem Zusammenhang also offenbar gleichbedeutend und Europäisierung, Westernisierung sowie Modernisierung flossen ineinander. In diesem Sinne stand für den amerikanischen Reiseschriftsteller Harry Frank fest, dass man heute in der Grand Street in Manhattan mehr „orientalische" Kostüme als im „European-familiar" Konstantinopel sehen könne, wo sich das moderne Denken aufgrund der Bemühungen Atatürks längst durchgesetzt habe. Die Maxime des türkischen Präsidenten laute: „„Make my people outwardly indistinguishable from other Europeans [...] and they will unconsciously acquire all the qualities that have brought prosperity to the Western World".[33]

5. Fazit: Der „Westen" als eine transatlantische Konstruktion

Der Ausgang des Ersten Weltkriegs intensivierte unzweifelhaft Wahrnehmungen eines europäischen Bedeutungsverlusts infolge des Aufstiegs der Vereinigten Staaten zu einer politisch-militärischen, wirtschaftlichen und (massen-)kulturellen Großmacht.[34] Das kriegsentscheidende Eingreifen der Vereinigten Staaten und deren kaum zu verkennende fundamentale Bedeutung für den kontinentalen Wiederaufbau steigerte die europäische Verunsicherung und ließ in Kombination mit der wahrgenommenen wirtschaftlichen Suprematie der USA ein neues Unterlegenheitsgefühl entstehen, mithin eine „Bedrohungsidentität" mit Blick nach Nordamerika.[35] Letzteres wurde jedoch

---

[32] Schweres Europa, in: Vossische Zeitung, 8.10.1929.
[33] Her Fez Gone, Turkey Closes an Era. Kemal, the „Gazi" of Many Statues, in Making over His Country, Has Upset Many Old Laws and Habits, in: New York Times, 13.11.1927.
[34] Vgl. Jost Dülffer, Der Niedergang Europas im Zeichen der Gewalt: das 20. Jahrhundert, in: Heinz Duchhardt/Andreas Kunz (Hrsg.), „Europäische Geschichte" als historiographisches Problem, Mainz 1997, S. 105–127, hier S. 118 ff.
[35] Vgl. Kaelble, Europäer, S. 138–147 u. 157–163.

zugleich sukzessive zu einem wichtigen „Referenzort" für die Europäer bei der Selbstreflexion ihrer eigenen gesellschaftlichen Entwicklung – und umgekehrt.[36] Es war eben dieser sich ausprägende und verdichtende gegenseitige Beobachtungsraum, welcher die Kategorie des „Westens" in vielen Zusammenhängen und zumal mit Blick auf den „Osten" und vermeintlich rückständige Weltregionen bedeutsam werden ließ.

Zugleich hat die Untersuchung gezeigt, dass es im internationalen massenmedialen Diskurs der Jahre nach 1918 nicht den einen „Westen" gab. Vielmehr zirkulierten, je nach Kontext und je nachdem, was als das jeweils „Andere" fungierte, von dem der „Westen" abgegrenzt werden konnte, ganz unterschiedliche, zum Teil widersprüchliche Konzeptionen, vor allem was die Stellung des „Westens" im Spannungsfeld zwischen den ebenso fluiden Raumkategorien „Europa" und „Amerika" anging. Gerade in der Berichterstattung über koloniale Räume, aber sogar in den politisch aufgeladen Debatten über die Amerikanisierung Europas schlossen sich „westliche" und „europäische" Zivilisation keinesfalls aus, sondern wurden mitunter weitgehend deckungsgleich verwendet. Dagegen mühten sich besonders amerikanische Beobachter bei tagespolitischen Themen eher um eine begriffliche Abgrenzung.

Obschon der „Westen" somit diskursiv durchaus über „Europa" und zugleich umgekehrt „Europa" über den „Westen" hinausreichen konnte,[37] war es letztlich die „vertraute Alterität" (Adelheid von Saldern) zwischen „Alter" und „Neuer Welt", die öffentlichkeitswirksame Konstruktionen eines transatlantisch konturierten „Westen" begünstigte.[38] Entsprechend liegen die Ursprünge der Verknüpfung von Nordamerika und (West-)Europa zur „Western civilization" als einer Kultur- und Wertegemeinschaft nach 1945 in den frühen Zwischenkriegsjahren, in denen die Notwendigkeit eines sozio-politischen, wirtschaftlichen und modernen transatlantischen Raumes diskutiert wurde.

---

[36] Vgl. Anselm Doering-Manteuffel, Amerikanisierung und Westernisierung, Version: 1.0, in: Docupedia-Zeitgeschichte, 18.1.2011, https://docupedia.de/zg/Amerikanisierung_und_Westernisierung?oldid=76659 [25.10.2017].
[37] Vgl. hierzu auch die Überlegungen von Gerald Stourzh, Statt eines Vorworts. Europa, aber wo liegt es?, in: ders. (Hrsg.), Annäherungen an eine europäische Geschichtsschreibung, Wien 2002, S. ix–xx.
[38] Adelheid von Saldern, Identitätsbildung durch Abgrenzung. Europa und die USA in amerikanischen Gesellschaftsdiskursen des frühen 20. Jahrhunderts, in: Frank Bösch/Ariane Brill/Florian Greiner (Hrsg.): Europabilder im 20. Jahrhundert. Entstehung an der Peripherie, Göttingen 2012, S. 119–142, hier S. 127.

Katja Naumann
Der „Westen" im Curriculum
Western Civilization-Kurse und *General Education*-Programme an US-amerikanischen Colleges

Der „Westen" bedeutet höchst verschiedenes, je nachdem wer, in welchem Kontext und mit welchen Zielen Ideen über die Welt und ihre Teile entwirft. Das ist keine neue Erkenntnis, doch wird das Wissen um die soziale Produktion des „Westens" noch allzu oft von essentialistischen Vorstellungen überdeckt. Dabei gilt es für verschiedene gesellschaftliche Zusammenhänge zu analysieren, wann, warum und auf welche Weise die Imagination dieses Raumes zu einer zentralen Referenzgröße wurde. Wirkmächtige Weltvorstellungen werden schließlich nicht nur von namhaften Intellektuellen, Gelehrten und Politikern erdacht, sondern von zahlreichen anderen Akteuren – in unterschiedlichen sozialen Feldern.

Ich behandle nachfolgend die an US-amerikanischen Colleges vermittelte historische Allgemeinbildung zwischen den 1890er und 1960er Jahren als einen wichtigen Kontext für die Produktion von Narrativen über den „Westen". In der Weltordnung, die nach dem Ende des Ersten Weltkrieges entstand, entwickelten sich die Vereinigten Staaten zu einer Weltmacht und veränderten sich die europäisch-US-amerikanischen Beziehungen. Es lohnt sich daher genauer hinzusehen, wie sich diese Machtverschiebung in US-amerikanischen Vorstellungen über den „Westen" niederschlug. Dabei wird sich zeigen, dass vor einem Jahrhundert *the West* und *Western Civilization* noch keine festen Bezugsgrößen für die Verortung in der Welt waren. Vielmehr setzten sie sich erst langsam in einem offenen Prozess als Leitreferenz in der Auseinandersetzung mit der neuen Weltordnung und der Frage ihrer Genese durch. Beim Blick auf die Geschichtsvermittlung an Colleges wird aber nicht nur deutlich, dass die Erzählung vom Aufstieg des „Westens" in den 1920er Jahren Einzug in die Curricula hielt. Auch zeigt sich, dass ihre Verankerung unmittelbar auf Kritik stieß und eine intensive Auseinandersetzung über Alternativen und Ergänzungen begann, die bis in die 1960er Jahre und im Grunde bis in die Gegenwart reicht. Mehr noch, das Konzept *Western Civ* setzte sich in eben jenem Moment durch, als die Geschichte anderer Weltregionen relevant und in die Pflichtbestandteile der Studienpläne integriert wurde. Zugespitzt formuliert, ging die Konstruktion des „Westens" mit Bemühungen um dessen Dekonstruktion einher – erst die Anerkennung der Existenz vieler Kulturen bzw. Zivilisationen machte die Rede von einer „westlichen" Kultur möglich.

Historische Allgemeinbildung wurde an den Colleges in der Regel im ersten Studienjahr gelehrt, und zwar in einem Überblickskurs, der Studierenden des Fachs Geschichte wie Studierenden anderer Fächer die Menschheitsgeschichte von den Anfängen bis zur Gegenwart präsentierte. Dabei konnte es nicht darum gehen, spezifisches Wissen zu einzelnen Epochen zu vermitteln; vielmehr wurde in groben Strichen ein allgemeines Bild der Geschichte gezeichnet. Das galt vor allem für die Erstjahreskurse in Geschichte, die nach dem Ersten Weltkrieg in die *General Education*-Programme aufgenommen worden waren.[1] Dabei handelte es sich um eine Art Studium Generale, das für alle Studierenden obligatorisch war und Grundlagenwissen aus verschiedenen Disziplinen mit einer soliden historisch-politischen Bildung verbinden sollte.

Die Überblickskurse wurden zumeist von mehreren Dozenten gehalten, die gegenüber den Studienkommissionen des jeweiligen Colleges rechenschaftspflichtig waren. Welches Allgemeinwissen den Studenten im ersten Studienjahr vermittelt wurde, war den Lehrenden nicht freigestellt, sondern war eine Sache des ganzen Colleges. Rahmenlehrpläne und Syllabi wurden kollektiv erarbeitet; es wurden Handreichungen und oftmals ganze Lehrbücher verfasst – nicht nur für die eigenen Studierenden, sondern auch für den Einsatz an anderen Einrichtungen.

Der historische Einführungskurs war (und ist) die vielleicht bedeutendste Institution der historisch-politischen Bildung in den USA – auch deshalb, weil es bis heute kein landesweit gültiges Geschichtsabitur gibt. Ende des 19. Jahrhunderts war er unter dem Namen *general history* etabliert worden. Neben einem Grundstock an Faktenwissen sollten darin Werte und ein entsprechendes Geschichtsbild vermittelt werden. Das lud zu Meistererzählungen ein, und aus gutem Grund gelten diese

---

[1] Vgl. Michael Geyer, Multiculturalism and the Politics of General Education, in: Critical Inquiry 19 (1993), S. 499–533; W. B. Carnochan, The Battleground of the Curriculum. Liberal Education and American Experience, Stanford 1993; Daniel Bell, The Reforming of General Education. The Columbia Experience in its National Setting, New York 1966.

General History-Kurse als zentrale Institutionen für die Erfindung und öffentliche Verbreitung des Narrativs vom Aufstieg des „Westens".[2] Betrachtet man aber die Entwicklung dieser Kurse genauer, zeigt sich, dass sie von innen bald ausgehöhlt und die Vorstellungen vom „Westen" vage wurden.

Diesen Wandel illustriere ich nachfolgend zunächst anhand der Geschichtskurse, die an den Colleges der Universitäten Columbia, Chicago und Harvard unterrichtet wurden. Daran anschließend skizziere ich die breiteren bildungspolitischen Debatten zur Reform der historischen Allgemeinbildung anhand von Initiativen der *American Historical Association*.[3]

1. Allgemeine Geschichte als Aufstieg des „Westens"

Bis zum Ersten Weltkrieg wurde in den *History Survey Courses* im Wesentlichen die Entwicklung der Menschheit aus der Sicht der europäischen Universalgeschichtsschreibung des 19. Jahrhunderts präsentiert, das heißt die Geschichte Europas von den Anfängen bis zur Aufklärung und zur Französischen Revolution. Danach wurden die Inhalte signifikant umgeschrieben. Der neue Name dieser Kurse, *History of Contemporary Civilization*, später *History of Western Civilization*, war Programm. Sie breiteten ein historisches Panorama aus, das mit der griechischen Antike einsetzte und in der transatlantischen Einheit Westeuropas und der USA gipfelte. Damit wurde eine neue Erzählung der Weltgeschichte präsentiert, die den USA mit Hilfe des Konzepts der *Western Civilization* einen festen Platz zuwies und sie als Leitfigur der jüngsten Vergangenheit sowie als prägende Kraft der Gegenwart hervorhob.

Zu den ersten Kursen dieser Gestalt zählt der am College der Columbia University. Im Januar 1919 wurden die bisherigen Erstjahreskurse

---

[2] Gilbert Allardyce, The Rise and Fall of Western Civilization Course, in: American Historical Review 98 (1982) H. 3, S. 695–725; Gary Nash/Charlotte Crabtree/Ross Dunn, History on Trial. Culture Wars and the Teaching of the Past, New York 1997.

[3] Für eine umfassende Darstellung vgl. Katja Naumann, Laboratorien der Weltgeschichtsschreibung. Lehre und Forschung an den Universitäten Chicago, Columbia und Harvard 1918 bis 1968 (im Erscheinen), sowie dies., L'enseignement de l'histoire mondiale aux États-Unis avant William NcNeill et son premier ouvrage „The Rise of the West" (1963), in: Cahier d'Histoire. Revue d'histoire critique 121 (2013), S. 43–68.

in Geschichte und Philosophie durch ein neues Pflichtfach ersetzt, das den Titel *Introduction to Contemporary Civilization* (C.C.) trug.[4] Im Zentrum standen die neue Friedensordnung sowie die internationalen Beziehungen und drängende Probleme der Gegenwart in historischer Perspektive. Es wurden aber nicht nur die zeitgenössischen Entwicklungen behandelt, sondern auch die Geschichte der Menschheit von ihren Anfängen an, und zwar in Hinblick auf die *unique features of the western world*: Die Erzählung vom Aufstieg des „Westens" begann mit den griechischen Stadtstaaten und führte unter anderem über die Säkularisierung und Industrialisierung zu den politischen Revolutionen des 17. und 18. Jahrhunderts. Großbritannien, Frankreich und die USA traten als Akteure des weltgeschichtlichen Fortschritts auf; die nicht-westliche Welt wurde ausgeblendet.[5] Der Kurs vermittelte Kosmopolitismus im Dienst der Nation – Wissen über die Welt, um Staatsbürger zu formen.

Neu an diesem Curriculum war nicht, dass die Welt mit dem „Westen" gleichgesetzt wurde, und auch nicht, was über (West-)Europa seit dem 17. Jahrhundert gelehrt wurde. Neu war der Brennpunkt: Der Verlauf der europäischen Geschichte wurde als Weg hin zu einer transatlantischen kulturellen Einheit konstruiert, in der sich vor allem die europäischen Einwanderer wiederfinden konnten. In die Allgemeine Geschichte europäischer Couleur wurde die US-amerikanische hineingeschrieben. Das verbindende Glied schuf die Gegenwartsanalyse: Der Weltkrieg habe neben den materiellen und menschlichen Verlusten die Glaubwürdigkeit europäischer Werte und Institutionen zerstört und große Zweifel an ihrer Fortschrittsfähigkeit aufgeworfen, weshalb eine der vordringlichen Aufgaben darin bestünde, ihre

---

[4] Anlass dazu gab die Initiative, einen Kurs, der während des Krieges für die Ausbildung von Rekruten entwickelt worden war und die jüngere Geschichte der europäischen Länder zum besseren Verständnis des Krieges behandelt hatte, in die reguläre Allgemeinbildung einzuflechten: Herbert E. Hawkes, A College Course on Peace Issues, in: Educational Review 58 (1919) H. 9, S. 143–150; Timothy P. Cross, An Oasis of Order. The Core Curriculum at Columbia College, New York 1995.
[5] Vgl. den Lehrplan von 1919: Introduction to Contemporary Civilization, Columbia College, New York 1919; Harry J. Carman, The Columbia Course in Contemporary Civilization, in: Columbia Alumni News 17 (1925) H. 8, S. 143–145; John J. Coss, A Report of the Columbia Experiment with the Course on Contemporary Civilization, in: William S. Gray (Hrsg.), The Junior College Curriculum, Chicago 1929, S. 133–146.

Grundfesten wieder zu errichten, wozu vor allem die USA aufgefordert seien.[6]

Diese gleichermaßen eurozentrische wie universalistische Weltgeschichte verbreitete sich rasant. 1922 plädierte die *American Association of University Professors* dafür, im ersten Studienjahr Grundlagen aus den Sozial- und Geisteswissenschaften zu lehren und empfahl zur Orientierung den Columbia-Kurs. Sie fand damit Gehör. Drei Jahre später wurden bereits landesweit an über 80 Colleges solche Einführungen unterrichtet, und knapp die Hälfte war mit *Contemporary Civilization* überschrieben. Zudem prüfte das *College Examination Board* auf dem Gebiet der europäischen Geschichte spätestens seit 1924 nach diesen Inhalten.[7]

Die *General History*-Kurse waren einer der Orte, an denen in den 1920er Jahren das Narrativ vom „Aufstieg des Westens" entworfen und verbreitet wurde. Es mag kaum überraschen, dass sie später zum Stein des Anstoßes wurden. Historiker mit Interesse an einer pluralistischen Weltgeschichte formierten sich in den 1970er Jahren in kritischer Distanz zu ihnen und plädierten für die Einführung von *World History*-Kursen.[8] Noch heute kämpfen *world historians* gegen die *Western Civ*-Kurse an, die sie als Kern einer eurozentrischen Geschichtsauffassung ansehen.[9] Verfolgt man aber die Entwicklung die-

---

[6] Vgl. Lawrence W. Levine, The Opening of the American Mind. Canons, Culture, and History, Boston 1996, S. 58 ff.; Peter N. Stearns, Western Civilization in World History, New York 2003, S. 15, Allardyce, Rise and Fall.

[7] Ernest H. Wilkins, Initiatory Courses for Freshmen. Report of Committee G, in: Bulletin of the American Association of University Professors 8 (1922) H. 6, S. 10–40; Charles T. Fitts/Fletcher H. Swift, The Construction of Orientation Courses for College Freshmen, Berkeley 1928, S. 168 f.; Frederick Rudolph, Curriculum. A History of the American Undergraduate Course of Study since 1636, San Francisco (CA) 1977, S. 238; Harriet H. Shoen, The History Examinations of the College Entrance Examination Board 1901–1933, New York 1936, Appendix 1, S. 97. Nach Timothy Cross ist der Syllabus sogar von über 200 Einrichtungen aufgegriffen worden, vgl. Cross, Oasis of Order, Kapitel 4.

[8] Mit Allan Blooms Buch, „The Closing of the American Mind", New York 1987, hatten die Anhänger der „Western Civ"-Kurse eine ausgefeilte Kritik an einer multikulturalistischen Geschichtsauffassung zur Hand. 1996 fasste Lawrence W. Levine in „The Opening of the American Mind. Canons, Culture, and History", Boston 1996, die Argumente der Gegenseite zusammen.

[9] Vgl. Nash, History on Trial; Craig Lockard, World History and the Public. The National Standards Debate, in: Perspectives, Mai 2000, https://www.historians.org/publications-and-directories/perspectives-on-history/may-2000/historians-and-the-public(s)/world-history-and-the-public-the-national-standards-debate [25.10.2017].

ser Kurse en détail, zeigt sich, dass sie auch von innen ausgehöhlt wurden. Dieser Prozess kannte verschiedene Spielarten, von denen im Folgenden drei skizziert werden.

2. Absatzbewegungen und Pluralisierung

Am Columbia College kamen bereits unmittelbar nach der Einführung des Kurses *Introduction to Contemporary Civilization* Zweifel an der Gesamtdeutung auf. Das zeigen mehrere Verschiebungen an: Zum einen folgten die Zäsuren bald nicht mehr ausschließlich den Wendepunkten der europäischen Geschichte. So löste eine weltgeschichtlich gedachte Zäsur im Jahr 1850 jene im Jahr 1871 ab, die für die Geschichte „zivilisierter" Nationen gegolten hatte. Zum anderen fanden der Nahe Osten, Asien, Afrika und Lateinamerika Eingang in den Kurs, und zwar nicht nur unter der Rubrik des Kolonialismus. Das Osmanische Reich wurde bis zu seinen Ursprüngen zurückverfolgt; die nationalen Unabhängigkeitsbewegungen Lateinamerikas in der Mitte des 19. Jahrhunderts illustrierten politische Revolutionen; Australien sowie Neuseeland dienten als Beispiele für das Entstehen einer Mittelklasse in modernen Gesellschaften.[10] Nicht nur vom „Westen" (im engeren Sinne) war also die Rede.

War der Kurs zunächst geografisch geordnet, setzte sich schnell eine inhaltliche Strukturierung durch, wobei zwei Themen hinzutraten: Erstens wurde der Imperialismus zu einem Kernelement des Kurses und dabei von einem Teilaspekt der europäischen zu einem Kennzeichen der Allgemeinen Geschichte umgedeutet. Parallel dazu wurden koloniale Expansion und außereuropäische Geschichte getrennt voneinander behandelt, und es zeigte sich ein Unbehagen, den Kolonialismus als Prozess des Fortschritts zu beschreiben. Im Gegensatz zu anderen Themen versah das Kursprogramm koloniale Bestrebungen und Kolonialisierung nun mit Fragezeichen. Mehr noch wurde 1920 die verbreitete Überzeugung, dass die europäische Kultur verpflichtet sei, sich auszudehnen, zur Diskussion gestellt. Bald darauf stellte sich Skepsis ein, ob der „Westen" überhaupt das Recht habe, zu „zivilisieren" und jenseits der eigenen Grenzen zu missionieren. Schließlich setzte sich eine kolonialkritische Haltung durch. John A. Hobsons „Im-

---

[10] John J. Coss, Contemporary Civilization, in: Columbia Alumni News 12 (1921) H. 27, S. 410–415; Introduction to Contemporary Civilization. A Syllabus, Columbia University, New York 1920 (überarb. 1921/1924).

perialism" sowie Leonard Woolfs „Economic Imperialism" wurden in die Lektürelisten aufgenommen.[11]

Zweitens wurde der Nationalismus als leitendes Prinzip der internationalen Beziehungen zunehmend in Frage gestellt, so dass Aspekte des Internationalismus thematisiert werden konnten. Zur Sprache kamen die Kirche als „Fürsprecher für den Frieden", die Haager Konventionen von 1899 und 1907, der Völkerbund und die Internationalen Organisationen des 19. Jahrhunderts sowie die länderübergreifenden Zusammenschlüsse von Arbeitern und Sozialisten. Behandelt wurden auch die Internationalisierung im kulturellen Bereich und globale Interdependenzen in Handel und Wirtschaft. All dies mündete in ein Plädoyer für eine Verrechtlichung der internationalen Beziehungen, aber auch der gesellschaftlichen Verflechtungen wie etwa in Angelegenheiten des geistigen Eigentums. John A. Hobsons „Towards International Government" (1915), Stephen P. Duggans „The League of Nations" (1919) und Arnold Toynbees „Nationality and the War" (1915) wurden zur Pflichtlektüre.[12]

Darüber hinaus finden sich erste Anzeichen für ein Problembewusstsein gegenüber der Stilisierung des „Westens" als Wiege des Fortschritts: 1921 wurde die Formulierung *backward peoples* mit Anführungszeichen versehen; 1925 wurde diese Charakterisierung ausdrücklich problematisiert; und ein Jahr später fügte man zur empfohlenen Begleitlektüre einen Kommentar an, der diese als unausgewogen und argumentativ einseitig kritisierte. Auch in den nächsten Jahren wurden wiederholt Passagen gestrichen, die eine Überlegenheit des „Westens" implizierten. Zugleich war das Unbehagen darüber, nichtwestliche Gesellschaften an der eigenen Kultur zu messen, begrenzt. So wurden interkulturelle Austauschprozesse weiterhin als Ausdehnung des „Westens" beschrieben. Einerseits wurde also das Narrativ vom Aufstieg des „Westens" institutionalisiert; andererseits wurde dieses Narrativ schon zu Beginn seiner Institutionalisierung hinterfragt und durch neue Inhalte relativiert.

In den 1930er Jahren rückten kulturelle Differenzen in den Blick und wurden Außeneinflüsse als ein maßgeblicher Faktor für gesell-

---

[11] Introduction to Contemporary Civilization, Syllabus 1920, S. 58; Syllabus 1925, S. 87 und Syllabus 1926, S. 80.

[12] Auch an vielen anderen Colleges wurde zu der Zeit das Thema Internationalismus in schulische und akademische Curricula aufgenommen: Library of Congress, Manuscript Division, American Historical Association Papers, Box 787, Fd. Contents, International Relations, Isaac Leon Kandel, Education and International Regulation, undatiert.

schaftliche Entwicklung aufgefasst. Pate stand ein Kulturbegriff aus der Anthropologie, demzufolge die eigene Kultur nicht per se positiv konnotiert war. Mit diesem Begriff wurden die Studierenden darauf hingewiesen, dass zwar für einzelne Sozialbereiche Fortschritt (oder Stillstand) zu konstatieren sei, dass man aber nicht die Entwicklung einer ganzen Gesellschaft als fortschrittlich (oder rückständig) beschreiben könne. Wichtiger noch: Je mehr sich die Lehrenden mit den Spezifika der Weltkulturen auseinandersetzten, desto lauter wurde das Plädoyer, sie eingehender und jenseits der Annahme eines universalen Geschichtsverlaufs zu behandeln – als indische, chinesische und japanische Geschichte eigenen Rechts.[13] Bald kam die Idee einer Einführung in die asiatische Kultur auf. 1946 stand ein Kolloquium *Oriental Humanities* im Vorlesungsverzeichnis. Kurz darauf wurde daraus ein regulärer Kurs, und diesem folgte drei Jahre später *Oriental Civilization*, so dass den Studierenden schon im ersten Studienjahr außereuropäische Geschichte und Kultur nähergebracht wurden. Dass nicht-westliche Gesellschaften im Curriculum separat verankert wurden, heißt nicht, dass ein orientalisierendes und eurozentrisches Verständnis aufgegeben, sondern dass der Geschichte Asiens, Afrikas und Lateinamerikas Eigenständigkeit zugesprochen wurde. Die einsetzende Begrenzung des Kurses auf die Geschichte jener Länder, die zum „Westen" gerechnet wurden, hatte also mit der Anerkennung des Eigenwertes der Geschichte Außereuropas zu tun.

Nach dem Zweiten Weltkrieg rückte die Vermittlung von Daten, Fakten und Prozessen wie Industrialisierung oder Nationalstaatsbildung zugunsten ideengeschichtlicher Betrachtungen in den Hintergrund. Schon im Studienjahr 1948 nahmen die Denkschriften des politischen und wirtschaftlichen Liberalismus sowie sozialreformerische Manifeste großen Raum ein. Im Laufe der 1950er Jahre trat die Einführung in die Sozialphilosophie ganz in den Vordergrund. Die Aufstiegsgeschichte des „Westens" bildete nur mehr die Rahmung eines Lektürekurses – einer Anthologie von namhaften Personen und großen Denkern. Zum Imperialismus lasen die Studierenden Lenin und Schumpeter.[14]

---

[13] Introduction to Contemporary Civilization, Syllabus 1928, S. 2.
[14] Das stellte man auch an der Columbia University fest: Columbiana Archives New York, Columbia University, Records of the Core Curriculum, Box 3, Fd. 142, Charles C. Cole, History in the General Education Program at Columbia College, undatiert.

Ähnlich verlief die Entwicklung am College der University of Chicago. Um 1900 wurde mit dem Kurs *History of Civilization* Allgemeine Geschichte in das Studium integriert. Inhaltlich bot er zunächst einen Überblick über europäische Geschichte. Nach dem Ersten Weltkrieg wurde der Kurs neu konzipiert, fortan wurde die Allgemeine Geschichte als Genese einer transatlantischen Einheit und als Aufstieg des „Westens" erzählt. Doch schon Ende der 1920er Jahre mehrten sich Stimmen, die diesen Rahmen vergrößern wollten. Der neu berufene Asien-Historiker Harley F. MacNair, dem die Leitung des Kurses übertragen worden war, nutzte die Möglichkeit einer Erweiterung des Kurses auf zwei bzw. drei Jahre, um für den Einschluss der außereuropäischen Geschichte zu werben. Nach MacNair war von Anfang an strittig gewesen, ob lediglich über den „Westen" oder aber über die ganze Welt gelehrt werden sollte. Mit seinem Kollegen Arthur P. Scott konzipierte er einen neuen Lehrplan, der die Kulturen der Welt in das Zentrum rückte, ohne einer Universalgeschichte alten Stils verhaftet zu sein.[15]

Dazu kam es aber nicht, da 1931/32 im Zuge einer radikalen Umgestaltung des Bachelorstudiums Geschichte als eigenständiges Studienfach gestrichen und in einen Einführungskurs in die Geisteswissenschaften (*Introduction to Humanities*) integriert wurde, der inhaltlich wie zuvor vom Zweistromland nach Westeuropa führte.[16] Ähnlich wie am Columbia College, nur früher, eliminierten die fast jährlichen Überarbeitungen nach und nach historische Themen wie die Entstehung von Städten oder des Welthandels. Sie waren bald nur noch eine Folie für die Diskussion der großen Denker, Literaten und Künstler. Die annoncierte „Kulturgeschichte der Menschheit" war de facto Kunstgeschichte. Politische, soziale und ökonomische Entwicklungen dienten bestenfalls als Kulisse. Damit löste sich zunehmend die Meistererzählung vom „Westen" als Fackelträger der Weltgeschichte auf. In der Rahmung durch die Curricula war sie weiterhin präsent; in der tatsächlichen Lehre spielte sie kaum mehr eine Rolle.

---

[15] Unterstützung fanden MacNair und Scott bei Walter Johnson, Lateinamerika-Historiker und ebenfalls in den Kurs involviert: Special Collection Research Center, University of Chicago, History Department Papers, Box 19, Fd. 4, Minutes, Departmental Meeting, 7.5.1927; ebd., Box 21, Fd. 1, MacNair an Instructors in History 131, 14.3.1929; ebd., Box 2, Fd. 4, MacNair an Dodd, 22.5.1929; ebd., Box 5, Fd. 3, Dodd an Knappen, 1.7.1929.

[16] Introductory General Course in the Humanities, Syllabus 1931, hrsg. von Hayward Keniston/ Ferdinand Schevill/Arthur P. Scott, Chicago (IL) 1931.

Parallel dazu entwickelte sich auch an University of Chicago ein Unbehagen darüber, nicht-westliche Kulturen und globale Entwicklungen auszublenden. Arthur P. Scott, der den Kurs seit Mitte der 1930er Jahre leitete, problematisierte den „westlichen Bias" und die Tatsache, dass Außereuropa nur vorkam, wenn es im Zusammenhang mit dem „Westen" stand.[17] Der 1948 wieder eingeführte, eigenständige Geschichtskurs trug zwar *Western Civilization* im Titel und gab vor, die Geschichte der Welt zu repräsentieren. Doch waren von Anfang an mehrere Aspekte einer solchen universalistischen Geschichtsauffassung umstritten: etwa die Ableitung überzeitlicher Prinzipien menschlicher Entwicklung aus dem Geschichtsverlauf sowie die Präsentation eines zeitlich umfassenden Panoramas vom Ursprung der Welt bis zur Gegenwart. Unangetastet blieb indes der Eurozentrismus des Kurses. Gegen ihn traten Mitte der 1950er Jahre Milton Singer, Robert Redfield, Marshall Hodgson und Herrlee G. Creel an, indem sie drei *Non-Western-Civ*-Kurse etablierten, die den Studierenden die Geschichte und Kultur des Islam, Indiens und Chinas näherbrachten.

Am College der Harvard University blieb der historische Überblick bis 1946 auf die europäische Geschichte beschränkt, über die Faktenwissen unterrichtet wurde, ohne dass eine zusammenfassende Deutung klar erkennbar wurde. Selbst diese Form einer ersten Begegnung mit dem Fach schien zunehmend weniger plausibel, denn 1940 verlor der Kurs seine obligate Stellung im Bachelorstudium, wohingegen die Beschäftigung mit Außereuropa bereits zuvor vom zweiten Studienjahr an zur Pflicht gemacht worden war. Die Prüfungsordnung, eine Stellschraube des Curriculums, schrieb dies vor, genauso wie weitere jeweils spezifische Kurse zu einzelnen Regionen der Welt. Erst seit 1946 gab es am Harvard College einen obligatorischen Kurs, der unter der Überschrift *Western Thought and Institutions* eine „westliche" Kultur konstruierte. Doch bereits im nächsten Jahr bot man gleichgewichtete Lehrveranstaltungen zunächst zu Asien und Lateinamerika, später zu Afrika an.

---

[17] Special Collection Research Center, University of Chicago, Arthur P. Scott Papers, Box 1, Fd. 3, Arthur P. Scott, Objectives of the Humanities Course, undatiert, S. 5f.

3. Die *American Historical Association* und die Dezentrierung der Allgemeinen Geschichte

An allen drei Colleges löste sich in den *General-History*-Kursen die Erzählung vom „Aufstieg des Westens" zunehmend auf. Als Rahmung hatte das Narrativ zwar bis in die 1960er Jahre Bestand, doch spielten die konkreten historischen Eckpunkte dieser Erzählung eine immer geringere Rolle. Parallel dazu wurden Kurse über außereuropäische Kulturen und ihre Geschichte geschaffen, die in den Studienordnungen sukzessive aufgewertet wurden. Dieser curriculare Wandel verlief zwar unterschiedlich schnell, doch die Studierenden konnten spätestens ab 1955 an jedem der drei Colleges die verpflichtende historische Allgemeinbildung mit Lehrveranstaltungen zur Geschichte Asiens, Lateinamerikas, dem Nahen Osten und später mit Afrika abdecken.

Dieser Trend beschränkte sich nicht auf die genannten Colleges, sondern prägte die Curricula im ganzen Land. Vorangetrieben wurde dieser Prozess durch Initiativen des Fachverbandes der Historiker, der *American Historical Association* (AHA), einem der prominentesten Akteure in den Debatten über die schulischen und akademischen Curricula im Fach Geschichte. Die AHA drängte Schulen und Colleges dazu, Weltgeschichte als Fach einzuführen und in das historische Allgemeinwissen aufzunehmen. Schon 1918 hatte das *Committee on History and Education for Citizenship* empfohlen, *world history* im Schullehrplan zu verankern. Mindestens zwei Jahre „Weltgeschichte von 1650 bis zur Gegenwart" müssten die Schüler belegen, wohlgemerkt in neuer Form, also als Beschäftigung mit sämtlichen Kulturen der Welt, nicht im Stile der *old encyclopaedic general history*, wonach sich die Geschichte der Welt auf die des „Westens" reduzierte. Zudem sollte als Wahloption ein Kurs zur Zeitgeschichte Asiens angeboten werden.[18] Auch in der Folge plädierte die AHA für eine Erneuerung des weltgeschichtlichen Unterrichts: Eine breite und umfassende Vorstellung von der Entwicklung der Menschheit müsse vermittelt werden, befand die *Commission on the Social Studies in the Schools*, die von der AHA 1929 eingesetzt wurde und bis 1934 bestand.[19] 1940 kritisierte Sidney R. Packard in einer für die AHA

---

[18] Report of the Committee on History and Education for Citizenship, in: Historical Outlook 12 (1921) H. 3, S. 87–97, hier S. 91f.; Edgar Dawson, History and the Social Studies, in: Educational Review 68 (1924), S. 67–71, hier S. 70.
[19] Die Kommission veröffentlichte 14 Bände, vgl. vor allem folgende: Charles A. Beard (Hrsg.), A Charter for the Social Sciences in the schools, New York 1932

erstellten Studie, die Erstjahres-Kurse an 60 nordamerikanischen Universitäten untersuchte, den zeitlichen Umfang ebenso wie die räumliche Beschränkung von Kursen, die den „Westen" von der Steinzeit an behandelten.[20]

Eine von der AHA mitten im Krieg eingesetzte Kommission empfahl zudem eine stärkere Berücksichtigung der jüngeren Weltgeschichte an den Colleges und lieferte Themen- und Lektürelisten zu Asien und dem südlichen Amerika.[21] Vor allem sei ein fundiertes Wissen über die Entwicklung des Fernen Ostens vom 18. bis in das 20. Jahrhundert für den gebildeten Bürger unabdingbar. Die eigene, amerikanische Vergangenheit sei ohne die kulturellen und ökonomischen Einflüsse aus China, Japan und ihrer Nachbarn nicht zu begreifen. Dem Eurozentrismus müsse ein Ende bereitet werden. Die Kommission forderte Jahreskurse über den Raum Zentral- und Ostasiens, einschließlich der pazifischen Inseln. Auch müsse, wer existierende Lehrpläne erweitern wolle, außereuropäische Kulturen aus der Rubrik „Europäische Expansion" lösen. Nichtwestliche Geschichte gehe nicht in der des Kolonialismus auf. Dafür, dass dieses Plädoyer nicht nur innerhalb der AHA kursierte, sorgte das *US Office of Education*: Unter dem Titel „Adjustments of the College Curriculum to War Times Conditions and Needs" versandte es 1943 den Kommissionsbericht an Einrichtungen der Höheren Bildung im ganzen Land.

In den 1950er Jahren wurde die Kritik an Allgemeiner Geschichte in Form von *Western Civ* unüberhörbar und über die Lehrplan-Diskussion an den einzelnen Colleges auch in den landesweiten Bildungsdebatten zu einem zentralen Thema. Das zeigt sich zum Beispiel am "Journal of General Education", das 1946 etabliert wurde. Bis 1959 erschien darin fast jedes Jahr ein Beitrag, der nach Alternativen zum etablierten Format der Collegeausbildung suchte: Die zeitliche Totalität der früheren Weltgeschichte samt gängiger Periodisierung wurde ebenso in Zweifel gezogen wie der Fokus auf lineare Fortschrittserzählungen etwa im Stile Arnold J. Toynbees (der letzte Band seiner Weltgeschichte erschien 1954). Joseph S. Strayer (Princeton University) schlug vor, die Grenzen

---

sowie ders., Conclusions and Recommendations, Washington 1934.
[20] Sidney R. Packard, The Introductory Course in History, in: Social Education 4 (1940), S. 538–544.
[21] Library of Congress, Manuscript Division, American Historical Association Papers, Box 141, Fd. Committee on American History, Report of the Committee appointed by the AHA to consider the History Curriculum in Colleges, undatiert.

des „Westens" als Kontaktzonen zu anderen Regionen zu begreifen, und plädierte für eine stärkere Berücksichtigung nicht-westlicher Regionen, einen Kurs über globale Veränderungen und Kontinuitäten sowie für eine Neuinterpretation der europäischen Expansion als eine Geschichte des Kolonialismus, die nach den Grenzen kolonialer Herrschaft sowie nach indigenen Reaktionsformen und deren Rückwirkung auf die Kolonialmächte fragen sollte. Robert Redfield (University of Chicago) forderte einen historisch-komparativen Zugriff auf die Kulturen der Welt als Leitthema eines neuen Geschichtsgrundlagenkurses ein und griff dabei auf die Forschungen eines großen Verbundprojekts zum Kulturvergleich zurück, das er selbst konzipiert hatte und das von der Ford Foundation gefördert wurde. Außerdem veröffentlichte das „Journal of General Education" 1959 ein Themenheft, das über die *Non-Western Civilization*-Kurse an den Colleges der Universitäten von Columbia und Chicago ausführlich informierte.[22]

Das neue Verständnis von Allgemeiner Geschichte spiegelte sich auch in den Bemühungen der AHA wider, den schulischen Unterricht von Weltgeschichte zu reformieren. Statt einer auf Europa und die USA konzentrierten Abhandlung der „Menschheitsgeschichte" von den Anfängen bis zur Gegenwart müsse ein Kurs zu *non-American historical studies* eingeführt werden, der die relative Autonomie von Entwicklungslogiken, Erfahrungsräumen und Problemlagen anderer Gesellschaften berücksichtige.[23] Zwei Unterrichtsjahre seien für eine Beschäftigung mit der Geschichte Asiens, Afrikas und Lateinamerikas vorzusehen. Im AHA-*Committee on Teaching* bestand allerdings Uneinigkeit darüber, ob globale Zusammenhänge besser als übergreifendes Narrativ darzustellen oder über die Einzelgeschichten der Weltregionen und ihrer Verbindungen zu fassen seien.[24]

---

[22] Joseph S. Strayer, United States History and World History, in: Journal of General Education 2 (1948) H. 2, S. 144–148; Robert Redfield, The Universally Human and the Culturally Variable, in: Journal of General Education 10 (1957) H. 3, S. 150–160; Journal of General Education 12 (1959) H. 1.
[23] Library of Congress, Manuscript Division, American Historical Association Papers, Box 692, Fd., Committee on Teaching (Service Center) 1961 (2), Proposal for Developing a Replacement for the World History Courses in Secondary Schools, Anlage zu: Carson, to Member of the Committee on Teaching, 10.7.1961; ebd., Fd. Committee on Teaching: History Curriculum Study Draft Committee on Teaching, Minutes, 28. Oktober 1961, S. 2.
[24] Ebd., Box 692, Fd. Committee on Teaching, Service Center, J. S. Strayer, Conduct of History Courses in the Schools, Mai 1961, S. 21 ff.

4. Zusammenfassung

General Education-Programme an US-amerikanischen Colleges waren zugleich eine Produktionsstätte für die Meistererzählung vom Aufstieg des „Westens" und eine Quelle der Kritik daran. Von Beginn an gab es in den entsprechenden Einführungskursen Absetzbewegungen von den universalistischen und eurozentrischen Vorstellungen von *Western Civ*. Damit wurde nicht nur die Geschichte des „Westens", sondern auch die nicht-westlicher Regionen im Curriculum verankert.

Für die Vorstellungen über den „Westen", die in den Vereinten Staaten nach dem Ende des Ersten Weltkrieges entstanden, stellt das gewählte Beispiel zweierlei heraus: Erstens zeigt sich, dass sie nicht nur von den Ideen und Konzepten einzelner einflussreicher Denker und Politiker geprägt wurden, sondern dass die Praxis des akademischen Unterrichts ein wesentlicher Kontext für ihre Produktion und Vermittlung war (und bis heute ist). Grundkurse im Fach Geschichte waren in den USA zentrale bildungspolitische Arenen, in denen um die Durchsetzung unterschiedlicher Geschichtsbilder gerungen wurde. Wer immer die Leiterzählungen über die Welt und den Platz der USA bzw. der „westlichen" Kultur ändern wollte, setzte bei den College-Curricula an. Zweitens wird deutlich, dass die Orientierung am „Westen" auch in den 1920er Jahren, als die USA die alten europäischen Imperien als Fürsprecher und Repräsentant „westlicher Kultur" ablöste, nicht alternativlos war. Zeitgemäße Vorstellungen von der transatlantischen Einheit wurden in Auseinandersetzung mit anderen Bezugspunkten und Kulturen der Welt entworfen. In der Gegenüberstellung und Konfrontation mit diesen wurden das Konzept der *Western Civilization* und eine darauf basierende Allgemeine Geschichte zunehmend erklärungsbedürftig. Das führte zu neuen Begründungen des „Westens", brachte aber auch einen Ansatz in der Weltgeschichtsschreibung hervor, der Asien, Afrika, Lateinamerika und den Nahen Osten in den Fokus rückte. So stand das geschichtspolitische Projekt, die USA über das Konzept der *Western Civilization* in eine auf Europa bezogene Universalgeschichte einzuschreiben, in den 1920er und 1930er Jahren in Konkurrenz zu der Erarbeitung eines Konzepts von Weltgeschichte, das nicht-„westlichen" Kulturen Vorrang gegenüber Europa und dem „Westen" gab. Die heutige *World History* US-amerikanischer Prägung hat ihre Wurzeln in dieser Konstellation.

Christian Geulen
Test the West
Bemerkungen über ein Raumkonzept – und seinen Geltungsraum

Eine Funktion historischen Denkens besteht zuweilen darin, einfache Gesten schwierig zu machen.[1] Einfache Gesten – das sind nicht zuletzt solche Begriffe und Aussagen, die wir für selbstverständlich halten und wie selbstverständlich verwenden, ohne uns über ihre historische Herkunft oder ihre mögliche Veränderung Gedanken zu machen. Die Rede vom „Westen" war lange und ist zum großen Teil noch heute eine solche Selbstverständlichkeit unseres politischen Sprachgebrauchs. Sie hat das Ende des Kalten Krieges ebenso überlebt wie drei Jahrzehnte fortschreitender Globalisierung. Auch und bisweilen sogar gerade dort, wo wir die grundlegenden Transformationen zu verstehen suchen, die unsere Gegenwart prägen, halten wir am Konzept und an der Formel des „Westens" fest. Der Begriff fungiert als eine Art Appellativ-Instanz, die immer dort beschworen und angerufen wird, wo das, was früher einmal politisch aufs Engste mit dem „Westen" verknüpft schien, heute in Gefahr zu geraten droht.

Was genau diese Gefahr ausmacht, wird zwar zunehmend diffuser und ist schon lange nicht mehr – wie noch im Kalten Krieg – als ein feindliches System beschreibbar. Doch die Forderung, den „Westen" und seine Werte unbedingt zu verteidigen, ist heute so prominent wie im 20. Jahrhundert. Aus der Bipolarität des Ost-West-Konflikts scheint die Monopolarität einer Weltordnung geworden zu sein, in der sich der „Westen" umso mehr auf sich selbst und seine Werte zu besinnen sucht, je komplexer und schwieriger seine Rolle als letzte und einzige globale Ordnungsmacht wird. Manche sehen darin sogar die entstellte Wiederkehr einer viel älteren, imperialen Weltordnung: *the West and the Rest.*[2]

---

[1] Der folgende Text ist kein eigener Forschungsbeitrag zu dem Thema, das dieser Sammelband behandelt. Vielmehr versteht er sich als Kommentar, der ausgewählte Befunde der voranstehenden Aufsätze auf die gegenwärtigen Formen und aktuellen Probleme der Rede vom „Westen" bezieht. Ich danke der Herausgeberin und dem Herausgeber dafür, auch dieses etwas freiere Format in den Band aufgenommen zu haben.

[2] Vgl. etwa Michael Hardt/Antonio Negri, Empire, Cambridge (MA) 2001.

Auch wenn sich über diese Parallelität streiten lässt, ist der Umstand unverkennbar, dass die globale Verbreitung der „westlichen Werte" und Lebensformen, wie sie nach dem Zusammenbruch des Ostblocks zunächst rasant einsetzte und mit der Rede vom „Ende der Geschichte" (Francis Fukuyama) gefeiert wurde, inzwischen auf Widerstände stößt und Folgen hat, die den „Westen" zunehmend dazu bringen, sich wieder als eine Partikularität wahrzunehmen, die es zu schützen gilt.

War etwa die Osterweiterung der EU noch im Geiste eines Triumphs des „Westens" erfolgt, so fragen sich heute viele, wie „westlich" dieser europäische Osten überhaupt sein kann. Mit den Anschlägen vom 11. September 2001 entstand dann sogar die Vorstellung einer neuen Bipolarität, die den Globus nun entlang kulturell-religiöser statt staatlich-ideologischer Gegensätze spalten würde. Seitdem wurde und wird in der Tat jeder einzelne islamistisch motivierte Anschlag in Europa oder Amerika als ein Angriff auf die „ganze" westliche Kultur und Lebensweise charakterisiert. Auch in Deutschland, von der Debatte um einen EU-Beitritt der Türkei bis zur sogenannten Flüchtlingskrise, verwandelte sich die Euphorie über eine Komplett-Verwestlichung der Welt, wie sie in den 1990ern Jahre imaginiert wurde, in eine Bestimmung des „Westens" als judeo-christliches und zugleich aufgeklärtes „Abendland", das orientalisch-muslimische Länder oder Menschen so einfach nicht integrieren könne. Heute ist es dieses „Abendland", das ausgerechnet lokal-xenophobe Bewegungen in Dresden und anderswo zu verteidigen vorgeben, und es ist ausgerechnet ein neuer, transnationaler Rechtspopulismus, der die „westlichen Werte" im schrillen Szenario ihres finalen Überlebenskampfs am lautesten beschwört. Doch auch auf der Bühne der internationalen Diplomatie, etwa im Verhältnis zu Russland, zu afrikanischen Staaten, zu China oder Nordkorea wird weiterhin und regelmäßig der Begriff des Westens mobilisiert, und es ist oft wie selbstverständlich von den „westlichen Partnern", vom „westlichen Bündnis", von der Verantwortung des „Westens" und vor allem von „westlichen Werten" die Rede. Auch die EU, von derzeit massiven inneren Spannungen und weiterhin mangelnder politischer Legitimität geprägt, findet ihren normativen Konsens bevorzugt im Verweis auf die Bewahrung „westlicher Werte".

Das Frappierende dabei ist, dass jedes einzelne dieser Beispiele eigentlich die Tatsache mehr als sinnfällig macht, dass es „den" Westen schon längst nicht mehr gibt; jedenfalls nicht so, wie er sich um 1900 herauszubilden begann – was der vorliegende Band analysiert

– und wie er dann das 20. Jahrhundert prägte. Das heutige Europa, die heutige ökonomische und kommunikationstechnologische Verflechtung der Welt einschließlich ihrer periodischen Krisen, die reale wie ideologisch imaginierte Gefahr des internationalen Terrors, die Neuerfindung und zunehmend radikale Beschwörung lokaler, regionaler und nationaler Identitäten, die weltweiten Migrationsbewegungen – all das signalisiert zunächst und vor allem ein Ende der Ära stabiler Blöcke, etablierter Einflusszonen und abgrenzbarer Kultursphären. Globalisierung, noch in den 1990ern theoretisch imaginiert als eine vom „Westen" ausgehende Schrumpfung der Welt, als ihr immer engeres Zusammenwachsen und ihre zunehmende Vereinigung, hat sich bestenfalls als eine globale „Vernetzung" herausgestellt. Die Bindungskraft eines Netzwerks aber beruht eben nicht auf Schrumpfung und Verschmelzung, sondern auf Zerstreuung und Vereinzelung. Das ist eine wesentliche historische Erfahrung der letzten dreißig Jahre: Je global vernetzter unsere Welt wird, desto mehr tendiert sie dazu, sich zu zerstreuen und zu vereinzeln. Menschen, Daten und Container bewegen sich immer mehr und immer schneller um die Welt, doch von jener *One-World*-Vision, die hinter der Gründung der UNO stand und die bipolare Weltordnung des Kalten Krieges als den danach bestimmt kommenden, historisch „nächsten Schritt" imaginär begleitete, bleibt immer weniger übrig, je mehr wir sie als fortlaufenden *Prozess* denken und „Globalisierung" nennen.

Denn je mehr sich der „Westen" wieder als Partikularität sieht, desto mehr tendiert er dazu, Globalisierung wieder als „Verwestlichung" zu denken. Jetzt aber nicht, wie 1989, als Effekt eines historischen Durchbruchs „westlicher" Demokratie und Freiheit, sondern als ein Fortschrittsprozess: von ihm erfunden, von ihm verkauft, von ihm exportiert – exklusiv und monopolistisch. Was dabei immer wieder und trotz aller akademischen Forschung der letzten Jahrzehnte vergessen wird, ist die inzwischen 500-jährige Verflechtungsgeschichte des „Westens" mit dem Rest der Welt, die nie nur eine einseitige Expansions- und Eroberungsgeschichte war, sondern „den Westen" in seinen Errungenschaften und Werten ebenso wie in seinen Ideologien und Gewaltpraktiken immer schon vielfältig mitgeprägt hat. Noch die bipolare Konfliktordnung des Kalten Kriegs funktionierte nicht ohne jene „Dritte Welt", die faktisch sogar der primäre Schauplatz der Austragung des Konflikts war. So gewalttätige Folgen diese Expansion auch hatte, sie wurde in ihren optimistischsten wie in ihren ideologischsten

Varianten, die oft genug dieselben waren, immerhin von dem Glauben getragen, dass die „westlichen" Werte eigentlich universale Werte seien. Ausgerechnet heute aber, in der Nach-Kalten-Kriegs-Ära, in der vermeintlich postmodernen und postnationalen Konstellation, wird das Bemühen immer populärer, den „Westen" nicht mehr als Hort und erste Realisierungsform des Universalismus, sondern als partikulare Heimat zu entdecken und zu denken.

Sicher tragen dazu auch solche Ideologien und Bewegungen in vielen Teilen der Welt bei, die sich, religiös, politisch oder ökonomisch motiviert, den Kampf gegen den „Westen" und das endgültige Ende seiner Vorherrschaft auf die Fahnen geschrieben haben. Doch ist anti-westliches Ressentiment wahrlich nichts Neues. Heute aber, vor dem Hintergrund eben jener, in den 1990er Jahren naiv formulierten Vorstellung, der „Westen" und seine Werte hätten nun global und endgültig gesiegt, trifft diese Abneigung gegen den „Westen" im „Westen" selbst auf ein völlig geschichtsvergessenes Unverständnis. Das hat zur Folge, dass Demokratie, Freiheit und Menschenrechte nicht mehr, wie noch kürzlich, als Exportschlager einer globalen, wenn auch stets gewaltbereiten Zivilisierungsmission gedacht werden, sondern zunehmend als exklusive Besitztümer „des Westens", die es vor Fremdaneignung, Korrumpierung und Unterwanderung zu schützen gelte. In vielerlei Hinsicht freilich haben die fraglose Universalisierung aufklärerischer Prinzipien und ihre partikularistische Bindung an eine exklusive Gruppe westlicher Staaten sehr ähnliche und gleichermaßen problematische Effekte: Zum einen werden junge, sich herausbildende Demokratien und Demokratiebewegungen fast automatisch als Verwestlichungsbestrebungen interpretiert und dafür von den einen so unbesehen begrüßt wie von anderen unbarmherzig bekämpft. Ein Beispiel für diesen Zusammenhang war der „arabische Frühling" und ist vor allem das, was aus ihm wurde. Doch ließe sich auch auf die immer wieder scheiternden Versuche verweisen, Demokratie zu exportieren, wie sie etwa im Irak unternommen wurden. Zum zweiten entstehen auch innerhalb des „Westens" massiver werdende Konkurrenzkämpfe um die Frage, wer die „westlichen Werte" denn am ehesten und am besten vertritt. So wie um 1900 die Imperialmächte erbittert darum stritten, wer die eigentliche Zivilisierungsarbeit leiste und damit den fortschrittlich-modernen Westen repräsentiere, so debattieren wir heute über das alte „West-" und das neue Osteuropa, über das fortgeschrittene Nord- und das zurückbleibende Südeuropa sowie über die Frage, ob Amerika überhaupt noch an der Spitze des „Westens" stehen kann, will oder sollte. Und sogar jene rechtspopulistischen und „identitären" Bewegungen, die scheinbar nationale, bisweilen sogar nur regionale Zugehörigkeiten verherrlichen, kommen nie ohne den Verweis aus, dass eigentlich nur sie die Bewahrer der „westlichen Werte", des „Abendlandes" und der „Zivilisation" seien.

„Der Westen" scheint sich also längst in einer vielfältigen Konkurrenz um die Repräsentation „westlicher Werte" aufzulösen. Umso mehr aber bleibt er als Appellations-Instanz erhalten, ohne die kaum ein politisches Unternehmen sich legitimieren kann – von der Nordkoreapolitik Washingtons bis zur jüngsten Pegida-Demo. Das macht den heutigen, sehr eigentümlichen Status des „Westens" aus: geografisch und geopolitisch lässt er sich kaum mehr definieren, doch als Name für ein bestimmtes Set vormals universal gedachter politisch-moralischer Prinzipien ist er weiterhin eine zentrale politische Legitimitätsquelle. Als solche aber unterliegt er einer laufenden partikularen und ideologischen Neubesetzung. Umso wichtiger erscheint die dem vorliegenden Band mindestens heimlich zugrundeliegende Frage nach der historischen Validität des Begriffs vom „Westen".

* * *

Wichtige Bezugspunkte für den vorliegenden Band liefern zwei in ihrer Konzeption gegensätzliche Studien zum Ursprung unserer Vorstellung vom „Westen". Da ist zum einen Heinrich August Winklers „Geschichte des Westens"[3] – ein historiografisches Monumentalprojekt, das Winklers äußerst populäre Geschichte Deutschlands, die unter dem Titel „Der lange Weg nach Westen" erschienen war, transnational und auf vier Bände erweitert. Winkler sieht den eigentlichen Ursprung des Okzidents im großen Schisma zwischen der lateinischen und der orthodoxen Kirche. Als politisch-normatives Projekt aber sei die Grundlage des Westens erst in den atlantischen Revolutionen des 18. Jahrhunderts gelegt worden, und es habe lange gedauert, bis der gesamte transatlantische, also „westliche" Raum, sich auch politisch-normativ „verwestlicht" habe. So faszinierend und in weiten Strecken auch überzeugend diese Langzeitinterpretation ist, sie kann, bei aller Monumentalität, ihren „Stallgeruch" nicht abstreifen: das Geschichtsbe-

---

[3] Heinrich August Winkler, Geschichte des Westens, 4 Bde, München 2016. Vgl. auch Ders., Der lange Weg nach Westen: Deutsche Geschichte, 2 Bde, München 2000.

wusstsein der alten Bundesrepublik, als die Teilung Deutschlands und der Welt in Ost und West trotz oder gerade wegen der nuklearen Katastrophendrohung als eine so bittere wie unabänderliche Weltordnung erschien.

Wie nicht zuletzt die hier vorliegenden Aufsätze zeigen, distanziert sich eine jüngere Forschung von dieser bei aller Komplexität gradlinigen Geschichte des „Westens" – verstanden als ein über Jahrhunderte erkennbares und unterscheidbares Projekt politischer Kulturbildung. So betont der vorliegende Band, dass der „Westen" immer wieder neu, unter wechselnden Bedingungen und mit unterschiedlichen Motivationen erfunden und konzipiert werden musste, um überhaupt als ein Raum von realer oder imaginärer Dauer erscheinen zu können. Dahinter steckt nicht zuletzt eine zur Skepsis gegenüber langen Entwicklungslinien mahnende gegenwartsgeschichtliche Erfahrung, die den „Westen" gleichsam über Nacht siegen, verschwinden und in allerlei entstellten Formen wiederauferstehen sah. Dass sogar Winklers eigenes jüngstes Buch die Frage aufwirft, ob der „Westen" vielleicht doch noch zerbrechen könnte, zeigt, dass es hier nicht nur um unterschiedliche Generations-, sondern in der Tat um neue historische Erfahrungen am Beginn des 21. Jahrhunderts geht.

Ein weiterer wichtiger Bezugspunkt des vorliegenden Bandes ist Christopher GoGwilts *The Invention of the West*[4], eine in fast jeder Hinsicht „kleinere", aber einflussreiche literarhistorische Studie über das Werk Joseph Conrads als Medium der bewusstseinsgeschichtlichen Herausbildung eines neuen Konzepts des „Westens" im Kontext der Verschränkung von Nationalismus und Imperialismus sowie im Zusammenhang eines besonderen, britischen Blicks auf die osteuropäischen Pan-Bewegungen.[5] In GoGwilts Sichtweise war und ist der „Wes-

---

[4] Christopher GoGwilt, The Invention of the West. Joseph Conrad and the Double Mapping of Europe and Empire, Stanford 1998.
[5] Mit Ausnahme Rudyard Kiplings gibt es in der Tat wohl kaum einen Schriftsteller, aus dessen Werk sich mehr über die Bewusstseinszustände, Denkweisen und Handlungsmuster des hochimperialen Zeitgeistes lernen lässt – und das gerade weil Conrads (wie Rudyard Kiplings) Schriften zugleich Teil dieses Zeitgeistes waren. In dieser Hinsicht haben wir in Deutschland eigentlich nur den literarisch weit weniger niveauvollen, aber umso populäreren Karl May zu bieten, der als Quelle für die Bewusstseinsgeschichte des deutschen Kolonialismus bislang aber kaum untersucht wurde. Vorschläge dazu in: Christian Geulen, Blutsbrüder. Über einige Affinitäten bei Karl May und Carl Peters, in: Jahrbuch der Karl-May-Gesellschaft 39 (2009), S. 309–339.

ten" alles andere als ein gegebener Kulturraum, der gewissermaßen nebenbei auch mal kolonial expandierte, sondern er entstand überhaupt erst in dem Versuch, die beiden politischen Ordnungsmodelle von Nation und Imperium, „theoretisch durch einen Abgrund geschieden" (Hannah Arendt)[6], miteinander zu versöhnen. Der hier zentrale und im vorliegenden Band mehrfach aufgegriffene Grundgedanke ist, dass für die Herausbildung des „Westens", zumindest wie er das 20. Jahrhundert prägen sollte, der imperial-kolonialistische Kontext der Jahrhundertwende und seine transnationalen Verflechtungseffekte sehr viel wichtiger waren als die Langzeitkontinuität von Kulturräumen oder politisch-normativen Projekten.

Nach den Thesen GoGwilts, aber auch Alastair Bonnetts[7], die Christian Methfessel in diesem Band einer näheren Überprüfung unterzieht, führten vor dem Hintergrund der gewalttätigen Unterdrückung antikolonialer Bewegungen und Revolten (bis hin zum Burenkrieg) die um 1900 um sich greifenden Wahrnehmungen einer Krise der „Weißen Rasse", einer Krise der lange als sicher angenommenen britischen Weltherrschaft und der Konkurrenz zu anderen Imperialmächten zu einer Suche nach neuen politischen Legitimitätsquellen des eigenen Handelns. Diese mussten eine räumliche, vor allem aber normative Qualität haben. In der Folge deutete man die schon länger prominente Idee einer kolonialen Zivilisierungsmission nun zur Vorstellung einer „zivilisierten Welt" um, deren Ausbau, vor allem aber auch Verteidigung jetzt als neue nationale Aufgabe galt – aber erst später, im Kontext des Ersten Weltkriegs, eng an den Begriff des „Westens" gebunden wurde.

Am Beispiel des deutschen Kolonialdiskurses untersucht Florian Wagner den Zusammenhang von Kolonialismus und dem Begriff des „Westens". Auch hier wurde das Konzept – meist verknüpft mit „Fortschritt", „Zivilisation" etc. – dort relevant, wo die Kolonisierung zugleich als nationale Leistung *und* als Beitrag zu einer gesamteuropäischen Errungenschaft präsentiert wurde. Das Ausmaß, in dem sich um 1900 – trotz aller Konkurrenz – eine transnationale Kolonisatoren-Solidarität entwickelte, wird oft übersehen. An einigen schlagenden

---

[6] Hannah Arendt, Elemente und Ursprünge totaler Herrschaft [engl. Orig. 1951], 3. Aufl. München 1993, S. 261.
[7] Alastair Bonnett, The Idea of the West. Culture, Politics and History, Basingstoke 2004, S. 14–39.

Beispielen, insbesondere mit Blick auf den sogenannten „liberalen" Kolonialdiskurs des späten Kaiserreichs (Paul Rohrbach, Bernhard Dernburg, Heinrich Schnee), macht Wagner deutlich, wie sehr der Versuch, die räumlich begrenzte Nation und das Ausdehnungsprojekt des Kolonialismus zu versöhnen, dazu beitrug, langfristig die Idee eines „Westens" zu erzeugen, der die eigentlich überpolitischen Werte des Humanismus, der Zivilisation und der Freiheit politisch partikularisierte und umgekehrt den Nationen erlaubte, sich als Teil eines überpolitischen Ganzen zu sehen.

Diese Solidargemeinschaft der Kolonisatoren, als die der „Westen" in dieser frühen Phase auftrat oder zumindest aufschimmerte, wird auch im Beitrag von Jakob Lehne beleuchtet. Mit Blick auf drei um 1899 entflammte militärische Konflikte – der philippinisch-amerikanische Krieg, die Niederschlagung des Boxeraufstands und der Burenkrieg – wird deutlich, wie komplex und verworren die imperialen Machtverhältnisse inzwischen waren. Die klassischen nationalpolitischen Legitimationen reichten für diese drei imperialen Interventionskriege nicht mehr aus. Also wurde umso mehr eine übergreifende Zivilisationsrhetorik in Anschlag gebracht, die den Kolonialismus zwar schon seit dem 18. Jahrhundert begleitete, die jetzt aber an eine, wenn auch nicht genau festgelegte geopolitische Raumformation namens „Westen" gebunden wurde, in deren Namen und für deren Fortbestand Kolonialkriege geführt wurden.

Dass sich die Idee vom „Westen" in der Tat schon vor 1914 in vielen Staaten als neues Orientierungskonzept anbot, macht auch Benjamin Beuerle in seiner Interpretation der russischen Reformpolitik zwischen 1905 und 1914 deutlich. Er stellt sogar die Vermutung an, dass die damalige Ausrichtung russisch-antizarischer Bestrebungen in den Staaten Westeuropas ohne den Ersten Weltkrieg wohl zu einer ganz anderen geopolitischen Konstellation des 20. Jahrhunderts geführt hätte, als sie uns vertraut ist. Dass der Erste Weltkrieg eine Zäsur in der Entwicklung der Idee des „Westens" darstellte, die viele bis dahin mögliche Perspektiven abrupt abbrechen ließ und andere zuspitzte, zeigt Peter Hoeres Blick auf die deutsche Debatte um Sinn und Bedeutung des Krieges 1914–1918. Sein abschließender dringender Aufruf zur Historisierung des Begriffs leuchtet umso mehr ein, als jene Kriegsdebatten von der Geschichtswissenschaft oft nur politisch sortiert statt interpretiert wurden. Die Versuche mancher Intellektueller, den Materialschlachten des Krieges eine höheren Sinn zu verleihen, indem sie weniger als ein Ringen

158　Christian Geulen

gegen die „westliche Zivilisation" denn als ein Ringen *um* diese Zivilisation verstanden wurden, führten zu immer neuen und immer abstrakteren Ausdifferenzierungen der gedachten Ordnungen des deutschen und des mitteleuropäischen ebenso wie des okzidentalen und orientalen Kulturraums. So wenig auch hier ein eindeutiger Begriff des „Westens" entstand, so vielfältig war das hier entworfene Arsenal an Zuschreibungen, auf die man später zurückgreifen konnte.

Darin liegt ein genereller Befund des vorliegenden Bandes: Der Begriff des „Westens" und besonders das Bedürfnis, einen solchen zu entwickeln, sind um 1900 bereits deutlich spürbar. Doch was aus diesen höchst vielfältigen Charakterisierungen und Umschreibungen werden sollte, erwies erst der weitere Verlauf des 20. Jahrhunderts, und zwar nicht nur auf begriffsgeschichtlicher Ebene. Umso erhellender sind die Beiträge, die sich mit dem Konzept des Westens im ersten Nachkriegsjahrzehnt des Ersten Weltkriegs beschäftigen. So veranschaulicht Leonid Luks anhand der russischen Eurasier-Bewegung der 1920er Jahre, dass hier, nach Krieg und Revolution, ein radikaler Gegenentwurf zu den Orientierungen der Vorkriegs-Reform-Ära entwickelt und nun im östlichen, asiatischen Russland ein nationales wie koloniales Zivilisierungsfeld entdeckt wurde. So sehr das eine Abkehr vom „Westen" implizierte, blieb ein deutlicher Restbezug in der Art und Weise erhalten, in der diese Neuorientierung nach Osten ihrerseits als Zivilisationsmission in einem durchaus „westlichen" Sinne verstanden wurde.

Im Deutschland der Weimarer Zeit ebenso wie in den „westlichen" Öffentlichkeiten der Zwischenkriegszeit wurde die Bezugnahme auf ein Konzept der „westlichen Welt" zwar prominenter, doch waren die Selbstpositionierungen alles andere als eindeutig, wie Florian Greiners Beitrag zeigt. Während in Deutschland etwa alltags- und populärkulturell eine erste Welle der „Amerikanisierung" stattfand, war die Zugehörigkeit der jungen Republik zu einem „westlichen" Nachkriegs-Kulturraum höchst umstritten und auch nicht zentrales Thema, insofern viele lieber die Frage nach der Umsetzbarkeit älterer Ideen von deutschen Aufgaben unter demokratischen Bedingungen diskutierten. Und auch international wurde zwar die neue machtpolitische Rolle der USA deutlich wahrgenommen, doch ob die kommende transatlantische „westliche" Welt eine amerikanische oder eine europäische werden würde, blieb weiterhin umstritten.

Katja Naumanns Beitrag behandelt dann aber ein ganz zentrales und historiografisch vielleicht zu lange unterschätztes Feld, auf dem die Idee des „Westens", unmittelbar gleichgesetzt mit Zivilisation, Fortschritt und Kultur, systematisch und in bewusster politisch-erzieherischer Absicht für das 20. Jahrhundert entworfen wurde: nämlich im Curriculum der US-amerikanischen Colleges. Die bis in die 1980er Jahre üblichen sogenannten *Western-Civ*-Kurse stellen nicht nur eine ergiebige Quelle für das hier im Zentrum stehende Thema dar, sondern waren, wie Naumann zeigt, von Beginn an auch eine zentrale Arena, in der über die konkrete inhaltliche, ideologische und politische Ausrichtung der historischen Bildung Amerikas diskutiert und bisweilen heftig gestritten wurde. Die Frage, wie viel Europa in den *Western-Civ*-Kursen enthalten sein musste, konnte oder sollte, ebenso wie Kritik an ihrem euro- und west-zentrischen Grundansatz, spielten schon früh eine Rolle. Zugleich macht Naumann deutlich, dass der heutige Trend zur Globalgeschichte nicht nur kritische Überwindung des Paradigmas des „Westens" ist, sondern auch selber in diesem wurzelt.

Einen interessanten Sonderfall im Verhältnis zwischen nationalem und „westlichem" Selbstbild bildet schließlich Frankreich, dessen politisches und nationales Selbstverständnis schon im 19. Jahrhundert von der das Eigene und das Ganze versöhnenden Idee geprägt war, dass Universalismus, Humanismus und menschheitliche Kultur ein französisches Geschenk an die Welt seien. Wie Silke Mende zeigt, führte der Sieg über Deutschland zwar auch in Frankreich zu Ideen eines „westlichen", transatlantischen Kulturraums, doch gerade die enge Bindung universaler, menschheitlicher und allgemein-zivilisatorischer Werte an die eigene Nationalkultur, Nationalsprache und Nationalgeschichte hielt manche davon ab, sich auf die transnationale Partikularformation eines „Westens" zu sehr einzulassen.[8]

* * *

Im Überblick zeigen all diese Befunde vor allem dreierlei: Zum einen steht außer Frage, dass die spezifischen Kontexte und Problemfelder

---

[8] Trotz aller späteren eindeutigen Bündnisbindungen scheint sich Frankreich bis heute ein Stück dieser Rolle als nationale Repräsentantin universaler Werte bewahrt zu haben. So ist es derzeit allein der französische Präsident Emmanuel Macron, der inmitten der vielfältigen Krisen Europas nicht nur pragmatische Lösungen sucht, sondern offensiv die europäische Idee und ihre Ideale in Erinnerung ruft. Vgl. allerdings zu den französischen Ursprüngen des sozio-politischen Diskurses über den „Westen" jetzt Georgios Varouxakis, The Godfather of „Occidentality". Auguste Comte and the Idea of „the West", in: Modern Intellectual History (online: 11. Okt. 2017), https://doi.org/10.1017/S1479244317000415

der Jahrhundertwende, allen voran Nationalismus und Imperialismus, den Herkunftskontext vieler Wahrnehmungsweisen bildeten, die sich in der zweiten Hälfte des 20. Jahrhunderts mit dem geopolitischen Konzept des „Westens" verbanden. Doch weder gingen alle damals diskutierten und entwickelten Sichtweisen in dieses spätere Konzept ein, noch bildete sich schon am Beginn des Jahrhunderts eine erkenn- und definierbare Vorstellung des „Westens" heraus. Dies und die Tatsache, dass uns der „Westen" auch heute alles andere als eindeutig und definierbar erscheint, bedeutet, zum zweiten, dass wir dem Konzept vielleicht immer noch eine historische Langzeitwirkung zuschreiben, die es nicht verdient. Zumindest ist es denkbar, dass „der Westen" am Ende eigentlich nur in jener einen und relativ kurzen Phase ein begriffliches und historisch-politisches Grundkonzept mit Durchschlagskraft war, in der es in der Tat das Denken der Menschen im Alltag, in der Politik und in der Wissenschaft für knapp vier Jahrzehnte beherrschte: im Kalten Krieg. Vielleicht unterschätzen wir bis heute die Prägekraft nicht des „Westens", sondern jener rückblickend immer seltsamer erscheinenden Ära, in der eine waffenstarrende globale Bipolarität Europa und der Bundesrepublik eine ungeahnte Sicherheit durch strikte „Westbindung" bescherte.

Zum dritten aber, und das scheint mir der interessanteste Gesamtbefund zu sein, zeigen sich in den hier untersuchten Jahrzehnten um 1900 Formen einer Thematisierung des „Westens", die eine eigentümliche Ähnlichkeit oder Verwandtschaft mit heutigen Diskursen und Wahrnehmungen aufweisen. Als würden wir heute, nach dem Ende des Kalten Krieges und damit auch des sicher geglaubten „Westens", zu seiner vielgestaltigen „Brutstätte" zurückkehren, um uns neu zu orientieren: Das Bemühen, auch im unübersehbaren Wandel an den Kategorien der jüngsten Vergangenheit festzuhalten; die gleichzeitige Beschwörung transnationaler Vernetzung und nationaler Identität als „Zeichen" unserer Zeit; der Versuch, einen „Westen" zu imaginieren, der kaum mit den realen Verhältnissen zur Deckung zu bringen ist; der Wunsch, die universalistischen Werte der Freiheit, Gleichheit und Demokratie überall verwirklicht zu sehen bei ihrer gleichzeitigen Vereinnahmung als partikularer Besitz einzelner Nationen oder eben der „westlichen Welt"; oder auch das deutliche Unbehagen, in einer schrumpfenden und zugleich sich wieder neu spaltenden und vereinzelnden Welt zu leben – in all dem wird eine eigentümliche Wahlverwandtschaft zwischen der hochimperialen letzten und der vom Topos der Globalisierung bestimmten heutigen Jahrhundertwende sichtbar.

Das wiederum lässt die Umrisse einer möglichen zukünftigen Erforschung der Idee des „Westens" erkennen: nicht als Kulturraum oder politisch-normatives Projekt, sondern als ein Konzept, das (neben anderen) dort Halt und Orientierung zu stiften begann und seither wiederholt zu stiften scheint, wo die nationale Weltordnung sich zu transnationalen und globalen Vernetzungserscheinungen verhalten muss. Zugespitzt formuliert: Wo Partikularismus und Universalismus sich verschränken, scheinen kontinentale und hemisphärische Ordnungskonzepte, und seien sie noch so imaginär, neue Orientierung zu versprechen. Die Entwicklungsgeschichte der Idee und Rede vom „Westen" seit dem Zeitpunkt, ab dem wir von einer global vernetzten Welt sprechen können – laut Jürgen Osterhammel also seit etwa den 1880er Jahren – liefert für diese Hypothese jedenfalls ein lohnendes Forschungsfeld.

Autorinnen und Autoren

Prof. Dr. Riccardo Bavaj, Professor für Neueste Geschichte an der University of St. Andrews.

Dr. Benjamin Beuerle, Fellow und Wissenschaftlicher Koordinator des Forschungsbereiches „Russlands Nordpazifik" am Deutschen Historischen Institut Moskau.

Prof. Dr. Christian Geulen, Professor für Neuere und Neueste Geschichte und ihre Didaktik an der Universität Koblenz-Landau.

Dr. Florian Greiner, Wissenschaftlicher Mitarbeiter am Lehrstuhl für Neuere und Neueste Geschichte an der Universität Augsburg.

Prof. Dr. Peter Hoeres, Professor für Neueste Geschichte an der Universität Würzburg.

Dr. Jakob Lehne, Unabhängiger Historiker und Buchhändler bei Hartliebs Bücher in Wien.

Prof. Dr. Leonid Luks, Professor Emeritus für Mittel- und Osteuropäische Zeitgeschichte an der Katholischen Universität Eichstätt-Ingolstadt.

PD Silke Mende, Wissenschaftliche Mitarbeiterin am Institut für Zeitgeschichte München-Berlin.

Dr. des. Christian Methfessel, Wissenschaftlicher Mitarbeiter an der Professur für Globalgeschichte der Universität Erfurt.

Dr. Katja Naumann, Wissenschaftliche Mitarbeiterin am Leibniz-Institut für Geschichte und Kultur des östlichen Europas in Leipzig.

PD Dr. Martina Steber, Stellvertretende Leiterin der Forschungsabteilung München am Institut für Zeitgeschichte München-Berlin.

Dr. Florian Wagner, Akademischer Rat für Europäische Geschichte in Globaler Perspektive an der Universität Erfurt.

www.ingramcontent.com/pod-product-compliance
Lightning Source LLC
Chambersburg PA
CBHW030219170426
43194CB00007BA/797